Highlights

SÜDAFRIKA

50 Ziele, die Sie gesehen haben sollten

Highlights SÜDAFRIKA

Clemens Emmler
Roland F. Karl

BRUCKMANN

Fischeratmosphäre an der West Coast, einheimische Strandnixen in Hout Bay, Rebgärten der nördlichen Winelands, fotogene Strandhäuschen in Fishhoek auf der Kaphalbinsel, einer der schönsten maritimen Spots östlich von Kapstadt: die De Hoop Nature Reserve und das Kulturprogramm pur in KwaZulu-Natal (v.l.n.r.).

Inhalt

Ghanzi
BOTSWANA
NAMIBIA
Kalahari
12
Mariental
Jwaneng
KGALAGADI TRANSFRONTIER PARK
Nossob Camp
Mata Mata
NORTHWEST
13
TSWALU KALAHARI RESERVE
Keetmanshoop
Twee Rivieren
Andriesvale
Vryburg
Kuruman
RICHTERSVELD NATIONAL PARK
16
AUGRABIES FALLS NATIONAL PARK
15
14
Upington
VAALBOS NATIONAL PARK
Augrabies
Keimoes
Orange River Valley
Groblershoop
Campbell
Alexander Bay
Orange R.
11
Pofadder
Namaqualand
Port Nolloth
Springbok
GOEGAP NATURE RESERVE
17
Hopetown
Prieska
NORTHERN CAPE
Britstown
De Aar
Carnarvon
Williston
Calvinia
Victoria West
Atlantischer Ozean
Vanrhynsdorp
TANKWA-KAROO NATIONAL PARK
KAROO NATIONAL PARK
Graaff-Reinet
20
Lambert's Bay
Observatorium
Sutherland
Beaufort West
Clanwilliam
Wuppertal
Cedarberge
Grosse Karoo
St. Helena Bay
Citrusdal
Paternoster
Saldanha
Piketberg
Laingsburg
Prince Albert
5
Cango Caves
10
WEST COAST N. P.
Tulbagh
Matjiesfontein
Seweweekspoort
ADDO
Yzerfontein
Wellington
WESTERN CAPE
Oudtshoorn
6
Kleine Karoo
Nelson Ma
Bay St
Kapstadt (Cape Town)
Paarl
Montagu
Plettenberg Bay
Jeffrey Bay
1
4
Franschhoek
Breede
Swellendam
George
Sedgefield
Storms River
Green Point Stadion
Stellenbosch
8
Garden Route
Knysna
9
2
Simon's Town
Caledon
Mossel Bay
WILDERNESS N.P.
TSITSIKAMMA NAT. PARK
Humar
KAPHALBINSEL
BONTEBOK N.P.
CAPE OF GOOD HOPE NATURE RESERVE
3
Hermanus
7
DE HOOP NATURE RESERVE
Walker Bay
Bredasdorp
Cape Agulhas
AGULHAS NATIONAL PARK

SÜDAFRIKA
0
100 km
N
Highlights
Western Cape
Northern Cape
Eastern Cape
Freestate
North West & Gauteng
Limpopo
Mpumalanga
KwaZula-Natal
SIMBABWE
MOSAMBIK
Indischer Ozean
LIMPOPO
GAUTENG
MPUMALANGA
SWASILAND
KWAZULU-NATAL
LESOTHO
EASTERN CAPE
FREE STATE
Beithbridge
Messina
MAPUNGUBWE NATIONAL PARK
Soutpansberge
Louis Trichardt
Thohoyandou
Mahalapye
Polokwane (Pietersburg)
Peter Mokaba Stadion
Duiwelskloof
Tzaneen
Magoebaskloof
KRUGER-PARK
GREAT LIMPOPO TRANSFRONTIER PARK
Waterberg Mountains
Potgietersrus
BLYDE RIVER NAT. RES.
Singita Lebombo Lodge
SABI SAND GAME RES.
Thabazimbi
Nylstroom
MADIKWE GAME RESERVE
Bela Bela (Warmbad)
Pilgrim's Rest
God's Window
Skukuza
Lydenburg
Graskop
Sabie
PILANESBERG NATIONAL PARK
Sun City
Pretoria/ Tshwane
Mbombela Stadion
Nelspruit
Royal Bafokeng Stadion
Rustenburg
Loftus Versfeld Stadion
Middelburg
Witbank
Maputo
Ellis Park Stadion
Soweto
Johannesburg
HLANE ROYAL NATIONAL PARK
Mbabane
MLILWANE WILDLIFE SANCTUARY
Potchefstroom
Klerksdorp
Vereeniging
Standerton
Nördliche Drakensberge
NDUMO GAME RESERVE
Piet Retief
Kosi Bay
Rocktail Bay
Thonga Beach
Sodwana Bay
Vaal
Kroonstad
Welkom
ITALA GAME RES.
Louwsburg
Candover
MKUZE GAME RESERVE
Vryheid
PHINDA PRIVAT GAME RESERVE
Lake St. Lucia
ISIMANGALISO WETLAND PARK
WILLEM PRETORIUS G.R.
Bethlehem
GOLDEN GATE HIGHLANDS NATIONAL PARK
Clarens
Dundee
HLUHLUWE-IMFOLOZI GAME RESERVE
Winburg
Ficksburg
Butha-Buthe
ROYAL NATAL NATIONAL PARK
Ladysmith
Ulundi
Zululand
Eshowe
Richard's Bay
Maseru
Orange R.
Estcourt
Giant's Castle
Stanger
Howick
Pietermaritzburg
Sani Pass
Bushmens Neck
UKHAHLAMBA-DRAKENSBERG-PARK
Durban
Moses Mabhida Stadion
Mafeteng
Caledon
Mount Moeros
Südliche Drakensberge
ORIBI GORGE NATURE RESERVE
Aliwaal North
Kokstad
Port Shepstone
Margate
Port Edward
Hibiscus Coast
MKAMBATI NATURE RESERVE
Umtata
Port St. Johns
Queenstown
Qunu
Mveso
Coffee Bay
Cradock
DWESA NATURE RESERVE
Mazeppa Bay
Wild Coast
King William's Town
East London
Grahamstown
Port Alfred
Port Elizabeth
Sunshine Coast
Sashi
Limpopo

Der Tsitsikamma-Nationalpark (oben) spiegelt ebenso Südafrikas Schönheit wie die historischen Weingüter am Kap (rechts unten). Für exotische Kunstgegenstände ist der African Art Shop in Kapstadt eine gefragte Adresse (rechts oben).

Traumland Südafrika

Die Rainbow-Nation bietet starke Kontraste

»Ich bin Afrikaner. Mein Dasein verdanke ich den Hügeln und Tälern, den Bergen und weiten Ebenen, den Flüssen, den Wüsten, den Bäumen, den Blumen, den Meeren und den ewig wechselnden Jahreszeiten, die unser Geburtsland prägen«, erklärte Thabo Mbeki (der Nachfolger Nelson Mandelas im Präsidentenamt) in einer viel beachteten Rede vor dem Nationalkongress in Kapstadt.

Während der Airbus zum Landeanflug unter die Wolkendecke sinkt, taucht schemenhaft auf, was als das schönste Ende der Welt gilt. Nur zu sehen ist manchmal davon wenig. Windböen schütteln die Maschine, Regen peitscht über das Rollfeld. Bei solchem Wetter bleibt die Drahtseilbahn zum Tafelberg, dem Wahrzeichen der Stadt, außer Betrieb.
In Camps Bay, einem noblen Küstenvorort, verschwimmt alles, was ein Panorama sein könnte: Draußen stampfen Fünfzehnmeterwellen, weiß schäumend klatscht Gischt gegen die Aussichtsscheiben des Bay Hotel, wobei außer diesen wütenden Wellenbergen von der herrlichen Bucht nichts sonst zu erkennen ist. Das also ist Südafrika? Auch. Aber zur gleichen Zeit sind die sportiven Bewohner Durbans mit ihren Surfbrettern unterwegs zu den feinen, palmenbestandenen Stränden am Indischen Ozean, der immer warm ist und ein lockeres tropisches Lebensgefühl vermittelt. Vielleicht setzt unweit von Johannesburg, Südafrikas »City of Gold«, gerade eine Löwin zum Sprung an, während an der bildschönen

PRESIDENT
NELSON MANDELA

Einen Bildertraum liefern Kapstadts noble Küstenvororte bei Nacht (oben), der Klippschliefer (rechts oben) ist einfach nur putzig und der Leopard ein seltenes Mitglied der Big Five (rechts unten).

Garden Route, in Port Elizabeth, ein brandneuer Volkswagen vom Band läuft. Und ganz sicher mühen sich zur selben Stunde Abenteurer in Allradfahrzeugen durch die wüstenhafte, dramatische Felslandschaft des Richtersveld, bei brutzelnden 50 Grad Celsius. Südafrika ist bunt und vielschichtig, mit modernen, quirligen Metropolen, traditionsverbundenen Menschen, Landschaften von überwältigender Schönheit, mit saftigen Obstplantagen neben hitzeflirrenden Wüsten und herrlichen Weingärten. Auch endlose Sandstrände, zahllose Lagunen und pittoreske Buchten fehlen nicht.

Die Europäer kommen

Zuweilen erscheint die Regenbogen-Nation, wie sie wegen ihrer Bevölkerungsvielfalt genannt wird, aber auch derart kontrovers, dass es Besuchern den Atem verschlägt. Um sich darauf einlassen zu können, benötigt es ein wenig Geschichte. Die spielte sich vornehmlich am Kap der Guten Hoffnung ab: Schon vor Vasco da Gama navigierte der Portugiese Bartolomeu Diaz im Jahr 1487 um das strömungsreiche »Kap der Stürme«, 1503 gefolgt von seinem Landsmann António de Saldanha, der vom Anblick des monumentalen Tafelbergs fasziniert war und ihn als Erster bestieg. Wenig später begeisterte sich auch der englische Admiral Sir Francis Drake, aber die Holländer machten das Rennen: 1605 besetzten Schiffe der »Vereenigde Oostindische Compagnie« die Tafelbucht, und 1652 erhielt Jan van Riebeeck offiziell den Auftrag, eine Versorgungsstation zu gründen. In der Folge wurden Sklaven aus Indien, Südostasien und Afrika hierhergebracht, und aus dem anfänglichen Provisorium entwickelte sich schnell eine prosperierende Siedlung. Gouverneur Simon van der Stel, van Riebeecks Nachfolger, ließ Rebstöcke anpflanzen in der Hoffnung auf guten Wein, aber bevor ihm der richtig schmeckte, ging es mit den Holländern schon wieder bergab. 1795 erklärten die Engländer Kapstadt zur britischen Kronkolonie, woraufhin sich viele kapholländische Buren mit ihren Ochsengespannen auf die beschwerliche Reise ins Inland machten, wo es dann zwischen den weißen »Voortrekkern« und den dort herrschenden Zulu zu blutigen Gemetzeln kam – und mit den Engländern. Denn die neuen Herren des Kaps setzten nach und besiegten ihre Vorgänger in zwei Burenkriegen (1880/81 und 1899 bis 1902). Für das Britische Empire öffnete sich eine Schatzkiste von berauschender Schönheit, klimatisch war die Neuerwerbung ein Traum, dazu strategisch hervorragend positioniert mit ihren 3000 Kilometer langen Küsten, an denen die Hauptschifffahrtslinie des gesamten Indien- und Südostasienhandels vorbeiführte. Im Boden steckten Gold, Diamanten und andere Bodenschätze in unvorstellbaren Mengen, was schnellen Reichtum verhieß.

Mit den dafür notwendigen Arbeitskräften wollten die weißen Herren allerdings möglichst wenig zu tun haben, was zum menschenverachtenden Gesellschaftsentwurf der Apartheid führte.

Moderne Verhältnisse brechen an

Eine Zeitenwende begann, als Nelson Mandela 1990 nach 27 Jahren Haft aus seiner Gefängniszelle auf Robben Island entlassen und als erster Schwarzafrikaner ins Präsidentenamt Südafrikas gewählt wurde. Wer hätte das noch rund 30 Jahre vorher gedacht, als dunkelhäutige Musiker wie »Mother Africa« Miriam Makeba, der Trompeter Hugh Masekela oder der Pianist »Dollar Brand« Abdullah Ibrahim noch im Untergrund agieren oder ins Exil gehen mussten? Als Farbige oder Schwarze ihren »Cape Jazz« hinter dem Vorhang zu spielen hatten, während die weißen Kollegen auf der Bühne standen, weil es verboten war, gemischtrassig aufzutreten. Südafrikas Zukunft hat Potenzial. Eine hervorragende Infrastruktur aus Straßen, Flug- und Zugverbindungen und ein modernes Kommunikationsnetz bieten gute Voraussetzungen für ein breites Wirtschaftswachstum. Immer noch spielen Bodenschätze eine bedeutende Rolle, aber auch Industrieproduktion und Handel.

Im Land der wilden Tiere

In stetig steigender Zahl ziehen Südafrikas unerschöpfliche Paradieslandschaften Besucher aus aller Welt an, was den Tourismussektor zu einem der stärksten Märkte des Landes macht – unterstützt vom Charme seiner Bewohner sowie den vierbeinigen »Kollegen« des südafrikanischen Dschungelbuchs. Für sie werden zerstückelte Farmgebiete renaturiert und bestehende Nationalparks mit jenen der Nachbarländer vereint. Was gut für den Tierschutz ist, aber keinesfalls nur der Ökologie dient, denn vor allem Arbeitsplätze sind wichtig. Und die entstehen zunehmend im Naturschutz. Allein der Kruger-Nationalpark, ein Großunternehmen der Sparte »Wildlife Management«, zählt 12 000 Elefanten, Tausende Büffel, Löwen und Leoparden und 5000 Weiße Nashörner. In allen 21 Nationalparks zusammen (dazu kommen noch etwa 600 Schutzgebiete) grasen rund 100 000 Impala-Antilopen als Löwen- und Leopardenfutter, vor den Küsten kreuzen Blauwale, die bis zu 33 Meter lang werden, 850 Vogelarten gehen hier in die Luft, 100 Schlangenarten und Krokodile sind auf Beutefang. Unüberschaubar bleiben die Mengen an Zebras, Giraffen, Gnus, Flusspferden und den anderen Säugetieren; es gibt über 200 Arten. Auch deshalb ist Südafrika eines der gefragtesten Reiseziele der Welt, was jährlich um die zehn Millionen Besucher, davon über eine Viertelmillion Deutsche, ins exotische Paradies einfliegen lässt. Und wohl ebenso viele mit einer Sehnsucht nach Südafrika beladene wieder hinaus: Die Rückfallquote ist hoch.

WEITERE INFORMATIONEN

Fremdenverkehrsamt
South African Tourism
Friedensstr. 6–10
60311 Frankfurt
E-Mail: info.de@southafrica.net
Internet: www.southafrica.net

Info-Telefon:
Deutschsprachige Hotline (in Johannesburg): 0800-1189118 (kostenfrei)

Informationen im Internet:
www.suedafrika-guide.de,
www.suedafrika.net,
www.southafrica-travel.net,
www.sa-reise.de,
www.kapstadt.de,
www.dein-suedafrika.de

Western Cape

Blumen und Wale am Nadelkap

Das schönste Ende der Welt thront mit einer imposanten Kulisse über dem Südmeer und hat so schon die frühen Seefahrer bei der Umrundung beeindruckt (links). Im 18. Jahrhundert hielten Weingärten (bei Franschhoek, oben) und die Straußenzucht (bei Oudtshoorn, unten) Einzug ins wilde Land.

Auf dem Weg nach Witsand verlassen Biker die noch von Hand betriebene Seilzugfähre.

Route durch Western Cape

Zwischen Atlantik und Indischem Ozean

Südafrikas West Coast mit ihren weiten und beinahe menschenleeren atlantischen Stränden, Fischerdörfern und Strand-Enklaven wie Lamberts Bay, Langebaan und Paternoster ist die eine Sache. Die meisten aller am Kap einfliegenden Besucher machen sich allerdings in die andere Richtung, zur Garden Route, davon.

Das schönste Ende der Welt startet in **1 Cape Town** mit »The Atlantic Seaboard«, wie die Capetonians ihre beliebte Riviera nennen, die sich von Victoria & Alfred Waterfront über Mouille Point, Green Point Lighthouse und Sea Point bis zu den feinen Küstenvorstädten Clifton, Camps Bay, Llandudno und Hout Bay zieht. Speziell zwischen Camps Bay und Hout Bay wird die Weiterfahrt schwierig, weil die bildschönen Atlantikperlen ziemlich verlockend sind, manchmal kommen hier Wale bis direkt an den Strand!

Panorama Drive zur Kap-Halbinsel

Niemand hätte die Trasse für möglich gehalten, als Straßenbauer 1915 mit den Arbeiten des elf Kilometer langen **2 Chapman's Peak Drive** zwischen Hout Bay und den bildschönen Stränden Noordhoeks und Kommetjies begannen. Sieben Jahre dauerte das Wunderwerk, das heute eine der spektakulärsten Panoramarouten ganz Afrikas ist! Nach einem Besuch der schönsten Lüge der Welt, **3 Cape Point,** der gar nicht der südlichste Punkt des Kontinents ist, warten Kapstadts Seaside-Perlen Buffelsbaai, Muizenberg Beach, Boulders, Fish Hoek und Seaforth auf der dem Indischen Ozean zugewandten Seite der Kap-Halbinsel, der **2 False Bay,** die Schwimmern und Surfern angenehme Wassertemperaturen beschert. Von hier aus ist es nur ein Katzensprung zu den **4 Winelands** am Kap der guten Weine und zu den historischen Orten der Reben. Paarl, Stellenbosch und Franschhoek sind für ihre edlen Tropfen weltbekannt. In **Gordon's Bay** beginnt mit dem Clarence Drive Südafrikas bester Coast-Trip an der **Cape Whale Coast.** In kurviger Fahrt geht es durch schottisch anmutende Highlands und entlang herrlicher Buchten über Betty's Bay und Kleinmond bis nach **7 Hermanus.** Das noble Küstenstädtchen an der »Bucht der Wale«, der **7 Walker Bay,** beschäftigt den wohl kuriosesten Walausrufer der Welt, der laut ins Horn bläst, sobald Wale in Sicht kommen.

Grootbos Nature Reserve

Mit dem Biosphärenreservat **7 Grootbos** unweit von Hermanus ist eine Beobachtungsstation der anderen Art entstanden. Hier handelt die Geschichte von vielfältiger Kap-Flora, von Fynbos und von Erika. Manchmal auch von Haibeobachtung im Käfig: Wem Botanik en miniature zu langweilig ist, kann vor Gansbaai im Inselkanal zwischen Dyer Island und Geyser Island tonnenschwere, bis zu sechs Meter lange Weiße Haie unter Wasser erleben.
Von hier aus sei ein Abstecher nach **Cape Agulhas** zu empfehlen, dem tatsächlich südlichsten Punkt Afrikas, und zu den riesigen Sandbergen des **7 De Hoop Nature Reserve.** Ultimativ ist Südafrikas **8 Garden Route:** Wilderness, Sedgefield, Knysna und Plettenberg Bay heißen hier brandungsumtoste Strandparadiese. Die berauschende Ursprungsnatur des **9 Tsitsikamma National Park** gilt Wanderern als »Hiker's Paradise«, spektakulär spannt sich in Storms River, der Endstation, eine Hängebrücke über das Naturspektakel Storms River Mouth, wo der Wildfluss auf den Indischen Ozean trifft. Ab George windet sich die Strecke der Pässe zwischen Küste und Hochland bis in die **5 Kleine Karoo** und zur Straußenstadt **Oudtshoorn,** und weiter über den atemberaubenden Swartbergpass

Toureninfo

Start: Kapstadt
Ziel: Storms River, Garden Route
Länge: 1000 km
Dauer: Minimum eine Woche
Beste Reisezeit: Ganzjährig
Sehenswertes: Für Individualisten die Dünengebirge des De Hoop Nature Reserve
Unterkunft: Birkenhead House, Hermanus, www.theroyalportfolio.com; Grootbos, www.grootbos.com; De Hoop, www.dehoopcollection.co.za; Hog Hollow, Garden Route, www.hog-hollow.com; Die Strandloper, Paternoster, www.strandloper.com; Cape Grace, Kapstadt, www.capegrace.com

Weitere Infos

Die Rückreise erfolgt zeitsparend über die N2, lohnende Stopover sind Heidelberg sowie die kapholländische Architekturperle Swellendam, www.heidelbergwc.co.za, www.swellendamtourism.co.za.

bis nach **Prince Albert.** West-Coast-Fans finden im **10** **West-Coast-Nationalpark** bei **Langebaan** ein Vogelparadies erster Güte, Surfer und Strandliebhaber zwischen **Paternoster** und **Lamberts Bay** unendliche sandige Weiten.

Die Aussicht vom Tafelberg auf Kapstadt ist einfach imposant (oben). Ein Blick auf die Bucht zeigt: Clifton (rechts unten) ist sicher nicht die schlechteste Adresse der Metropole Cape Town (rechts oben).

1 Am Ende der Welt – Cape Town

Südafrika vom Feinsten

Auf der Liste der schönsten Städte befindet sich Kapstadt nicht ohne Grund ziemlich weit oben: Umwerfend wirkt die Kap-Metropole nachts, wenn sich der Tafelberg hoch über dem urbanen Lichtermeer flutlichtbestrahlt aus dem Dunkel erhebt. Tagsüber ist vor allem die Zeit das Problem: Wer hier nur einen kurzen Stopover eingeplant hat, wird Cape Towns Kunst der Verführung schon bald herzhaft verfluchen.

Sie muss schon ziemlich genusssüchtig sein, diese hippe und zugleich coole City of Cape Town, die so vibrierend, chic und modern und zugleich architektonisch so historisch und edel daherkommt. Um sich die Dimension des sehr besonderen Lebensgefühls der Capetonians von außen überhaupt vorstellen zu können, braucht es drei Beispiele aus Sport und Musik: Beinahe zwei ganze Tage sind jedes Jahr Teile der Kap-Halbinsel und der Innenstadt für den Verkehr komplett gesperrt, weil zum x-ten Mal wieder das Cape Town Cycle Race »Argus« mit Zehntausenden Teilnehmern aus aller Welt stattfindet, rund 600 fliegen mit ihren Bikes extra aus Deutschland dazu ein.

Schon seit 1970 findet Kapstadts Two Oceans Marathon statt, der einer der berühmtesten Läufe der Welt ist und als einer der bedeutendsten Sportevents Südafrikas Tausende auf die Beine bringt. Und natürlich reisen zum Cape Town Jazz Festival begeisterte Musikfans aus allen Winkeln der Welt an, um 48 Stunden lang nonstop ihr Musikgenre zu feiern.

»Cape Town Vibrations«

Wer in Kapstadts »City Bowl« einfährt und einen Parkplatz ergattert hat, in der Long Street zum Beispiel, merkt gleich nach dem Aussteigen: Hier will ich so schnell nicht mehr weg! Weil im nächsten Moment klar wird, relaxte Capetonians

haben ihre Schöne ja jeden Tag, was schnell einen Neidfaktor aufkommen lässt, vor allem bei denen, die auf roten Londoner Doppeldeckerbussen versuchen, die Schöne im Schnelldurchlauf zu genießen.
Am besten macht man sich individuell auf den Weg, Kunst, Kultur und buntes Leben brummen an jeder Ecke, für historisch Interessierte stehen ein Dutzend Museen auf der Liste, darunter das South African Museum, das Bertram House, das Jewish Museum, die South African National Gallery sowie das Cultural History Museum.

Sightseeing vom Feinsten: Blick über Cape Towns Waterfront bis zum Tafelberg (unten). Lebenslust und Freude versprühen sowohl diese südafrikanischen Musiker (ganz unten) als auch einheimische Damen in farbenfroher Kleidung (rechts).

Adderley Street, die Haupteinkaufsstraße, sowie Kapstadts Long Street mit ihren viktorianischen Gebäuden, in denen sich eine Welt aus Antiquariaten, Szenekneipen, Musik- und Coffeeshops ausbreitet, dürfen bei einem Stadtrundgang genauso wenig fehlen wie das farbenprächtige Bo-Kaap gleich nebenan. Das Malaienviertel am Fuße des Signal Hill ist mit seinen bunten Häusern einer der fotogensten Stops. Die besondere Atmosphäre Kapstadts lässt sich auch in seiner Fußgängerzone St. George's Mall aufspüren, lebhaft geht es auf Green Market Square zu, ringsum zeigen sich fantastische Art-déco-Fassaden, längst hat sich die City nach dem Ende der Apartheid und ihrem Niedergang regeneriert und bietet Besuchern internationales Flair und feine Stadtviertel an.
Am tollsten geht es downtown in der ersten Januarhälfte zu, wenn der Cape Minstrels Carnival (auch Coon Carnival genannt) farbenfroh durch die Straßen zieht. Als beste Sightseeing-Pause ist Kapstadts feiner Stadtpark The Company's Gardens zu empfehlen, den Stadtgründer Jan van Riebeeck einst als Plantage für Gemüse und Obst anlegen ließ. Zur Fotopflicht gehören das Old Town House (1755), das Präsidentenpalais De Tuynhys (1680) sowie die Houses of Parliament (1885), sehenswert ist auch das legendäre Mount Nelson Hotel (1743), wo die Terrassen zur traditionellen »Tea Time« lange im Voraus gebucht sind.

Cape Towns »City Bowl«

Vom Table Mountain aus betrachtet, liegt Kapstadts »City Bowl«, das innerstädtische Zentrum, wie eine Schale zwischen Signal Hill, Lion's Head und dem Tafelberg im weit gespannten Häusermeer der Metropole. Auch wenn 1798 eine Feuersbrunst den größten Teil der alten Hafenstadt niedergewalzt hat, wird die städtebauliche Perle wegen ihres historischen Erbes, ihrer Lage und der traumhaften Umgebung mit Sydney, Rio de Janeiro und San Francisco in einem Atemzug genannt. Nicht verbrannt ist Kapstadts ältestes Gebäude, die Festung Castle of Good Hope (1666–1679), die einst Sitz des

Gouverneurs sowie Militärstützpunkt war. Heute dokumentieren hier Ausstellungen Kapstadts Vergangenheit: die William Fehr Collection (Möbel, Gemälde, Porzellan, 17.–19. Jh.), das Military Museum (alte Waffen und Uniformen) und die Good Hope Gallery (zeitgenössische südafrikanische Kunst). Auch residiert hier das Armeekommando der westlichen Kap-Provinz, deren Wachablösung täglich zu sehen ist. Vor der imposanten Kulisse des Tafelberges ragt Kapstadts City Hall auf, ein Mix aus Kolonialarchitektur und italienischer Renaissance (1905). Auf der Grand Parade, ihrem Vorplatz, wurde Nelson Mandela nach seiner Freilassung begeistert von der Bevölkerung empfangen. Eine Parallelstraße weiter steht die Groote Kerk, das älteste erhaltene Gotteshaus des Landes; ihre Rokokokanzel schnitzte 1766 der deutsche Bildhauer Anton Anreith (1754–1822). Beim nächsten Kirchturm werden historische Bischofsgräber und prachtvolle Altäre von der südafrikanischen Neuzeit überholt: In der St. George's Cathedral trat Friedensnobelpreisträger Desmond Tutu mutig gegen Rassismus und Apartheid ein, als das noch sehr gefährlich war.

Table Mountain

Bei stahlblauem Wetter steht der Tafelberg auf der Liste der Must-dos ganz oben, allerdings: Wenn der berüchtigte »Cape Doctor« weht, die strenge Brise aus Südost, wird es nichts mit den grandiosen Aussichten auf das schönste Ende der Welt, weil der kräftige Southeaster den Smog aus der Stadt Richtung Berge bläst. Was der Brise ihren therapeutischen Spitznamen und dem Tafelberg eine Wolkentischdecke verpasst, die jeden Ausblick verhüllt. Hinauf lässt es sich auf zahlreichen Routen wandern oder schnell und bequem mit der Drahtseilbahn schweben. Die 1929 installierte Kabinenbahn dreht beim Auf und Ab ihre Made-in-Switzerland-Gondeln zur 360-Grad-Perspektive und schafft in sieben Minuten bis zu 70 Personen auf einen Schlag. Hoeri 'kwaggo nannten die Khoi, die Ureinwohner des Kaps, ihren Meeresberg – diesen mächtigen, abgeflachten, 6000 Hektar großen und 1087 Meter hohen Sandsteinfelsen, Kapstadts Wahrzeichen. Bei klarer Sicht ist das Panorama sensationell: Weitgespannte Wasserflächen liegen wie glitzernde Spiegel um das Häusermeer der Metropole, im Blau des Atlantiks zeigt sich in der Ferne die Gefängnisinsel Nelson Mandelas, Robben Island.

Und natürlich ist Kapstadt mit zahlreichen Malls, Shops und Boutiquen ein Einkaufsparadies ohne Ende. Eine eigene Dimension hat die Victoria & Alfred Waterfront: Der quirlige Publikumsmagnet rund um die beiden Hafenbecken Cape Towns ist Kapstadts größtes Shopping- und Vergnügungsviertel.

TWELVE APOSTLES & DADDY COOL

Luxuacampen mitten in Cape Town? Der älteste funktionierende Fahrstuhl (1895) führt zur Dachplattform des Grand Daddy Hotel. Wer vor Aufregung nicht schlafen kann, sitzt bis früh in der Sky Bar mit Blick auf die Skyline. 5-Sterne-Kaliber hat die vielfach ausgezeichnete Seaside-Herberge The Twelve Apostles an der Uferstraße zwischen Camps Bay und Hout Bay direkt am Atlantik. Zum Shoppen zur Victoria & Alfred Waterfront geht ein bequemes Shuttle, vom Pool aus zeigt sich die Bergkulisse der Zwölf Apostel, die tollsten Bars sind in Camps Bay gleich um die Ecke, und das hippe Dunes wartet am Sandstrand von Hout Bay mit frischem Fassbier auf. www.granddaddy.co.za, www.12apostleshotel.com, www.dunesrestaurant.co.za

WEITERE INFORMATIONEN

Cape Town Tourism: The Pinnacle Building, Cnr Burg & Castle Streets, www.capetown.travel, www.tourismcapetown.co.za, www.kapstadt.de, www.capeinfosa.co.za, www.citysightseeing.co.za

Nicht nur für Besucher schön: Einer beneidenswerten Lebensqualität können sich die Capetonians täglich erfreuen an der Traumbucht des Nobelvororts Llandudno (rechts oben), beim lustigen Bühnenstück der Pinguine am Boulder's Beach (oben) oder bei einem klassischen Ausritt am Traumstrand von Noordhoek (rechts unten).

2 Ein Traum von einer Küstenstraße – Chapman's Peak Drive

Zum Kap der Guten Hoffnung

Niemand hätte eine Trasse für möglich gehalten, als die Straßenbauer 1915 mit den Arbeiten an der elf Kilometer langen Strecke zwischen Hout Bay und Noordhoek begannen. Nach sieben Jahren war das Wunderwerk fertig und wurde zu einer der spektakulärsten Panoramarouten ganz Afrikas, die um die Jahrtausendwende durch Felslawinen und Erdrutsche ihr vorläufiges Ende fand. Erst nach umfangreichen Baumaßnahmen war der Chapman's Peak Drive wieder befahrbar.

The Atlantic Seaboard, wie die Capetonians ihre Riviera nennen, beginnt an der Victoria & Alfred Waterfront und zieht sich von hier über Mouille Point, Three Anchor Bay, Sea Point, Bantry Bay, Clifton, Camps Bay bis nach Llandudno und Hout Bay. Wobei Camps Bay und Clifton zweifelsfrei zu den besten (und teuersten) Adressen Kapstadts zählen. Am Boulevard von Camps Bay parken schwere Harley-Davidson-Maschinen neben feinen, offenen Oldtimer-Sportwagen vor noch feineren Cafés, Bars und Restaurants. Hier beginnt Kapstadts Palm Beach oder, wenn man so will, seine Copacabana. Dahinter steigen als beeindruckende Kulisse die Twelve Apostles und der Tafelberg auf.

Hier leben die Betuchten

Als Nächstes wird das Millionärsparadies Llandudno zum gefragten Kamerastopp: So wohnen sie also, die Schönen und die Reichen, wird es jedem durch den Kopf gehen, der sein Objektiv auf die luxuriösen Anwesen oberhalb von Llandudnos Superstrand fokussiert. Am Hout Bay Neck geht es an den fast 800 Meter hohen

Felsklippen Judas Peak und Little Lion's Head vorbei ins Zentrum der Langustenfischerflotte, Hout Bay. Das mit seinen bunten Booten eine Atmosphäre wie Tromsø im norwegischen Sommer verbreitet: Im Halbkreis umragen pittoreske Bergspitzen die tiefblaue Atlantikbucht, farbenfroh leuchten die Trawler der Fangflotte sowie zahlreiche kleinere Fischerboote in der Sonne, Robben tummeln sich im Hafenbecken, Möwen durchkreuzen die friedliche Szene, die so schön ist wie Postkartenkitsch, aber Realität. Klar, dass hier während der Hochsaison kaum ein Parkplatz zu ergattern ist und die pittoreske Idylle von Besuchern geradezu überrannt wird. Nirgendwo sonst, heißt es, sei der Fisch besser als in Hout Bays Mariner's Wharf. Wie wäre es also mit fangfrischen Austern, Muscheln, Langusten, Tintenfisch oder Hummer am Fischimbiss auf die Schnelle?

Rasant geht die Fahrt über den Chapman's Peak Drive (unten); Kinder spielen vor den bunten Strandhütten bei St. James (ganz unten), und ein Surfer vor der Küste von Llandudno (rechts).

Kurvenwunder

Weitere Preziosen warten gleich um die Ecke. Denn hier beginnt der Chapman's Peak Drive, der Hout Bay mit den Strandorten Noordhoek und Kommetjie verbindet. Mit sensationellen Ausblicken: Hunderte Meter fallen steile Klippen von der kurvigen Serpentinenstraße schroff ab ins Meer, was den Lenkern hinter dem Steuer eiserne Disziplin abverlangt, während die Mitfahrer unbesorgt in ein traumhaftes Küstenparadies blicken. Einer der markantesten Haltepunkte ist Chapman's Point mit spektakulärer Sicht auf die menschenleere Chapman's Bay. Bei einer Gesamtlänge der südafrikanischen Küste von 3600 Kilometern sind Strände auch in der Nähe der Kap-Metropole keine Mangelware. Der Long Beach im ländlichen Noordhoek macht mit acht Kilometern seinem Namen alle Ehre. Das gemütliche Kommetjie wartet mit seinem 33 Meter hohen Leuchtturm Slangkop (1919) auf, das abseits von jeglichem Trubel gelegene Scarborough bietet Ruhe suchenden Strandspaziergängern das geeignete Ambiente. White Sands und Misty Cliffs heißen hier Strände, die bei hohen Windgeschwindigkeiten im Winter vor allem Surfer anlocken sowie ganzjährig Reiter, die auf den weiten Sandflächen ihr Eldorado finden.

Die False Bay an der Ostseite

Badefreunde sind auf jeden Fall auf der anderen Seite der Kap-Halbinsel richtig: in der False Bay, wo nicht der kalte, antarktische Benguela-Strom die Wassertemperaturen bestimmt, sondern der Indische Ozean, dessen wärmere Schichten die Passatwinde in die Bucht hineintreiben. Der kuriose Name geht auf Fehlnavigationen der frühen Seefahrer zurück, die nach

ihren beschwerlichen Rückfahrten aus Indien dachten, dies sei nun endlich die Tafelbucht. Aber da hatten sie sich zu früh gefreut und ankerten irrtümlich am falschen Platz.
Einer der umtriebigsten Orte der »falschen Bucht« ist das 10000 Einwohner zählende Seefahrerstädtchen Simon's Town. Benannt nach dem ersten Kap-Gouverneur Simon van der Stel (1639–1712), bietet das historische Bilderbuchstädtchen ein hübsches viktorianisches Ambiente. Im Hafenbecken ankern Kriegsschiffe der südafrikanischen Marine einträchtig neben luxuriösen Segeljachten – in Sichtweite des nicht selten sturmumtosten Leuchtturmes Roman Rock, der seit 1861 an der False Bay vorbeifahrenden Schiffen den Weg weist.
Ganz in der Nähe, am Boulder's Beach, bilden Tausende Brillenpinguine eine lautstarke und gut riechbare Kolonie. Nicht weit von Simon's Town wartet mit Kalk Bay ein pittoresker Fischereihafen auf Besucher, die mittags, wenn die Boote der Fangflotte zurückkehren, frischen Fisch gleich von der Mole weg kaufen können. Die Fischmarktatmosphäre hat eine verlockende Gastronomie hervorgebracht sowie im Gefolge kunterbunte Antiquitäten- und Trödelläden, Boutiquen mit Kunsthandwerk oder Schmuck aller Art, dazu eine lebhafte Künstlerszene, was immer mehr Durchreisende anzieht. Und so scheint es nur eine Frage der Zeit, bis sich das bislang eher bodenständige Kalk Bay auf der Liste der Szenetreffs dieser Region wiederfindet. Von hier aus führen Bootsausflüge nach Seal Island, wo eine Seehundkolonie geruchsempfindliche Nasen erschreckt. Muizenberg Beach, der letzte Stopp auf der Traumstraße rund um die Halbinsel, ist neben Buffelsbaai, Boulders, Fish Hoek und Seaforth das beliebteste Strandbad für Schwimmer und Surfer an der False Bay, und das schon seit dem 19. Jahrhundert. Aus diesem Grund finden sich hier auch – wie im benachbarten Badeort Saint James – die farbenfrohen Badehäuschen, die in keiner Werbebroschüre Südafrikas fehlen.
Berühmte Persönlichkeiten wie der erste Premier der Kap-Kolonie, Cecil Rhodes, Dschungelbuch-Autor Rudyard Kipling und die Erfinderin des Kriminalromans, Agatha Christie, sind hier schon in Sichtweite der katholischen Saint James Church (1858) ins Wasser gestiegen, mit Blick auf feine Fassaden viktorianischer Architektur. Wer der Grandeur von damals nachspüren möchte, sollte den Besuch der Lindbergh Arts Foundation, des Natale Labia Museum, des kapholländischen Het Post Huijs aus dem Jahr 1673 und natürlich des Rhodes Cottage am Ortsrand von Muizenberg, in dem der legendäre Staatsmann und spätere Begründer Rhodesiens am 26. März 1902 starb, keinesfalls auslassen.

TIPPS RUND UM SEABOARD UND DIE HALBINSEL

In Camps Bay: Theatre on the Bay. Konzerte, Cabaret-Café, Theater und Filme. Camps Bay, www.pietertoerien.co.za/venues
Am Chapman's Peak Drive: Tintswalo Atlantic. Das feine Strandhotel liegt unterhalb der legendären Küstenstraße direkt an der Brandung mit Traumblick auf Hout Bay, www.tintswalo.com
Noordhoek Beach: Nach der Linkskurve (Haltebucht) mit dem berühmten Traumblick auf die grandiose Beach vom Chapman's Peak Drive unten gleich rechts abfahren auf den Parkplatz an den Dünen und: laufen! www.noordhoekbeach.co.za
Herrlich zu wandern: Der Chacma Trail führt in 2 Tagen über 31 feinste Kilometer vom Cape Point bis nach Simon's Town, www.trails.co.za

WEITERE INFORMATIONEN

Cape Town Tourism: www.capetown.travel
Hilfreiche Websites: www.capepointroute.co.za, www.sanparks.org (Tafelberg- und Cape-Point-Infos)

Der Platz hat Magie: Wer es bis zum Kap der Guten Hoffnung geschafft hat, der kann andere geografische Extremitäten wie das Nordkap oder Kap Hoorn getrost vergessen. So berauschend wie hier, mit Blick auf den Leuchtturm, und dann fototechnisch ideal positioniert am »Cape of Good Hope«-Beweisschild, wird es nirgendwo mehr sein.

3 Die schönste Lüge der Welt – Cape Point

Der südlichste Punkt Afrikas?

An einem stahlblauen Tag ist der Besuch des Cape Point ein besonderes Ereignis: 7000 Kilometer jenseits des Atlantiks liegt Südamerika, 10 000 Kilometer in die andere Richtung, im Pazifik, Australien und 5000 Kilometer geradeaus die Antarktis. Vom Kap-Felsen auf die größte zusammenhängende Wassermasse der Welt zu blicken, hier, wo die Ozeane sich treffen, das ruft schon ergreifende Gefühle hervor.

Mit etwas Glück begeistert herrliches Fotolicht Hunderte Besucher aus aller Welt, die frühmorgens schon mit der Seilbahn zur Aussichtsplattform und zum Leuchtturm hinauffahren. Am Kap der Guten Hoffnung stellen sich Kleingruppen mit perlenden Champagnergläsern vor der Texttafel »Kaap die Goeie Hoop/ Cape of Good Hope« zum Erinnerungsbild auf. Möglicherweise ist es inzwischen das meistfotografierte Schild der Welt, neben dem berühmten Pendant am Nordkap Nordnorwegens. Nur das dieses hier eben nicht das wirkliche Südkap Afrikas ist.

Touristenmagnet mit Wachstumspotenzial

Ganz sicher sei das bald so, hatte Jo, ein indischstämmiger Busfahrer, bei einem Besuch kurz nach dem Fall der Apartheid behauptet. Jedenfalls, sagte er damals, wenn Mandela es schaffe, die hochgesteckten Erwartungen von 40 Millionen farbigen Südafrikanern zu erfüllen, dann würden unzählige Fotolinsen nach Südafrika einfliegen und ebenso viele Weinflaschen wieder hinaus. Heute ist die 8-Millionen-Marke statistische Realität und der Reisesektor eine tragende Säule der südafrikanischen Wirtschaft. Allein aus Deutschland besuchen jährlich über

250 000 das Traumland am Kap. Tendenz steigend. Auch die Weinflaschen haben sich längst einen Platz in den Regalen der Welt verschafft, und die Winzer erwirtschaften Rekordzahlen. Tendenz weiter steigend.

Hoffnungsschimmer für Seefahrer

Aber wen könnte das wirklich interessieren von denen, die hier hoch oben auf dem Felsen des Cape of Good Hope Nature Reserve aufgeregt auf die endlose Weite der beiden Ozeane blicken? In dem Bewusstsein, an der äußersten Südspitze des afrikanischen Kontinents zu stehen. Oder stimmt das so etwa nicht? Was, wenn sich bei all den bewegenden Gefühlen hier oben alles als geografische Täuschung entpuppte – so, wie es auch bei der False Bay gleich nebenan der Fall war? Tatsächlich: Erst 140 Kilometer südöstlich von hier, am Cape Agulhas, dem »echten« Kap, treffen der Atlantische und der Indische Ozean aufeinander. Genau hier liegt er geografisch korrekt, der »Southernmost Point of Africa«. Und nicht, wie die meisten glauben, am Kap der Guten Hoffnung. Das übrigens deshalb so heißt, weil es oft vernebelt und seiner Strömungen wegen gefährlich war und obendrein für die alten Seefahrer der Wendepunkt vor der hoffentlich glücklichen Heimreise. Jedenfalls war der alte Cape-Point-Leuchtturm mit seinen 2000 Kerzen für die Schiffe da draußen ein Segen: Auf dem 249 Meter hohen Cape Point Peak leuchteten sie zwischen 1860 und 1919 bis zu 70 Kilometer weit hinaus auf die See. Erst nachdem 1911 der portugiesische Dampfer »Luisitania« am Kap zerschellt war, reichte der bloße Kerzenschein nicht mehr. Seit 1939 steht ein großer Teil der Kap-Halbinsel wegen seiner einzigartigen typischen Fynbos-Vegetation mit Orchideen, Proteen und Dutzender Arten von Erika unter Naturschutz. Auch die Fauna hat einiges zu bieten: Neben 250 Vogelarten sind hier Antilopen, Zebras, Echsen, Strauße und diverse Bockarten zu Hause, ebenso wie die giftige Puffotter und die Kobra. Allerdings werden eher die hier ansässigen Paviane zum Problem, die arglosen Touristen ihre unerwünschte Aufwartung machen und Sonnenbrillen, Handtaschen oder Autoschlüssel entwenden. Wer im Wagen bleibt und die Fenster geschlossen hält, ist auf jeden Fall auf der sicheren Seite.

SOUTHERNMOST POINT

Der Frühling ist die beste Reisezeit am Kap, denn dann sind zahlreiche Wale unterwegs und von Land aus gut zu beobachten. Warme Kleidung sowie Sonnenschutz sind wichtig, weil hier das Wetter launisch sein kann. Treppen führen vom Parkplatz hinauf zum Cape Point Old Lighthouse, bequemer geht es mit der Seilbahn. Vom Besucherzentrum Buffelsfontein (Rangerstation, Restaurant, Souvenirboutiquen und Aussichtsterrassen) führt ein Weg zum eigentlichen Kap der Guten Hoffnung hinunter, wo am weltberühmten Schild die Beweisfotos erfolgen.
Tipps für Wanderfreunde: Cape of Good Hope Hiking Trail (zweitägig, 40 Kilometer), Shipwreck Trail (zweistündig, sieben Kilometer). Cape of Good Hope Nature Reserve, www.capepoint.co.za

WEITERE INFORMATIONEN

Buffelsfontein Visitor's Centre sowie Cape Point Route:
www.capepointroute.co.za

Bilder wie aus glücklichen Träumen: Das Weingut Vergelegen Estate in Somerset West (rechts) mit stilvollem Ambiente und kostbaren Interieurs führt den Blick in historische Zeiten, was jeden der edlen Tropfen zu einer – zumindest gefühlt – noch tieferen Reife bringt. Optimistischer Kellermeister bei der Arbeit (oben).

4 Das Kap der guten Weine – Zwischen Stellenbosch, Franschhoek & Paarl

Edle Tropfen an der Weinroute

Am Fuße der Hottentotsholland-Berge, wo die Rebstöcke sauber in Reih und Glied gesteckt sind, so weit das Auge reicht, liegt die »klassische« Weinroute; hier tauchen Südafrika-Besucher in die Welt der Trauben ein. Mehr als ein Dutzend solcher »Wine Routes« haben sich inzwischen etabliert, und es ließe sich alternativ sogar auf einer »Brandy Route« rund ums Kap wandern!

Im späten Sonnenschein leuchten kapholländische Gutshäuser zwischen den Weinbergen, in friesischem Stil, mit Sprossenfenstern, Reetdächern, rustikalen Holzbalkendecken. Leicht könnte derlei Romantik darüber hinwegtäuschen, dass der Weinanbau in Südafrika ein nach modernsten Gesichtspunkten geführter Markt ist, der mit hochwertigen Produkten stark im internationalen Wettbewerb steht. Die Rebstock-Perlen der Winelands bei Kapstadt, Stellenbosch, Franschhoek und Paarl, sind weltbekannt. Die Anbaugebiete teilen sich in zwei Hauptregionen: das vom Atlantik beeinflusste Küstengebiet und das durch Bergketten von der Küste getrennte Inland. Auf über 110 000 Hektar Rebstockfläche werden von Kleinbauern, Kooperativen und Großweingütern rund 3000 verschiedene Weine produziert, wobei die Lese hier Anfang Januar beginnt. Der Ernteertrag liegt mit über zehn Millionen Hektolitern so hoch wie der deutsche, mit Rebsorten wie Sauvignon Blanc, Chenin Blanc, Chardonnay, Colombar und Cabernet Sauvignon. Der Riesling, deutschen Weintrinkern gut bekannt, geht hier mit einem mageren Prozent ins Gesamtergebnis ein.

Nederburg im Paarltal

Dabei ist der deutsche Einfluss auf den Weinbau am Kap nicht unerheblich für die heutigen Spitzenweine »Made in South Africa«. Pauline vom Weingut Nederburg schließt die Augen und lässt genüsslich einen Schluck heimischen Gewürztraminer über den Gaumen rollen. Dann steigt die professionelle Verkosterin erst einmal in die Geschichte ein: 200 Jahre gibt es das Weingut Nederburg, erfährt der Besucher, und dass es um 1940 ein Johann Georg Graue war, der die idealen Bedingungen für den Weinbau am Kap erkannt hatte – trockene Böden, kühle Winter, reichlich Sonne, genug Regen, kurzum, ein hervorragendes mediterranes Klima. Graue brachte Technik und Wissen aus Deutschland mit und schickte später Sohn Arnold in die Heimat zurück, um ihn an der Weinbaufachschule in Geisenheim am Rhein ausbilden zu lassen. Im Rückreisegepäck hatte der Junior ein wissenschaftlich aufgebautes Rebveredlungs- und Pflanzmaterialprogramm sowie – mit der aus dem Rheingau stammenden Gärführung unter niedrigen Temperaturen – eine neue Kellertechnik. Bald schon hagelte es Goldmedaillen und erste Preise. Bedingt durch den Apartheidsboykott konnten südafrikanische Winzer lange nicht zeigen, was in ihnen beziehungsweise in ihren Flaschen steckte. Heute haben sie trotz langer Frachtwege längst die internationalen Märkte erobert. Als Preisfaktoren zählen der günstige Wechselkurs, die Lohnsituation im Lande sowie das ausgezeichnete und verlässliche Klima. In langen Reihen sind im Weingut Nederburg neben modernsten Kelter- und Tankanlagen prächtige Eichenfässer aufgestellt, made in Germany. Nach der Kellerführung schweift der Blick über das fruchtbare Paarltal, das wie gemalt vor den Drakenstein-Bergen im milden Sonnenlicht liegt. Eigentlich ist der Wein Jan van Riebeeck zu verdanken. Nachdem der 1652 in der Table Bay sein Basislager aufgeschlagen hatte, nervte er seine Vorgesetzten bei der East India Company, ihm doch bitte bald Weinstöcke aus Spanien, Frankreich und Deutschland zu schicken. Sieben Jahre später war in seinem Tagebuch zu lesen: »Heute, Gott sei's gelobt, wurde zum ersten Mal aus Trauben vom Kap Wein gepresst!« Über die Qualität des Getränks vermerkte er allerdings nichts. Nach ausgiebiger Weinprobe steht jedenfalls fest: Favorit für heute war der Nederburg Noble Late Harvest, eine edle Spätlese.

Stellenbosch – Weine nach alter Tradition

Simon van der Stel entdeckte wenig später ein kleines Seitental unweit von Kapstadt, dessen Weinbaubedingungen noch besser erschienen als die Cape Towns. Stellenbosch, die zweit-

Eine Weinprobe im wunderschönen Boschendal Wine Estate (unten sowie rechts oben) zählt zu den Top-Spot-Aktivitäten rebsaftbegeisterter Besucher der Winelands

älteste Stadt Südafrikas, gilt heute mit über 60 Weingütern als die Hauptstadt des Weines und eröffnete schon 1971 die erste Wynroete nach dem Vorbild der deutschen Weinstraßen und der französischen Route du Vin. Zwischen Dorp Street und Braak, dem Marktplatz des putzigen Universitätsstädtchens (75 000 Einwohner), begegnet man kapholländischer und viktorianischer Architektur auf Schritt und Tritt: Rhenisch Church, Burgerhuis, St. Mary on the Braak, Pfarrhaus der Rheinischen Mission, Leipoldt House, Moederkerk – allesamt herrlichste Fotomotive. Nicht verpassen sollte man die Trödelboutique »Oom Samie se Winkel« in der Dorpstraat, das Burgerhuis und das Stellenbosch Village Museum, deren Häuser interessante Interieurs aus den Zeiten der East India Company ausstellen. Über 200 Weinsorten lassen sich in und um Stellenbosch in den Kellern probieren, wobei die beiden nahe gelegenen historischen Weinstädtchen Paarl und Franschhoek kräftig mitreden: Cabernet Sauvignons und Shiraz-Weine aus Paarl sind Weltklasse!

Deutsche Winzerleidenschaft auf Gut Oude Wellington

Nur einen Katzensprung entfernt, vor den gezackten Gipfeln der Hawequa Mountains, liegt malerisch das Weinstädtchen Wellington. Dort pflegt ausgerechnet ein deutscher Zahnarzt Rheingauer Weinbautradition, seit er das Bohrbesteck aus der Hand legte. Praxis, Haus und Hof ließen sich gegen eine der ältesten kapholländischen Farmen, Baujahr 1795, eintauschen. Wobei, wie der moderne Aussteiger anfügt, die historische Perle in einem erbärmlichen Zustand war und von Grund auf saniert werden musste. Als Relikt aus der alten Welt prangt im Kaminzimmer noch das Praxisschild von daheim: »Dr. med. dent.«. Weinmachen sei der Zahnmedizin gar nicht so unähnlich, erklärt der Neu-Winzer von Gut Oude Wellington, was man brauche, sei vor allem ein sachkundiges Händchen. Auf elf Hektar Land stehen heute Rebstöcke, im Weinkeller arbeitet neben einer Weißweinpresse der Firma Görtz-Landmaschinen modernste Technik. Und natürlich lagern dort auch edle Tropfen in 70 Eichenfässern, die aus Frankreich für den Barrique-Ansatz herangeschafft wurden.

Seit geraumer Zeit betreibt der Doc sogar eine kupferblitzende Destillieranlage zur Herstellung von Brandy, der noch viel schneller verkauft ist als der Wein. Wer es nach einer Wein- oder Brandyprobe und dem Besuch des Gutshofrestaurants nicht mehr nach Hause schafft, bleibt besser über Nacht: Hübsche Pensionszimmer laden hier zum Tiefschlaf ein.

HISTORISCH: WEINGÜTER IN SÜDAFRIKA

Zwischen 1679 und 1712 residierte Hollands Gouverneur Simon van der Stel auf Groot Constantia, mit dem Baujahr 1685 das älteste Weingut Südafrikas. Hier wurden schon frühzeitig so gute Weine ausgebaut, dass sie an den Tafeln europäischer Fürstenhäuser gerne verkostet wurden. Das Gutshaus ist heute Museum. Zu den besten Weingütern zählt Stellenzicht Vinyards, das 1692 an den Hängen des Helderbergs bei Stellenbosch entstand. Mit dem Anbau von Chenin Blanc, Cabernet Sauvignon, Shiraz und Chardonnay findet sich aber nicht nur hier die qualitätsstarke Weinbautradition der Region Stellenbosch. Websites: www.grootconstantia.co.za, www.stellenzichtwines.com

WEITERE INFORMATIONEN

Stellenbosch: www.stellenbosch.travel www.visit-stellenbosch.com
Franschhoek: www.franschhoek.org.za
Paarl: www.paarlonline.com
Oude Wellington: www.kapwein.com sowie www.winelands.co.za,

Beinahe alles dreht sich in und um Oudtshoorn um Strauße (rechts). Auch Eselskarren wie (oben) in Amalienstein gibt es noch.

5 Eine wüste Welt für sich – Karoo

Die kleine Zackige und die große Weite

Von Kapstadt aus wurde das Inland Südafrikas besiedelt. Zunächst aber beschränkten sich die Vorposten der Europäer auf die Küsten, weil diese auf dem Seeweg leicht zu erreichen waren. Doch bald schon lockten die zerklüfteten Gebirgszüge der Kleinen Karoo und die geheimnisvollen Hochebenen der Großen Karoo, die sich bis zum Horizont ausbreiten. Mühselig quälten sich Ochsenwagen und Maultierkarren durchs unwegsame Bergland, das überraschend liebliche, fruchtbare Täler preisgab.

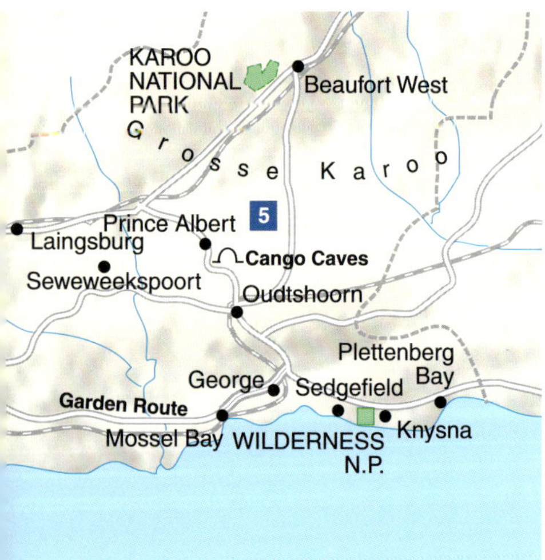

Auf dem Weg von Kapstadt in die Kleine Karoo liegt Swellendam, Südafrikas drittälteste Stadt. Umringt von den Langeberg Mountains, wartet das städtebauliche Schmuckstück aus dem Jahr 1743 mit liebevoll restaurierten kapholländischen und viktorianischen Häusern auf sowie mit einem der interessantesten Museumskomplexe des Landes, der Drostdy in der Swellengrabel Street. Dieser ehemalige Verwaltungssitz der Kap-Regierung spiegelt mit seiner Ausstattung den Lebensstil des 18. und 19. Jahrhunderts wider. Ein Besuch des historischen Städtchens ist sehr zu empfehlen.

In der Hitze der Kleinen Karoo

Hinter Swellendam biegt die Straße kurz vor Heidelberg links ab und führt über den Tradouws-Pass zur Route 62, die eine der landschaftlich schönsten Straßen der Kap-Region ist. Sie schlängelt sich pittoresk durch die fruchtbaren Täler der Kleinen Karoo, vorbei an mächtigen Felsmassiven, deren Gipfel im Winter schneebedeckt sind, bis nach Ladismith, einem beliebten Wandergebiet am Fuß des Towerkop, und weiter bis zu den ehemaligen Missionsstationen Zoar und Amalienstein. Von Calitzdorp, der Hochburg des Portweins, ist es nur noch

Die kargen, ariden Landschaften der Karoo transportieren einen sehr eigenen Charme (oben). Das weitverzweigte Höhlenlabyrinth der Cango Caves nahe Oudtshoorn zeigt beeindruckende Stalaktiten und Stalagmiten (unten). Brutkasten für Straußeneier auf einer Straußenfarm (rechts oben).

einen Katzensprung bis nach Oudtshoorn. Da in der wüstenähnlichen Landschaft der Kleinen Karoo nur selten der Wind weht, empfindet man die Temperaturen meist als besonders hoch. Trotz des heißen Klimas werden durch geschickte Bewässerung Tabak, sogar Obst und Gemüse, Wein und Getreide angebaut.

Ein komischer Vogel

Besonders wohl fühlt sich hier Struthio camelus, der Strauß. Dieser sonderbare Vogel fliegt nicht, ist aber mit vier Meter langen Schritten bis zu 50 Stundenkilometer schnell. Ein Straußenhahn wird zwei Meter fünfzig groß und 150 Kilogramm schwer, und das alles auf Beinchen, die so lang und so dünn sind wie sein Hals. Er hat weder Kropf noch Zähne und schluckt daher feste Dinge wie beispielsweise Steine, um mit ihrer Hilfe seine Nahrung im Magen zu zerkleinern. Zum Kuriosen passt, dass seine schönen, langen Wimpern sanfte Federn sind, die Füße aus nur zwei Zehen bestehen, die allerdings kräftige Krallen tragen und, wenn Gefahr droht, zu gefährlichen Killerwerkzeugen werden. Vor allem das schwarz-weiß gefiederte Männchen kann sich vehement zur Wehr setzen, sogar Elefanten und Löwen sollen vor ihm zurückweichen. Übrigens kommt er, wenn nötig, gänzlich ohne Wasser aus, weil ihm die Flüssigkeit von kleinen Beutetieren, Früchten und wasserhaltigen Sukkulenten vollkommen ausreicht. Nur zehn Prozent aller Strauße genießen in Südafrika die Wildnis. Die Mehrheit der rund 600 000 Riesenvögel lebt in Aufzucht und beliefert die Schlachthöfe mit Nachschub. Das hat seit 1838 eine Geschichte: Zu Beginn des 19. und 20. Jahrhunderts waren vor allem Federboas als Modeaccessoires gefragt, und Straußenfedern wurden in den fernen Erdteilen zu begehrten Objekten. Dokumentiert ist, dass Südafrika damals pro Jahr eine halbe Million Kilogramm Federn exportierte! Die sogenannten Straußenbarone der Kleinen Karoo wurden durch die Federn steinreich. Ihr Wohlstand lässt sich heute noch in Oudtshoorn, der »Hauptstadt der Strauße«, bestaunen in Form prunkvoller Villen, den sogenannten Feder-Palästen. Heute dienen die Zuchtvögel auf den rund 200 Straußenfarmen der Region hauptsächlich der Fleischproduktion. Alljährlich Anfang April findet in Oudtshoorn das Klein-Karoo-Kunstfestival statt, zu dem über 100 000 Besucher unterwegs sind.

Unterirdisches Labyrinth: die Cango Caves

Nördlich von Oudtshoorn liegen die Cango Caves, die sich in Jahrmillionen zu einem imposanten Tropfsteinhöhlensystem entwickelt haben.

Früher wurden sie von den San und Khoikhoi, den eigentlichen Ureinwohnern Südafrikas, als Unterschlupf genutzt. Werkzeugfunde und Höhlenmalereien belegen, dass die Höhlen vor circa 10 000 Jahren von Menschen bewohnt waren. Das unterirdische Labyrinth, das weitverzweigt bis unter die Swartberge reicht, ist gigantisch: Nur zwei Kilometer Länge können besichtigt werden, allein in diesem Teil ist die größte Höhle 107 Meter lang, 54 Meter breit und 16 Meter hoch. Ein Teil des Höhlensystems bleibt für Besucher geschlossen, um wertvolle Formationen zu schützen.

Idylle in den Bergen

Jenseits des Swartberg-Passes liegt Prince Albert. Das kleine Bergstädtchen, das schon zur Großen Karoo gehört, stellt ein besonderes Kleinod dar. Umgeben von bizarren Bergen, deren Gipfel 2000 Meter erreichen, gedeihen Oliven und Obst, außerdem leben hier Merinoschafe. Benannt nach dem Prinzgemahl Queen Victorias, liegt der Ort 650 Meter über dem Meeresspiegel, ist mit seinen viktorianischen Fassaden beinahe ein lebendiges Museum und als Quartier bei Wanderern beliebt. Vor allem im Frühling, wenn die Obstbäume blühen und das Land von Wildblumen bedeckt ist, sowie im südafrikanischen Herbst zum Olivenfest. Im Sommer, im Dezember, wenn es in der Karoo heiß und trocken ist, hält Prince Albert seine Sommerruhe.

Ein Nationalpark treibt's bunt

Die beeindruckendsten Bilder hält der Karoo-Nationalpark nordwestlich von Beaufort West bereit: Vegetation sprießt nur spärlich in diesem steinwüstenähnlichen Gebiet, Temperaturunterschiede und geringe Niederschläge haben einzigartige Landschaftsbilder zustande gebracht, aus deren Leere sich kleine Tafelbergbrüder, die typischen »Koppies«, erheben. Das Beste findet nachts statt, wenn es eiskalt wird in der Großen Karoo und der Sternenhimmel so klar ist wie am Südpol. Dann versammeln sich Sternengucker aus aller Welt nahe Sutherland, im South African Astronomical Observatory. Ähnlich wie im Namaqualand an der Nordwestküste Südafrikas explodiert bei Regen die ausgedörrte Erdkrume der Karoo: All die vielen Samen der Sukkulenten-Flora, die die Trockenheit überdauert haben, beginnen dann blitzschnell zu keimen, und ein bunter Blütenteppich überzieht für ein paar Tage das Land. Den luxuriösen, aber kurzzeitigen Überfluss ihrer Wüstenflora wissen Bergzebras, Kudus, Elenantilopen und Spring- und Spießböcke zu schätzen.

DIE STADT DER FEDERBARONE

Sie sind schon verrückt, Oudtshoorns Straußen-Showfarmen, die sich zum großen Teil aus touristischen Einnahmen finanzieren. Dementsprechend wird den Besuchern auch allerhand Kurioses und Unterhaltsames geboten: Straußenrennen, öffentliche Fütterungen, sogar reiten darf man auf den Vögeln.
Übernachtungstipp: Ein echter deutschstämmiger Straußenfarmer (keine Showfarm) bietet Bed-&-Breakfast-Übernachtungen in Carmens Farmgästehaus bei Oudtshoorn an, www.straussennest.net.

WEITERE INFORMATIONEN

Oudtshoorn Touristic Bureau: Baron van Rheede Street, www.oudtshoorn.com
Straußenfarmen: Highgate Ostrich Show Farm, www.highgate.co.za; Safari Ostrich Farm, www.safariostrich.co.za; Cango Ostrich Show Farm, www.cangoostrich.co.za
Cango Caves: www.cango-caves.co.za

Cape of Good Hope: The Old Cape Point Lighthouse wurde in England gefertigt und 1860 auf Cape Maclear in 249 Meter Höhe aufgestellt.

Von Leuchtturm zu Leuchtturm ums Kap

Zu wilden Küsten gehören die rauschende Brandung und die gellenden Schreie der Möwen. So geht der Kindheitstraum! Verrostete Schiffswracks, die schlimme Schicksale bezeugen. Und rot-weiß geringelte Leuchttürme, die das gefährliche Ende einer Landmasse markieren – als strahlende Retter in tosender See.

Auf einer Leuchtfeuerreise lassen sich die grandiosen Küstenlandschaften des südafrikanischen Kaps aus einem speziellen Blickwinkel erschließen. Liebhaber von Meer und Küstenlandschaften werden die maritime Magie zwischen den Leuchttürmen von der West Coast über Kapstadt und entlang der Garden Route bis hin zur Wild Coast sicherlich begierig in sich aufsaugen!

Die historischen Bauwerke, die einst als Orientierung bedrängter Seeleute errichtet wurden, sind heute längst nicht nur nachgefragte Foto-Highlights, sondern, mit moderner Technik ausgestattet, immer noch lebensrettend aktiv. Beinahe alle sind nach 1814 entstanden, dem Jahr der Übernahme der holländischen Kap-Kolonie durch die Seefahrernation des Britischen Empire, um tragische Schiffsuntergänge auf der Hauptschifffahrtslinie des Indien- und Südostasienhandels von und nach Europa zu reduzieren.

Die meisten der bildschönen Türme können besichtigt werden, in manchen kann man sogar übernachten. In anderen wiederum sind Museen untergebracht, wie in Cape Agulhas, am Südkap des afrikanischen Kontinents – Baujahr 1849, 27 Meter hoch, klassisch in Rot-Weiß –, wo sich in einer Ausstellung die aufregende Geschichte der Leuchttürme nachvollziehen lässt. Wer sich hier erst einmal durch die engen Holzstiegen bis zur umlaufenden Plattform hoch oben gezwängt hat, genießt als Lohn einen wirklich berauschenden Ausblick über das felsenreiche und brandungsstarke Südkap Afrikas, das wirklich der südlichste Punkt des Kontinents ist.

Gefährliche Küsten

Wie Perlen auf einer Schnur reihen sich die Exemplare einer prächtigen Leuchtfeuer-Architektur an den Küsten Südafrikas auf. Eine Reise zu den schönsten führt vom sehenswerten Cape Columbine Lighthouse bei Paternoster an der West Coast über Kapstadts Green Point Lighthouse – diagonal rot-weiß gestreift, Baujahr 1824, vom deutschen Steinmetz und Architekten Herman Schutte entworfen – bis zum Great Fish Point Lighthouse nahe Port Alfred bei Port Elizabeth. Und es geht sogar noch weiter, bis zum Hood Point Lighthouse, das als schneeweißer und 19 Meter hoher Riese seit 1895 am Port of Wrecks die Umfahrung East Londons, des heutigen Buffalo City, beschützt. Dazwischen schicken sehr prominente Beispiele wie das Cape Point Lighthouse am Kap der Guten Hoffnung und der Cape-Agulhas-Leuchtturm ihre Lichtblitze bis zu 32 nautische Meilen hinaus aufs Meer. Zu den besonderen Historienschätzen zählen auch Gansbaais Danger Point, Baujahr 1895, schneeweißer Turm mit knallrotem Top und Traumblick über die legendäre Walker Bay, sowie Cape St. Blaize in Mossel Bay, der seit 1864 an der Garden Route blitzt. Wie zahlreiche andere Wachtürme rings um die gefährliche Südküste des Kontinents.

Zum Jawort hoch hinaus

Slangkop Point Lighthouse und Cape Columbine Lighthouse stehen an den landschaftlich reizvollsten Standorten des Kaps in bildschöner Umgebung: Slangkop, Baujahr 1919, mit 34 Metern Höhe ein Ungetüm, stilecht und mit Leuchtturmwärter bemannt, thront am acht Kilometer langen Long Beach der Kap-Halbinsel, der das bezaubernde Nordhoek und Kommetjie als extrem breiter Sandstrandtraum verbindet. Mit 34 Metern ist er der höchste (gusseiserne) Leuchtturm Südafrikas! Wer die vielen Stiegen nicht scheut, genießt von oben eine fantastische Aussicht auf die weiß schäumende Brandung des Long Beach bis hin nach Hout Bay und Cape Point.

Paternoster, das durch Schiffbruch gestrandete Seeleute aus Dankbarkeit »Vater Unser« nannten, ist eine idyllische Westküstenperle mit putzigen Fischerhäusern, herrlichen Sandstränden und seit jeher Pilgerort für Künstler und Fotografen auf der Suche nach Inspiration. Sein Cape Columbine Lighthouse, Baujahr 1936, mit Übernachtungs- und Veranstaltungsräumen, generiert ein wahrhaftig nordfriesisches Flair! In beiden Türmen lassen sich Events aller Art arrangieren, Jubiläumsfeiern und Hochzeiten inklusive.

Prachtvolle Leuchtfeuer-Exemplare: Green Point wacht über Kapstadt (unten), Slangkop Point Lighthouse über den Long Beach zwischen Nordhoek und Kommetjie (oben).

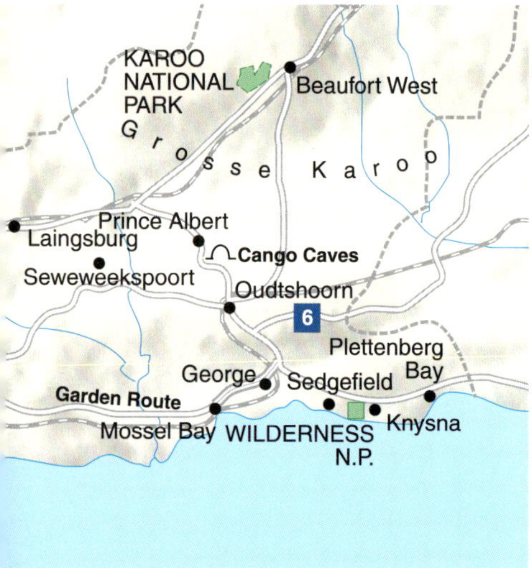

6 Die Pässe zwischen Küste und Hochland

Atemberaubend kurvig

Ende des 18. Jahrhunderts entstanden die ersten Siedlervorposten und Missionsstationen im Bergland und auf den Hochebenen östlich von Kapstadt, aus denen sich prosperierende Orte wie Barrydale, Montagu, Seweweekspoort und Prince Albert entwickelten. Lästig waren die miserablen Verkehrswege zur Küste. Da kam ein alter Haudegen aus Schottland gerade recht: Andrew Geddes Bain (1797–1864) wurde zum Helden der Passstraßen, die er unnachgiebig durch und über die Gebirgsketten trieb.

Unter abenteuerlichen Umständen entstanden Anfang der 1830er-Jahre der Oudeberg Pass und der Van Ryneveld Pass bei Graaff-Reinet in der Großen Karoo, danach der Ecca-Pass zwischen Grahamstown und Fort Beaufort sowie der Michell's-Pass und der Bain's-Kloof-Pass bei Wellington. Bevor der alte Andrew Geddes Bain verstarb, schaffte er noch eine ganze Reihe weiterer Wunderwerke. Dann setzte Sohn Thomas die wagemutige Ingenieurskunst seines Vaters fort und brachte noch mehr Bergstraßen auf die Beine, insgesamt 23! Die schönsten und bekanntesten sind: Meiring's Poort (16 Kilometer lang, entstanden 1854 bis 1858), Seweweekspoort-Pass (durch die Swartberge, 17 Kilometer lang, entstanden 1859 bis 1862), Prince Alfred's Pass (zwischen Knysna und Uniondale, 70 Kilometer lang, entstanden 1863 bis 1867), Seven Passes Road (zwischen George und Knysna, 75 Kilometer lang, entstanden 1867 bis 1883), Tradouw-Pass (bei Barrydale, 13 Kilometer lang, entstanden 1869 bis 1873). Für solcherlei brauchte es unerschrockene Ingenieure.

Über die Bainskloof-Berge bei Wellington führt der Meiring's Poort durch die rauen Swartberge (rechts unten). Spektakulär winden sich auch all die anderen Pässe durch berauschende Gebirgsszenarien. Im Bild: Outeniqua Pass (unten) und Robinson Pass (rechts oben).

Gigantische Ausblicke

Thomas Bains größtes Abenteuer aber sollte der Bau des legendären Swartberg-Passes zwischen der Straußenstadt Oudtshoorn und der Gebirgsidylle Prince Albert werden. Die 24 Kilometer lange Straße wuchs zwischen 1880 und 1888 zu Juniors Meisterstück heran. Ende 1884 hatten seine 230 Zwangsarbeiter die schwierige Strecke von Prince Albert bis zum 1530 Meter hohen Gipfel geschafft, und ab 10. Januar 1888 konnte der Pass, der inzwischen zum Nationaldenkmal erklärt wurde, genutzt werden. Wer sich für diese Strecke entscheidet, braucht viel Zeit. Nicht nur zum Fahren, sondern auch zum Halten und Schauen an den zahlreichen Aussichtspunkten, wobei die Abfahrt auf der Nordseite in Richtung Prince Albert zum Höhepunkt eines gigantischen Panoramas wird. Übrigens zählt auch der Victoria Drive zwischen Hout Bay und Camps Bay bei Kapstadt zu Bains Hinterlassenschaft, weshalb bei Llandudno eine Gedenktafel an den größten Straßenbaumeister Südafrikas erinnert.

Seweweekspoort und Robinson

Ganz sicher atemberaubend ist eine Überquerung des Seweweekspoort, einer engen Schlucht aus rötlichen Felswänden, wobei Bains Straße die Kleine mit der Großen Karoo verbindet. Sieben Wochen lang (»Sewe Weeks«) mussten sich früher die Planwagen auf der Strecke mühen, so heißt es. Westlich von George führt der Robinson-Pass über die Outeniqua-Berge nach Oudtshoorn. Auch er wurde von Thomas Bain gebaut, und seine Eröffnung im Jahr 1869 kam besonders den Federbaronen der Straußenstadt gerade recht, die sich über den neuen Zugang zur Küste zwecks Verschiffung ihrer Produkte in alle Welt freuten.

Outeniqua- und Montagu-Pass

Weil der zunehmende Verkehr zwischen Oudtshoorn und George bald nicht mehr bewältigt werden konnte, wurde 1942 der Bau des Outeniqua-Passes begonnen. Das Mammutprojekt endete gemeinsam mit dem Zweiten Weltkrieg, als 200 italienische Zwangsarbeiter aus der Kriegsgefangenschaft entlassen werden mussten, sodass die Straße erst 1951 fertiggestellt werden konnte. Heute bildet sie eine großzügig ausgebaute Hauptverbindung auf der N 12 zur Garden Route und bietet wahrhaft traumhafte Ausblicke auf die umliegende Bergwelt. Wer Muße hat, probiere es mit der unbefestigten, aber dennoch gut befahrbaren Nebenstrecke über den steilen Montagu-Pass, den Henry Fancourt in dreijähriger Bauzeit durch die Felswüste trieb. Auf dem Rückweg nach Kapstadt steigt die N 1 von der 900 Meter hohen Wüstenlandschaft des Karoo-Plateaus über den Hex-River-Pass ab, um sich wieder in die liebliche Kap-Landschaft einzufädeln: Nicht weit von den Weinorten Stellenbosch, Franschhoek und Paarl entfernt, bildet das historische Worcester mit seinen 1820 gegründeten Kellern KWV den ersten Vorposten der Reben.

PRINCE ALBERT

Das kleine Bergstädtchen Prince Albert liegt jenseits der Swartberge, gehört schon zur Großen Karoo, und stellt ein ganz besonderes Kleinod dar. Umgeben von bizarren Gipfeln, deren Tops 2000 Meter erreichen, gedeihen in der paradiesisch anmutenden Enklave Oliven, Obst, Merinoschafe und sogar Wein. Wer von Oudtshoorn aus da hinauf will, muss über den abenteuerlichen Swartberg Pass, eine fordernde Bergpiste, oder durch den Meiringspoort Pass, der asphaltiert ist. Benannt nach dem Prinzgemahl Queen Victorias liegt der Ort 650 Meter über dem Meeresspiegel, ist mit seinen viktorianischen und kapholländischen Bilderbuch-Fassaden beinahe eine Art Freilichtmuseum, und als Standort bei Naturfreunden und Wanderern sehr beliebt.

WEITERE INFORMATIONEN

The Prince Albert Tourism Association:
Church Street, www.princealbert.org.za und www.thegreatkaroo.com

Im De Hoop Nature Reserve stellt die Küste Sanddünengebirge aus (oben). Es sieht schon gewaltig aus, das ozeanische Küstenbild mit dem Wal-Städtchen Hermanus im Hintergrund (rechts oben). Typisch für Südafrika ist die prachtvolle Königs-Protea (rechts unten).

7 Von Walen, Robben und Erika – Hermanus, Grootbus und Walker Bay

Strand- und Sandszenarien vom Allerfeinsten

Die Autobahn von Kapstadt in östlicher Richtung ist eine der schönsten der Welt – um im Stau zu stehen. Der ist freitags sicher, denn dann machen sich die Capetonians entlang ihrer vielzackigen Bergketten auf in die Wochenendkolonien an den zahlreichen verträumten Buchten des Indischen Ozeans. Zwischen Hermanus, Gansbaai, Cape Agulhas und dem De-Hoop-Naturreservat.

Das noble Strandstädtchen Hermanus, das schon beim Blick auf die Immobilienpreise herausragend ist, beherbergt nicht nur ein Walbeobachtungszentrum, sondern beschäftigt den kuriosesten Walausrufer der Welt. Der eilt durch die Straßen und bläst laut ins Horn, um die Ankunft der Wale zu verkünden. Denn dieser Platz gilt als der beste weltweit, um die Tiere von Land aus zu beobachten.

Die Wale kommen!

In der Walker Bay zwischen Hermanus und dem Küstenstädtchen De Kelders tummeln sich an guten Tagen bis zu 50 oder 60 der riesigen Säuger, die zwischen Juni und September aus den eiskalten Antarktisgewässern in die warmen, geschützten Buchten der Südküste Afrikas ziehen, um sich zu paaren und ihre Jungen zur Welt zu bringen. Wenn die 60 Tonnen schweren und 18 Meter langen Glattwale spektakulär aus dem Wasser schießen, um dann mit gewaltigem Getöse auf der Wasseroberfläche aufzuschlagen, werden die Walbeobachter an Land jedes Mal in hellste Aufregung versetzt. Die Southern Right Whales vor Südafrikas Küsten sind inzwischen so populär, dass manche Wildlife-

In der Walker Bay vor Grootbos, da tauchen sie auf: die Wale (rechts). Eine Fischersfrau vor ihrer weiß getünchten Steinkate in Arniston (unten) und der Leuchtturm von Cape Agulhas (ganz unten).

Experten aus den klassischen fünf Trophäentieren der Großwildjäger – The Big Five (Löwe, Büffel, Elefant, Leopard und Nashorn) – am liebsten The Big Six machen würden. Immerhin waren die Riesen wie ihre Kollegen in der Savanne, die Nashörner, beinahe schon ausgerottet. Walfangflotten hatten die Bewohner der Weltmeere Ende des 18. Jahrhunderts massenhaft aus den Ozeanen gezogen. Ihr Tran diente zur Herstellung von Brennstoff für Lampen sowie als Grundstoff für Seife, Linoleum und Arzneimittel, ihre Barten zur Herstellung von Korsettstangen. Die Populationen erholten sich erst, seit die Wale ab 1935 zunehmend geschützt und ihr Fang 1976 in Südafrika endgültig verboten wurde.

Auf der »Cape Whale Route« entlang der Küste lassen sich die größten Säugetiere der Erde (Blauwale bringen 200 Tonnen auf die Waage) an vielen Orten zwischen Strandfontein und Knysna von Land aus sehr gut beobachten.

Naturreservat Grootbos

Die schönste Walbucht aber ist die Walker Bay zwischen Hermanus und dem Fischerörtchen Gansbaai. Hier, in den sanften Hügeln der Swartkransberge, ist mit der Bio-Lodge Grootbos ein Naturreservat der besonderen Art entstanden, hier handelt die Geschichte von Ameisen, Mäusen und Menschen. Von Fynbos und Milkwood, von Asche und von Erika. Das hört sich im ersten Moment wenig spannend an, vor allem wenn man weiß, dass jenseits der Bucht, auf Dyer Island, Scharen von Pinguinen spektakuläre Kopfsprünge in tosende Brandung vorführen – oder dass die Nachbarinsel, Geyser Island, 55 000 Robben bevölkert und plötzlich auffliegende Kormorane so zahlreich sind, dass ihr Geflatter zuweilen den Himmel verdunkelt. Aber unter den heimeligen Reetdächern von Grootbos wird ausschließlich über Flora en miniature gefachsimpelt.

Da sind Leucospermum (Nadelkissenblume) oder Protea obtusifolia (Königs-Protea) feste Größen. In einem Umfeld, das am ehesten mit der Wattlandschaft bei Keitum auf Sylt vergleich bar ist und in dem norddeutsche Impressionen sich allerorts in der bildschönen Landschaft zeigen: Der Blick vom Naturreservat geht über riesige Sanddünengebiete, in denen hartnäckig der Strandhafer kämpft, und auf unablässig anrollende Wellenberge, die sich an Stränden totlaufen. Hier wartet ein traumhaftes Küstenparadies nicht nur auf Badenixen.

Fynbos, die typische Kap-Flora

So weit das Auge reicht, blüht eine wildromantische Heidevegetation, die typisch für

das Kap ist, mit vielen endemischen Pflanzen, deren Farbmischung durch Dutzende verschiedene Arten Erika bestimmt wird. »Fynbos« nennen sich die kleinblättrigen Ministräucher der Kap-Flora, aber natürlich wachsen auch größere Büsche (»Grootbos«) und sogar richtige Bäume, die bis zu 1000 Jahre alten Milkwood Trees. Die seltene Spezies (Sideroxylon inerme) hat sich im Schutzgebiet von Grootbos zum größten Milkwood-Wald Afrikas versammelt. Drumherum wuchert die Kap-Flora mit Tausenden Arten auf kleinsten Arealen, teilweise nur Quadratkilometer groß. Aufgrund von Mikroklimaten kann es in der nächsten Bucht schon ganz anders aussehen. Liebhaber von Erika finden von weltweit 860 Arten allein 730 im Blumen-Eldorado am Kap. Phänomenal ist, dass es mit der Fynbos-Vegetation erst richtig losgeht, wenn es brennt. Denn erst nach einem Feuer öffnen sich die Samen der Pflanzen im Erdreich und treiben dann einen noch dichteren Bewuchs hervor – ein Evolutionsbeispiel aus Gebieten, wo sonst die Vegetation nach Buschfeuern aussterben würde. Wie raffiniert das Reproduktionssystem funktioniert, macht ein Botaniker von der Universität Kapstadt am Beispiel der Protea, Südafrikas Nationalblume, deutlich: Proteasamen, die zu Boden fallen, werden von Ameisen in ihre unterirdischen Nester verschleppt. Aber nur die feine äußere Hülle wird von den Tierchen verspeist. Die in den Ameisenbauten vor Vögeln und Mäusen gesicherten Samenkerne warten jetzt auf Feuer, Asche und Regen. Denn erst chemische Stoffe in der Asche, vom Regen an die Pflanzensamen gespült, stimulieren ihr Wachstum.

Und dann und wann auch ein Weißer Hai

Wem Proteas und Fynbos zu wenig sind, der kann in die Welt der Weißen Haie abtauchen. Den Inselkanal zwischen den vorgelagerten Felseilanden Dyer Island und Geyser Island durchpflügen tonnenschwere, bis zu sechs Meter lange Weiße Haie, deren Faszination groß genug ist, dass in den nahen Küstenortschaften Gansbaai und Kleinbaai acht Unternehmen allein mit shark-watching beschäftigt sind. Mit »Life-Changing Experience« werben die einen, mit »Jaws of Life« die anderen: Das Abtauchen im Käfig ist ein verlockender Nervenkitzel. Anderthalb Fahrstunden weiter treffen der Atlantische und der Indische Ozean aufeinander. Hier liegt das »echte« Kap, Cape Agulhas, der tatsächliche südlichste Punkt Afrikas. Es wurde 1488 vom portugiesischen Seefahrer Bartolomeu Diaz umsegelt, der ihm den Beinamen »Kap der Nadeln« gab, wegen seiner Felsen und Riffe sowie der unberechenbaren Strömung. Der rot-weiß geringelte Leuchtturm aus dem Jahr 1848 wurde einst mit Schafsschwänzen befeuert, und das Lighthouse Museum im Inneren verrät, dass das pittoreske Stück dem Leuchtturm von Pharos bei Alexandria in Ägypten nachgebaut wurde.

DIE BUCHT DER WALE

Zwischen Mai und August dreht sich hier (beinahe) alles um die riesigen Meeressäuger. Wenn man im Marine Hotel von Hermanus, der vermutlich teuersten Wal-Herberge Südafrikas, das Hornsignal des Walausrufers hört, reicht schon ein Blick aus dem Fenster, um die riesigen Tiere zu entdecken. Oberhalb der Walker Bay liegt das Grootbos Nature Reserve mit der Grootbos Garden Lodge (im nordfriesischen Reetdach-Design) und der Grootbos Forest Lodge (in offener, moderner Bauweise). Auf den Terrassen stehen Leica-Fernrohre, die eine Walbeobachtung jederzeit möglich machen.

WEITERE INFORMATIONEN

Hermanus Tourism: Market St., Old Harbour, www.hermanustourism.info

Grootbos Private Nature Reserve: De Kelders/Gansbaai, www.grootbos.com

Gansbaai Tourism: Kapokblom St., www.gansbaaiinfo.com

Seit die Strecke des Dampfzuges Outeniqua-Choo-Tjoe zwischen George und Wilderness (oben) nach schweren Regenfluten stillgelegt werden musste, ist für Eisenbahn-Fans das Outeniqua Railway Museum in George zuständig. Strand- und Küstentraum bei Wilderness (rechts oben) und an der Knysna-Lagune (rechts unten).

8 Ultimativ – Südafrikas Garden Route

Zwischen Wilderness, Knysna & Plettenberg Bay

George ist das Tor zur Garden Route. Von hier windet sich die berühmte und längste Panoramastrecke Südafrikas über Hunderte von landschaftlich spektakulären Kilometern die Küste entlang bis nach Port Elizabeth. Mit malerischen Buchten, einsamen Stränden, steil aufsteigenden Felswänden, bezaubernden Wanderrouten durch urweltliche Wälder, naturgeschützten Feuchtgebieten und hübschen Städtchen. Wobei die Bezeichnung »Garden Route« die Vegetation der Küstenlandschaft hinreichend beschreibt.

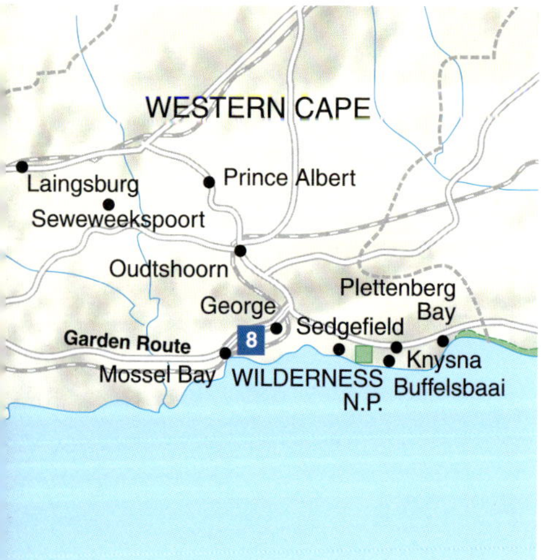

Das 440 Kilometer von Kapstadt entfernte und malerisch von der Outeniqua Mountain Range mit den städtischen Hausbergen Cradock Peak (1578 Meter) und George Peak (1337 Meter) umgebene George bildet zusammen mit dem benachbarten Mossel Bay (beide je mindestens 200 000 Einwohner) das urbane Drehkreuz der gesamten Küstenregion.

»Es war einmal«, ließe sich sagen, eine romantische Holzfällersiedlung, aus der 1811 ein Verwaltungssitz wurde, der im Verlauf seiner rasanten Entwicklung seinen Reiz verlor. Immer noch vorhanden sind die Strandparadiese der Garden Route gleich vor der Haustür!

Traumhaftes Wilderness

Das Strandpanorama von Wilderness ist schon gewaltig: Mächtig donnert die Brandung des Indischen Ozeans auf eine opulent breite und lange Sandbeach, nicht selten, dass die Konturen des Örtchens im Gischtnebel verschwimmen. Einst von Künstlern, Anglern und anderen stilsicheren Individualisten als Wohn- und Weekend-Paradies geschätzt, ist Wilderness heute ein schnell erreichbarer Vorgarten von George. Wer auf der N2-Autobahn-Stelzenbrücke über den Storms River und in die letzte Linkskurve geht, dem stockt der Atem. Der Fuß will auf die Bremse, der Blick auf die Projektionsfläche

Garden-Route-Impressionen: der legendäre Golf Course auf dem Fancourt Hotel and Country Club Estate bei George (unten) sowie traumhafte Strandszenen in Plettenberg Bay (rechts oben) und Kunst und Kitsch im African Attitude Shop an Knysnas Waterfront (ganz unten).

einer Breitleinwand, für die es aus gutem Grund eine vielgenutzte Haltebucht gibt: Ein Naturspektakel aus Lagunen, Sandflächen, dampfender Brandung und Bergketten tut sich da unten auf, weshalb die Perle der Wildnis zu den besten Spots der Garden Route zählt.

»Most Spectacular Landscape«

Wenngleich ein nicht wenig gieriger Immobilienmarkt immer mehr Sahnestücke besetzt, wurde der größte Teil dieser Wilderness-Natur als »Wilderness-Nationalpark« (inzwischen ein Teil des Garden-Route-Nationalparks) geschützt. Nach wie vor findet sich ein Wildgartenparadies zwischen Stränden, Dünen und Bergen, bestehend aus Flüssen, Seen, Lagunen, Inseln, Sümpfen, stillen Wasserarmen und sprudelnden Bächen. Natur- und Vogelfreunde werden den sieben Kilometer langen Kingfisher Trail lieben, sowie die Wanderwege durch das Goukamma Nature Reserve, die durch das weitläufige Küstenschutzgebiet zwischen Wilderness und Buffels Bay führen. Vögel kommen in der immergrünen Vegetation in unfassbaren Mengen vor: Je nach Jahreszeit versammeln sich in der Wilderness-Region bis zu 25 000 Wasservögel aus bis zu 250 bislang sicher identifizierten Arten, darunter der Vertreter allerhöchster ornithologischer Freuden: der farbschillernde Eisvogel.

Hotspot für Aktivsport

Längst haben sich in diesem Umfeld Aktivsportarten wie Paragliding, Abseiling, Klettern und Wellenreiten etabliert, wer die aquatische Ruhe sucht, gleitet im Kanu durchs stille Wasserparadies, was sich auch als geführte Wanderreise in vier Tagen auf dem Wilderness Canoe Trail durchführen lässt. Küstenwanderer gehen auf dem sechsstündigen Beach-Walk zwischen Kleinkrantz und Gericke's Point, dessen 14 Kilometer nur bei Ebbe zu schaffen sind, Hiker auf einem der fünf Wander-Tracks im Nationalpark. Östlich von Wilderness liegt das 2230 Hektar große Goukamma Nature & Marine Reserve an der halbmondartigen Badebucht Buffelsbaai. Grüne Meerkatzen, Buschböcke, Tümmler, Austernfischer, Brillenpinguine und Glattwale bewohnen das Goukamma-Naturparadies, das sich nur zu Fuß, per Kanu oder zu Pferde erschließt. Wem die Beach von Wilderness nicht reicht, fährt ein Stück weiter bis Sedgefield, wo am malerischen Sedgefield Mouth die Sedgefield Beach zur Myoli Beach und diese zur Cola Beach wird, bis kurz vor Brenton-On-Beach die 7 km lange Buffelsbaai zu einem noch größeren sandigen Erlebnis am Indischen Ozean wird!

Lagunenstädtchen Knysna

Mit einer lebendigen touristischen Infrastruktur liegt das liebliche Küstenstädtchen wie gemalt an seiner Lagune, die als National Lake Area unter Naturschutz steht. Restaurants, Bars und Stege mit Blick auf schaukelnde Boote laden zum Genießen ein, nicht ohne Grund bezeichnet sich dieses Knysna mit dem schwierigen Namen (gesprochen: »Naisna«) als Perle der Garden Route und gehört zu den beliebtesten Ferienorten der Küste. Seine bildschöne Lagune rahmen zwei mächtige Felsbrocken wie ein Eingangstor, Knysnas imposante »Heads«, zwei prachtvolle Sandsteinbrocken, die auf jeder Seite die Einfahrt bewachen, was ihr eine äußerst charmante Lage beschert, die jährlich Hunderttausende anzieht: Zahlreiche Restaurants sowie Bars, Boutiquen, Souvenirläden und Caféterrassen mit Blick auf die Ankerplätze schneeweißer Jachten lassen die Knysna Quays, die als Miniaturausgabe der Kapstädter Waterfront nachgebaut sind, für Besucher so magnetisch werden wie die beiden 18-Loch-Plätze des Knysna-Golf-Clubs und des Simola Golf & Country Estate für Golfer, die zwischen alten Eukalyptusbäumen ihren Abschlag mit Blick auf den Indischen Ozean haben. Anfang Juli lockt das Oyster-Festival Liebhaber von Meeresfrüchten, Knysnas erntefrische Austern sind der Traum, aber auch ganzjährig Muscheln, Calamares, frische Heringe, Fischpâté, Abalone und Riesenlangusten. Festivals liegen in Knysna ohnehin im Trend, neben dem Austern-Fest feiert man hier noch das Pink Loerie Mardi Gras & Arts Festival, das Literatur-Festival, das Rastafarian Earth Festival, das Knysna Wine Festival, und na klar gibt's auch noch die Knysna Cycle Tour, die Liste ist endlos. Wer nicht zum Feiern, Walken, Segeln, Golfen, Biken oder Action-Sport herkommt, wird aber zumindest essen und trinken. Auch hier ist die Liste der Möglichkeiten lang.

Featherbed Nature Reserve

An der Hafenmole der Knysna Quais legt vormittags Punkt zehn das Boot zum Featherhead Nature Reserve auf dem westlichen »Head« ab, wo Streifzüge durch blühende Fynbos-Vegetation zu versteckten Strandhöhlen führen. Die organisierte Tour dauert etwa 4 Stunden, Spaziergang von der Spitze des Western Head über einen 2,2 km langen Wanderweg hinunter zur Küste und zurück inklusive, und der Besuch lohnt sich: Das 150 Hektar große Naturreservat steht mit seinen prächtigen Milkwood-Bäumen auf der UNESCO-Liste des Weltnaturerbes.

»PLETT« – BEACHLIFE OHNE ENDE

Auch wenn sich während der Hochsaison die Zahl der Einwohner (65 000) verfünffacht, bietet Plettenberg ein angenehmes urbanes Ambiente. Shopping-Malls, Bars, Boulevard-Cafés und Restaurants sowie zahlreiche Aktivsport-Agenturen sorgen für eine gut funktionierende Urlaubs-Infrastruktur, unglaubliche Sandpakete und weite Strände machen den gar nicht unhübschen Badeort zu einem nachgefragten Ferienziel. In den Wohnanlagen rings um die Bucht, alle mit Wasserzugang und Traumblick, zeigt sich Architektur vom Feinsten. Aufgrund seiner bildschönen Umgebung bietet die Badeperle unüberschaubare Aktivitäten, vor allem Wandern und Reiten, aber auch Aktivsportarten wie Abseiling, Segeln, Paragliding oder Fallschirmspringen.

WEITERE INFORMATIONEN

Garden Route Tourism:

www.georgetourism.org.za, www.visiteasterncape.co.za, www.visitknysna.co.za, www.plett-tourism.co.za

9 Im Garten Eden – Tsitsikamma-Nationalpark

Zwischen Nature's Valley und Storms River

Jenseits der Urlauberhochburg Plettenberg Bay bildet der Tsitsikamma-Nationalpark die letzte Station der Garden Route und gleichzeitig eine der interessantesten: Afrikas erster Meeresnaturschutzpark bietet beeindruckende Wasserlandschaften aus wildromantischen Flussläufen, endlosen Dünengebieten, Süßwasserseen, einsamen Sandstränden und Klippen, die von der Brandung umtost werden.

Auf 75 Kilometer Länge zieht sich dieser Küstentraum der Groot-River-Lagune im Nature's Valley dahin und umfasst mit seinem Schutzgebiet ein feines, maritimes Territorium (unten). Ein Highlight des Parks ist auch das Mündungsgebiet des Storms River (rechts oben).

Auch wenn sich Plettenberg immer noch als Tor zum Tsitsikamma-Naturwunder versteht, hat die einst reizvolle Küstenperle ihr Ambiente weitgehend verloren: Aufgrund ihrer zahlreichen schönen, goldgelben Strände (Cape St. Francis, Paradise Beach, Oyster Bay, Jeffrey's Bay und viele mehr) erfreut sie sich als Ferienort vor allem bei südafrikanischen Urlaubern großer Beliebtheit, weshalb Ferien- und Apartementsiedlungen rund um »Plett« wie Pilze aus dem Boden schießen. Zwar zählt das Küstenstädtchen nur 10 000 Einwohner, doch während der Hochsaison vervielfacht sich die Zahl der Menschen schlagartig. Die Umgebung ist aber immer noch beachtenswert schön, wie beispielsweise Plettenbergs Robberg-Halbinsel, ein Naturparadies erster Güte, auf dem sich an die 2000 Pelzrobben sowie zahlreiche Kormorane und Kap-Tölpel tummeln. Mit Glück lassen sich auch Wale und Delfine sehen, und sehr fotogen macht sich dort das Cape Seal Lighthouse.

Paradies für Schnorchler und Taucher

25 Kilometer östlich warten die Ausläufer des Tsitsikamma-Nationalparks mit wahrhaft idylli-

schen Strandlandschaften bei Nature's Valley, einer von Klippen und Hügeln eingefassten Lagune des Groot River, der hier in den Indischen Ozean mündet. Dort endet der gebirgige Tsitsikamma Hiking Trail sowie die fünftägige Küstenwanderung des Otter Trail. Die einzigartig schönen maritimen Schutzgebiete des Parks erstrecken sich auf 80 Kilometern zwischen Plettenbergs Keurbooms Beach im Westen bis über die Mündung des Storms River hinaus im Osten sowie kilometerweit ins Meer hinaus, was Möwen, Reihern und Eisvögeln zugute kommt sowie Schnorchlern und Tauchern, die unter Wasser Korallenriffe bewundern können. Hinter der nassen Pracht residieren zwei Küstenplateaus auf unterschiedlichen Höhenstufen, die niedrigere von einer artenreichen Fynbos-Vegetation bedeckt, die höhere von dichtem Regenwald. Dahinter thronen die Tsitsikamma Mountains, deren höchste Erhebung, Formosa Peak, 1675 Meter aufragt.

Touren durch den Nationalpark

Tsitsikamma bietet Wanderern und Bikern ein Paradies auf zahlreichen Routen: dem Lourie Trail, der Storms River Cycle Route, dem Waterfall Trail und dem Blue Duiker Trail. Auf dem abenteuerlichen Otter Trail sind auf 41 Kilometern elf Flüsse zu durchqueren, was ein Grund dafür ist, dass die Teilnahme auf zwölf Personen begrenzt ist. Bis zu einem Jahr kann das Warten auf freie Plätze dauern. Kürzer sind die Buchungszeiten beim 64 Kilometer langen Tsitsikamma Hiking Trail, der 30 Personen pro Tag zulässt. Nicht so bekannt und deshalb weitgehend ohne Warteliste ist der 27 Kilometer lange Harkeville Trail, der westlich von Plettenberg Bay beginnt und entlang einer unberührten, bildschönen Küstenlandschaft durch dichte Regenwald- und Fynbos-Vegetation führt, weshalb sich die Route den Kosenamen »Little Otter« verdient hat. Weniger Ambitionierte werden sich über den Storms River Mouth Trail freuen, weil der nur einen Kilometer lang ist: Fantastische Aussichten und ein wenig Nervenzittern verursacht die wackelige Überquerung der Hängebrücke, die über die Schlucht an der Flussmündung führt. »The finest walks in the world« finden in diesem Garten Eden auch auf dem 20 Kilometer langen Elephant Walk statt, wenngleich die Aussichten, einen der letzten kleinen Waldelefanten im Busch zu sehen, eher gering sind. Dafür gibt es gewaltige Baumriesen zum Beispiel im Knysna Forest zu besichtigen. Der berühmteste Brocken der Spezies Outeniqua Yellowwood (Afrocarpus falcatus) heißt The Big Tree, ist 800 Jahre alt, hat eine Krone, die über 36 Meter hoch in den Himmel lang, und eine Stammumfang von 9 Metern!

ADRENALIN UND WILDE TOUREN

Südafrikas berühmteste mehrtägige Touren für Wanderer sind der Otter Trail und der Tsitsikamma Trail, übernachten kann man in kernigen Cottages. Die Schluchten des Storms River locken Aktivsportler, die vom Blackwater Tubing auf dem Fluss schwärmen und vom höchsten Bungee-Sprung der Welt: 216 Meter von der Bloukrans-Brücke (www.faceadrenalin.com). Übernachtungstipp: Schöne Suiten hat die Hog Hollow Country Lodge, 18 Kilometer östlich von Plettenberg Bay gelegen, mit einem herrlichen Blick auf die Tsitsikamma-Berge. Dazu gehört das Beach House in St. Francis Bay bei Port Elizabeth (www.hog-hollow.com).

WEITERE INFORMATIONEN

Tsitsikamma Tourism Association:
Oudebosch Farmstall R102 & R402, Tsitsikamma, www.tsitsikamma.info, www.visiteasterncape.co.za

Entlang atlantischer Strände servieren idyllische Beach-Restaurants Seafood ohne Ende frisch vom Fischerboot (oben). Das bei Wind- und Kitesurfern beliebte Langebaan ist mit seiner traumhaften Lagune ein Top-Spot!

10 Nordfriesische Impressionen – Cape West Coast

Strandloper Ocean und Paternoster

Die meisten Kapstadt-Besucher machen sich Richtung Garden Route, also nach Osten, davon und überlassen die andere Seite des Kaps mit seiner traumhaften West Coast weitgehend sich selbst – und den Capetonians, die menschenleere Sandbuchten, endlos lange Strände, postkartenreife Leuchttürme, bunte Fischerboote und vorgelagerte Inseln in weiten, schilfbestandenen Wasserlandschaften zu schätzen wissen.

Bis hinauf zur St. Helena's Bay und weiter nördlich erstrecken sich die Arbeitsplätze der Langustenfischer. In Landschaften, die an Schleswig-Holstein erinnern, mit rustikalen Küstenorten, weiß getünchten Fischerkaten, Trockengestellen voller gesalzener Makrelen sowie brandungsstarken Hotspots für Windsurfer, die sich von den bescheidenen Wassertemperaturen (eher unter 15 Grad als darüber) nicht beeindrucken lassen.

Das Landsträßchen R307 führt zu den ersten maritimen Aussichten in Yzerfontein, einem ursprünglich winzigen, romantischen Fischerdorf, wo die frischen Frutti di Mare direkt vom Bootsdeck an die Klientel aus der nur 60 Kilometer entfernten Großstadt verkauft werden, die an den Wochenenden in den weitläufigen, windumwehten Strandarealen der Atlantikküste Ruhe und Erholung sucht. Nur wenige Kilometer vor der Küste liegt Dassen Island, wo Brillenpinguine und zahllose Robben dem Leuchtturmwärter Gesellschaft leisten.

Vogel- und Urlaubsparadies Langebaan

Zwischen Yzerfontein und Paternoster befindet sich das Herzstück der Westküstenregion, der West-Coast-Nationalpark. Südlich von Saldanha, der Stadt mit dem größten Hafen der Region, erstreckt sich mit weitläufigen Salzmarschen, Schlick- und Schilfflächen die Langebaan-Lagune,

Nicht weit von der Langebaan-Lagune entfernt (ganz unten), begeistert mit dem bildschönen einstigen Fischerort Paternoster (rechts oben) die nächste Strand-Enklave. Stolz zeigt der Fischer seinen Hummer (unten).

eingebettet vom Sandveld mit seiner für die Kap-Region typischen Fynbos-Vegetation: 1200 verschiedene Fynbos-Spezies gibt es hier, die während der Blütezeit einen unglaublich farbigen, dicken Blumenteppich produzieren! Sixteen Mile Beach heißt die schmale Landzunge, die den Atlantischen Ozean von diesem einzigartigen Vogelparadies trennt, das Ornithologen und Naturfreunde aus aller Welt begeistert. Massen von Kap-Tölpeln, Kormoranen, Brillenpinguinen und Flamingos geben sich in den Feuchtgebieten ein Stelldichein, manchmal sind es bis zu 60000 Vögel auf einen Schlag. Insgesamt lassen sich über 300 heimische Vogelarten auflisten, wobei im südafrikanischen Sommer riesige Schwärme an Zugvögeln dazukommen. Wird es dann in der Langebaan-Lagune zu eng, dienen die vorgelagerten Inseln Jutten, Malgas, Marcus und Schaapen Island als zusätzliche Brutgebiete. Am besten lässt sich die Theatervorstellung der Vogelwelt auf einer Bootstour erkunden. Auf 17 Kilometer Ausdehnung kommt das Siedlungsgebiet Langebaans, das sich zum nachgefragtesten Urlaubs- und Wochenendstandort entwickelt hat und mit seinen bekannten Gourmettempeln Die Strandloper, Driftwoods und Pearlys Seafood ohne Ende an die Kundschaft bringt.

»Vater Unser« – Paternoster

Eine wahrhaft idyllische Westküstenperle ist das schöne Paternoster, das sich seinen typisch kapholländischen Stil erhalten hat und mit seinen kleinen Fischerhäusern seit eh und je ein Pilgerort für Künstler und Fotografen auf der Suche nach Inspiration ist. Paternoster verzaubert seine Besucher mit bunten Fischerbooten, einer feinen Küche auf der Basis fangfrischer Hummer und anderen Meeresgetiers sowie dem Cape-Columbine-Naturreservat inklusive Leuchtturm an der Tietiesbaai gleich nebenan. Während heute Paternosters Drankwinkel (Getränkemarkt) mit der Abteilung »Beer & Wine« die Strand-Enklave mit eisgekühltem Nachschub versorgt, blieb portugiesischen Schiffbrüchigen, die es einst zwischen die rund geschliffenen Granitfelsen spülte, nur das »Vater Unser« – was der makellosen Paternoster-Baai ihren Namen gab.

»Strandloper Ocean«

Rechtzeitig bevor die Immobilienpreise astronomisch stiegen, hat die Berlinerin Simone Jacke zusammen mit ihrem südafrikanischen Mann Deon Brand aufs richtige Pferd und ihr Strandloper-Ocean-Paradies am Ende der Strandbebauung in die Sanddünen gesetzt: Zahlreich konnten die beiden Auszeichnungen für das Schmuckstück im kapholländischen Stil verbu-

chen, modernes Interieur und offene Bauweise, die den Blick auf den Atlantischen Ozean direkt vor den Glasfronten freigibt, machen das feine, kleine Boutique-Hotel zu einer gastronomischen Preziose am allerschönsten Ferienort der Westküste. Damit das so bleibt, haben die Eigner die restlichen Kilometer des Strandareals von Paternoster dazugekauft, um eine weitere Ausdehnung der Bebauung zu verhindern und der Natur eine Chance zu geben, so schön und unberührt zu bleiben, wie sie hier immer war. Gleich nebenan liegt die Jacobsbaai – im außerirdisch relaxten Weskusplek, dem einzigen und sehr atmosphärischen Restaurant dieser stillen Nachbarbucht, bleiben die West-Coast-Experten aus Kapstadt gourmettechnisch meist unter sich.

Draaihoek schlägt alles

Ab Velddriff führt eine Küstenstraße über das hübsche Seaside-Domizil Dwarskersbos. Schafe, Kühe und Ziegen stehen auf saftigen Weiden, gesäumt von beeindruckenden Dünenbergen, hinter denen der kalte Atlantik auf endlose Kilometer Sand schwappt. Die nächstfolgende Siedlung an dieser endlosen Traumküste ist Elandsbaai, das sich zunehmend als Alternativdestination begeisterter Surfer entwickelt, weshalb es schon eine Backpacker-Herberge gibt. Zwölf Kilometer vorher sollte man bremsen und links einbiegen: Die Draaihook Lodge bietet den einzigen Zugang zwischen Dwarskersbos und Elandsbaai zu einem Wunderwerk aus unberührten Sanddünenbergen, weiten Strandflächen und der anrollenden atlantischen Brandung – ohne Fußspuren im Sand! Nur Möwen und Kormorane hinterlassen ihre spreizfüßigen *prints*. Wer hier abreist, hat den Neidfaktor schwer im Gepäck.

Lamberts Bay

Im windumtosten Hafenstädtchen Lamberts Bay ist die Reihe nordfriesischer Bilder noch nicht zu Ende: 250 Kilometer nordwestlich von Kapstadt lockt der Ort mit rustikalen Outdoor-Restaurants und zieht zahlreich die Liebhaber frischer Meeresfrüchte an, die seine Trawler-Flotte jeden Nachmittag aufs Neue anlandet. In Sichtweite des Fischereihafens liegt Bird Island, eine Brutkolonie von 10 000 Kap-Tölpeln, die hier ganz ungestört für Nachwuchs sorgen, und wenige Kilometer vor Lamberts Bay ein Kuriosum mit der unaussprechlichen Bezeichnung Muisbosskerm, das beliebteste Strandrestaurant am Atlantic Drive; getafelt wird an einfachen Tischen mit Stühlen im Sand, zum Festpreis gibt's fangfrischen Fisch, Hummer, Muscheln und Langusten, so viel man essen kann!

CAPE-NAMIBIA-ROUTE

Auf anderthalbtausend Kilometern zieht sich die Cape-Namibia-Route von Kapstadt am Atlantik entlang und durchs Namaqualand nach Norden, bis sich der Oranje-Fluss in den Weg stellt. Der Grenzfluss, einst diamantenschwer, heute das Eldorado von Wildwasserfahrern, mündet zwischen dem namibischen Oranjemund und dem südafrikanischen Alexander Bay in den Atlantik. Von Steinkopf aus lässt sich über das Küstenstädtchen Port Nolloth der letzte Rest »Wes Kus« bis nach Alexander Bay fahren. Badefreuden kommen auch hier nicht auf, denn ähnlich wie an den namibischen Stränden ist aufgrund des antarktischen Benguela-Stromes das Wasser kalt und die Küstenlandschaft wegen der großen Temperaturunterschiede zwischen Wasser und Luft nicht selten vernebelt.

WEITERE INFORMATIONEN

West Coast: www.west-coast-info.co.za und www.westcoastway.co.za, www.muisbosskerm.co.za, www.strandloperocean.com, www.draaihoek.com, www.cape-town-namibia.co.za/routes

Northern Cape –

Diamanten in der Wüste

Diese beeindruckenden Köcherbaumexeplare (links) stehen wie Skulpturen von Künstlerhand im Augrabies-Falls-Nationalpark; wenige Fahrstunden nördlich, in der Heimat der San (oben), leben Elenantilopen (unten).

Route durch Northern Cape

Von Johannesburg bis Kapstadt

Die Tour ist ambitioniert, dafür aber eines der ganz großen Fahr- und Erlebnisabenteuer, das fernab touristischer Ströme quer durch Südafrikas Geschichte, endlose Savannenlandschaften, die Ausläufer der sandigen Kalahari und vom hektischen Leben entrückte Ortschaften führt – und am eiskalten Atlantik endet.

Augrabies Falls: je nach Jahreszeit und Regenmenge ein donnerndes wie beeindruckendes aquatisches Spektakel

toureninfo

Start: Johannesburg
Ziel: Kapstadt
Länge: 2500 km
Dauer: Minimum 10 Tage
Beste Reisezeit: Ganzjährig
Sehenswertes: Für Offroad-Fans: der nahe Ais-Ais gelegene Richtersveld Transfrontier Park
Unterkunft: Lindbergh, www.lindberghlodge.co.za; Tswalu, www.tswalu.com; Upington, Le Must River Residence, www.lemustupington.com; Kamieskroon, www.kamieskroonhotel.com; Springbok, www.springboklodge.com; Draiihoek Lodge, Elands Baai, www.draaihoek.com.

Weitere Infos

Die staatlichen Restcamps im Kgalagadi Transfrontier Park wie auch im Augrabies- und im Richterveld-Nationalpark sind über die Parkbehörde SANParks zu buchen, www.sanparks.org.

Nach ein paar Fahrstunden auf der N12 in südwestlicher Richtung kommt bei **Wolmaransstad** (die Besichtigung der hübschen niederländisch-reformierten Kirche ist ein Muss!) die **Lindbergh Lodge** in Sicht. Das koloniale Ambiente der ehemaligen Farm, erbaut 1907 inmitten bildschöner Savannenlandschaft, versprüht den historischen Charme alter Zeiten. Nach einem abendlichen *Walk on the Wildside* mit Tiersichtung geht es am nächsten Morgen weiter über Bloemhof und Christiana zum größten von Menschenhand gegrabenen Loch der Welt in der **11 Diamantenstadt Kimberley.** Auch wenn sich der betriebsame Kontrast zur Wildnis nicht leicht verkraften lässt, sollte in der geschichtsträchtigsten Stadt Südafrikas eine Übernachtung eingeplant werden, um Cecil Rhodes, den Diamanten-Clan der Oppenheimers und die Macht funkelnder Steine zu begreifen.

»Ervaar die Wonderwereld van die Kalahari!«

Eine abenteuerliche Fahrt auf der Regionalstraße R31 führt zunächst Richtung Westen über das umtriebige Agrarstädtchen Vryburg nach **Kuruman,** dessen sprudelnde Quelle »Die Oog« (Das Auge) der grünenden, ehemals britischen Missionsstadt Millionen Liter Süßwasser liefert. Das nächste Etappenziel ist **13 Tswalu** am Rand der südlichen Kalahari; nur wenige Fahrstunden später tauchen sie auf, die Koranna-Berge, jenseits von **Hotazel** (»Hot as hell«), einem kleinen, sandumzingelten Flecken mit ein paar Hundert Einwohnern. Hier herrscht bereits die **12 Kalahari,** deren sandige Ausläufer verschlingen, was ihr zu nahe kommt. Die Wegbeschreibung von Tswalu aus hat Stil: »Nach circa 60 Kilometern über eine Eisenbahnbrücke, danach abbiegen auf eine Schotterpiste, nach 55 Kilometern bei der Sonstraal-Farm links.« Das letzte Stück wühlt sich der Zweiradantrieb (Allrad wäre auf dieser Route zu empfehlen) über eine zähe Sandpiste. Dann lugen die ersten reetgedeckten Chalets des **13 Tswalu Kalahari Private Game Reserve** mit der Luxuslodge Motse aus dem wellig-sandigen Hügelland. Von hier sind es bis zum Gate des grenzüberschreitenden **12 Kgalagadi Transfrontier Park** und ins staatliche Restcamp Twee Rivieren noch einige Stunden. Aber Achtung: Die Temperaturen in der Kalahari können zwischen minus 11 Grad im Winter (September/Oktober) und über 42 Grad an heißen Sommertagen variieren!

Dem kühlen Atlantik entgegen

Südlich der trockenen Kalahari rauscht Wasser satt: Durch das 1871 als Missionsstation gegründete Provinzhauptstädtchen **14 Upington** wälzen sich kühlende Wassermassen des Orange River. Nicht weit entfernt drückt die aquatische Lebensader Oranje bis zu 50 000 Kubikmeter pro Sekunde an den **15 Augrabies Falls** 56 Meter in die Tiefe. Knapp 400 km sind es von hier bis nach Springbok, das Geogap Nature Reserve und nach Kamieskroon, den Kulminationspunkten des zuweilen aus arider Trockenheit wild aufblühenden **17 Namaqualand.** Für hartgesottene Fahrer wäre hier der Abzweig zum **16 Richtersveld Transfrontier Park.** Südlich von Lamberts Bay produziert die West Coast nordfriesische Bilder: Auf endlosen Kilometern säumen Dünengebirge und feinsandige Strände die Route, die sich zwischen dem Surfer-Hotspot Elandsbaai und den Küstenperlen Paternoster, Langebaan und Yzerfontein bis hinunter nach Kapstadt zieht. Liebhaber urtümlicher atlantischer Strände finden südlich von Elandsbaai auf der Höhe der Draaihoek Lodge Zugang zu einem einzigartigen Beachparadies.

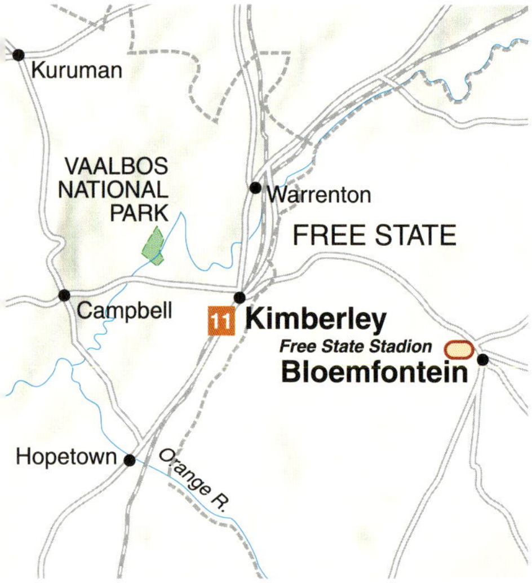

11 Die Stadt der Diamanten – Kimberley

Nicht nur Ernest Oppenheimer wurde hier steinreich

Der neu geschaffene, millionenschwere Touristenkomplex The Big Hole Project umfasst Hotels, Restaurants, Shops und eine Diamantenausstellung, die erzählt, wie alles begann. Es ist die Geschichte von unermesslichem Wohlstand, der zu Zeiten des Diamantenrausches große Namen hervorbrachte wie den des »Diamantenbarons« Cecil Rhodes, der 1880 die »De Beers Consolidated Mines Ltd.« gründete. 1902 kam Ernest Oppenheimer aus Hessen nach Südafrika, wurde Bürgermeister von Kimberley – und reich.

Fast alles dreht sich hier um edle Klunker: die Förderräder historischer Minen (unten) und das Spektakel um die Endprodukte (rechts oben, farbintensive Halbedelsteine). Die Kneipenszene von damals ist – nebst Bartender und Grammofon – im Kimberley Museum liebevoll nachgestellt (rechts unten).

Das größte von Menschenhand gegrabene Loch der Welt ist 215 Meter tief, einen halben Kilometer breit, heißt »The Big Hole« und liegt bei Kimberley, der Hauptstadt der Provinz Northern Cape. Zwischen 1871 und 1914 schafften Diamantenbesessene 22,6 Millionen Tonnen Abraum fort, mit einer Gesamtausbeute von 14,5 Millionen Karat, was die einst verlassene Gegend im kargen Hochveld südwestlich von Johannesburg aufblühen ließ. Und Big Jo'burg City, dem »Platz des Goldes«, ordentlich Konkurrenz machte.

Wie alles begann

Zu verdanken war das dem 15-jährigen Erasmus Jacobs, der 1866 auf der Farm seines Vaters auf einen merkwürdigen Brocken gestoßen war. Es handelte sich um einen Diamanten von 21 Karat. In Scharen reisten fortan Glücksritter an, und Kimberley, die Metropole der Diamanten, entstand. Natürlich nicht gleich in der jetzigen Pracht; aber schon bald gab es eine Straßenbahn, die heute noch fährt, elektrisches Licht und reichlich Bars und Bordelle, wenn auch die Umstände für die schuftenden Minenarbeiter

alles andere als rosig waren. Vor allem herrschte Mangel bei der Wasserversorgung und Kanalisation für die rund 50 000 Diamantensucher, die in armseligen Hütten und Zelten ein hartes Dasein führten. Kimberleys Wohlstand lässt sich an seinen stattlichen Villen ablesen, in denen einst die Diamantenbarone residierten, zum Beispiel Cecil Rhodes. Der spätere Premierminister der Kap-Kolonie kaufte um 1888 eifrig Claims auf, bis fast alles in der Hand seiner Minengesellschaft De Beers war. Aber nicht nur Diamanten waren das große Geschäft der Region, auch Kupfer, Eisen, Asbest und Magnesium wurden in unvorstellbaren Mengen an die Oberfläche befördert.

Überall edle Klunker

Heute bietet die 165 000-Einwohner-Stadt auch informative Ausstellungen zur Bergwerksthematik im Kimberley Mine Museum mit dem weltgrößten Diamanten, in der De Beers Hall mit Diamanten in allen Variationen. In der African Library finden sich bemerkenswerte Büchersammlungen sowie Kunstschätze in Galerien. Stündlich fährt die liebevoll restaurierte Straßenbahn aus dem Jahr 1913 die zwei Kilometer lange Strecke zwischen Big Hole und Kimberleys Rathaus, wobei ein Stopp am Haltepunkt »The Star of the West«, Südafrikas ältester Kneipe, empfehlenswert ist. Ein frisches Fassbier am historischen Holztresen des originellen Pubs von 1873 ist der passende Abschluss nach einer Bergwerksbesichtigung: Ausgerüstet mit Helm, Grubenlampe und Notsauerstoff, können Besucher in die Bulfontein-Mine einfahren und den Diamantenabbau in 860 Metern Tiefe miterleben. Nirgendwo sonst lässt sich die Geschichte so hautnah erleben wie hier.

Diamantenfieber heute

Sehr interessant ist eine Tour zu den Diamantensuchern der Gegenwart, die in der Dornbuschsteppe westlich von Kimberley ihr individuelles Fördergeschäft betreiben. Oft müssen sie monatelang schuften, bis sie überhaupt einen Edelstein finden. Im schlimmsten Fall liegt sein Wert unter 50 Euro, im besten lässt es sich davon recht erträglich leben. Vom großen unterirdischen Reichtum träumt dennoch jeder. Über der Erde steht an der Old de Beers Street sehr fotogen die City Hall aus dem Jahr 1899. Der klassizistische Prachtbau tritt als Miniaturausgabe des Weißen Hauses auf, was einen Blick auf die ehrgeizigen Ambitionen der neureichen Stadtväter von damals wirft. Ohne das Oppenheimer House wäre ein Besuch der Diamantenstadt nicht komplett. Großvater Ernest ließ es 1906 in der Lodge Road Nr. 7 in Auftrag geben, noch bevor er 1917 die Anglo American Corporation gründete und 1929 die Leitung des Diamantenkonzerns De Beers übernahm. Sohn Harry folgte ihm nach und wurde zu einer der großen Figuren des südafrikanischen Diamatenkartells.

EDLEN STEINEN AUF DER SPUR

sind Kimberley-Besucher auf jeden Fall. Ob auf einer Tour zu den vom Diamantenfieber befallenen Diggern, die auch heute noch ihr Glück versuchen, oder auf der Diamantenroute zwischen Bloemfontein, Jagersfontein, Fauresmith und Koffiefontein (Diamond Tours Unlimited, www.diamondtours.co.za) oder im Shoppingparadies Kimberley selbst: Wer scharf auf feine Steinchen ist, erlebt in zahllosen Juweliergeschäften im Zentrum sowie in den Shopping Malls die Qual der Wahl. Achtung: Beim Kauf eine VAT-taugliche Quittung verlangen, nur damit wird die Value Added Tax (Mehrwertsteuer) vor der Ausreise am Flughafen erstattet – was ja bei hochkarätigen Klunkern schon ein kleines Vermögen für sich sein kann.

WEITERE INFORMATIONEN

Tourism Kimberley:
www.kimberley.co.za
Northern Cape Tourism Authority:
www.experiencenortherncape.com,
www.northcape-venues.co.za

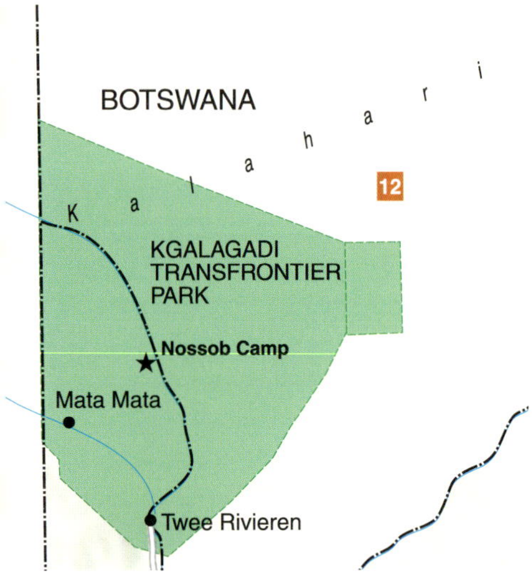

12 Abenddämmerung – The Song of the Kalahari

Große Raubkatzen und steinzeitliche Buschleute

Am Abend dämmert die Wüste in blutroten Tönen vor sich hin, während die Sonne langsam versinkt. Als Schattenrisse tauchen Büsche und Bäume aus dem blasser werdenden Pastelllicht auf. Webervögel schwirren wie verrückt um ihre riesigen, klobigen Nester, die dunkel im Gegenlicht von ihren Wirtsbäumen hängen. Eiseskälte breitet sich schnell aus. »The Song of the Kalahari« nennen die Park-Ranger dieses beinahe außerirdische Drama, das sich allabendlich wiederholt.

Die Kargheit der Kalahari verlangt Anpassung und eine besondere Stärke, wie dieser stattliche Kalahari-Löwe beweist (rechts oben). Auch Oryxantilopen und Adler sind hier heimisch (rechts unten).

Die Kalahari-Wüste gilt mit 1,2 Millionen Quadratkilometern als das größte zusammenhängende Sandgebiet der Welt. Sie ist mehr als dreimal so groß wie Deutschland und verteilt sich auf die drei aneinandergrenzenden Länder Südafrika, Botswana und Namibia.
Mit ihren gewaltigen Sanddünen, die je nach Sonnenstand extrem wechselnde Farbspiele vorführen, zählt sie zu den spektakulärsten Erlebnissen des südlichen Afrika. Nicht nur der ungewöhnlichen Stimmungen wegen, die ihre Reize hervorrufen; sie ist auch die Heimat der San, steinzeitlicher Buschmenschen, die hier ihr Überlebenswunder vollbringen, sowie Tausender Wildtiere: Oryxantilopen, Hyänen, Wüstenluchse und Wüstenfüchse, Streifengnus, Schakale und Löffelhunde. Sogar seltene Geparden zeigen sich dann und wann und, mit viel Glück, die großkalibrigen Exemplare der besonders massigen Kalahari-Löwen.

Park ohne Grenzen

Die schönsten Gebiete auf südafrikanischer Seite umfasst der ehemalige Kalahari-Gemsbok-

Nationalpark und auf der botswanischen der Gemsbok-Nationalpark, beide existieren schon seit den 1930er-Jahren. Zur Jahrtausendwende unterschrieben die Präsidenten Botswanas und Südafrikas ein bis dahin beispielloses grenzüberschreitendes Projekt, das aus den beiden nationalen Schutzgebieten den neuen Kgalagadi-Transfrontier-Nationalpark geschaffen hat. Damit war der erste »Park ohne Grenzen« Realität, der mit 35 000 Quadratkilometern fast doppelt so groß ist wie der Kruger-Park. Die Grundidee der südafrikanischen Peace Parks Foundation war, Tiere freizügiger wandern zu lassen, ohne dass sie durch Stacheldrahtzäune behindert werden, die sie von der natürlichen Migration abhalten. Auch setzte man auf die Vorteile eines gemeinsamen Park-Managements, zum Beispiel bei der Bekämpfung der Wilderei, sowie auf mehr Gemeinsamkeit der beteiligten Staaten. Zum bestehenden Kgalagadi-Transfrontier-Nationalpark könnte eines Tages noch ein namibischer Teil diese grenzenlose *thirstland wilderness* der Kalahari erweitern, die von Zehntausenden Besuchern jedes Jahr beehrt wird.

Safari in der Kalahari

»Ervaar die Wonderwereld van die Kalahari«, lesen Neuankömmlinge über die »dorstige Woestyn«, wenn sie sich in einem der drei Camps Mata Mata, Nossob und Twee Rivieren auf südafrikanischer Seite anmelden, um im eigenen Wagen auf Safari zu gehen: »Plante, diere, voëls en insekte perfek aangepas in'n unieke eko-sisteem«. Auch überlebenswichtige Verhaltensregeln sind für die Wildnisbesucher aufgelistet: Wer hier unvorsichtigerweise aussteigt und sich fototechnisch zwischen einer Puffotter und einem Kalahari-Löwen nicht schnell genug entscheidet, hat die Anpassung ans einzigartige Ökosystem ganz sicher verpasst. Besucher der Kalahari, die über rötlich glühende Sandberge und fotogene San-Frauen hinaus schnell Spektakuläres erwarten, könnten allerdings enttäuscht werden. Eine monotone, vertrocknete Landschaft brütet in großer Hitze erstarrt vor sich hin, es sei denn, ein paar Springböcke oder Antilopen haben Lust zu hüpfen, wenn sie vom Motorenlärm aufgeschreckt von der Fahrpiste flüchten.

Entlang der beiden Trockenflüsse Auob und Nossob, die so gut wie nie »flüssig« sind, bieten Wasserbohrlöcher mit Bezeichnungen wie Lekkerwater und Dankbaar eine Chance, Tiere aus der Nähe zu sehen, aber von Geparden und Löwen findet sich in der Hitze des Tages meist keine Spur. Dafür lassen sich Strauße, Sekretärsvögel und Braunadler blicken. Nachts gehen Weißgesicht-Ohreulen, Schleier- und Zwergohreulen auf die Jagd und dann auch die sonst nur selten auszumachenden Raubkatzen.

DIE WÜSTE: SNAKE COUNTRY

40 Schlangenarten sind im südlichen Afrika unterwegs, unter ihnen äußerst giftige wie Kobras, Mambas und Vipern. Manche haben sich aufs Spucken spezialisiert und bringen ihr Gift, das schnell auf Nerven, Herz und Gewebe wirkt, bis auf zwei Meter Entfernung zielsicher an ihr Opfer. Die meisten der sehr scheuen Tiere flüchten, bevor es dazu kommt. Mit Ausnahme der Puffotter, die dafür warnend ihre merkwürdigen Geräusche abgibt und deshalb so heißt. Im Ernstfall sollte man sich unbedingt das Aussehen des Tieres einprägen, denn die Identifizierung der Schlangenart ist für die Auswahl des Serums unabdingbar. Ganz ungefährliche Ansichten gibt es im Johannesburger Zoo sowie im Transvaal Snake Park in Halfway House zwischen Johannesburg und Pretoria sowie in Durbans Fitzsimons Snake Park.

WEITERE INFORMATIONEN

Kglagadi-Transfrontier-Nationalpark: Informationszentrum in Twee Rivieren, www.sanparks.org

Northern Cape Tourism Authority: Tourism House, Kimberley, www.experiencenortherncape.com

Die San: karges Leben in der Kalahari

»Bosjemans« nannten die kapholländischen Buren die Ureinwohner, die San, deren Heimat die lebensfeindliche Kalahari mit ihren riesigen Sanddünen und Antilopenherden war. Heute leben die Buschmänner und -frauen an den Rändern des Kgalagadi-Transfrontier-Nationalparks und fristen ein karges Dasein.

Die Buschmänner gelten als die eigentlichen Ureinwohner des südlichen Afrika. Während die viehzüchtenden Hottentotten, die Khoikhoi, die Küstengürtel bevölkerten, lebten die San in steinzeitlicher Kultur als Sammler und Jäger im Landesinneren. Vor 3000 Jahren reichte ihr unermesslich riesiger Lebensraum vom Atlantik bis zum Indischen Ozean und vom Kap bis Ostafrika. Zeugnisse ihrer Geschichte finden sich in zahlreichen prähistorischen Felsmalereien, die Bilder aus ihrem Alltag zeigen, Darstellungen von Jagdszenen, Figuren, Werkzeugen und Tieren. Von der Forschung wird das Alter der Zeichnungen auf 500 bis 10000 Jahre geschätzt. Viele der Fundstätten zählen heute zum Weltkuturerbe.

Virtuose Existenz

Die friedlichen Urvölker wurden zwar auch von aggressiveren Stämmen, zum Beispiel den Zulu, bedrängt, aber erst die fortschreitende Kolonialisierung verjagte sie rigoros aus ihren angestammten Lebensbereichen. Zu Beginn des 20. Jahrhunderts noch vom Aussterben bedroht, finden sich die San heute ausschließlich auf dem Gebiet der Kalahari, vornehmlich auf namibischem und botswanischem Territorium. Bis zu 200000 Buschmänner, so die Schätzungen, sind in den ersten beiden Jahrhunderten weißer Kolonisation umgekommen. 70000 bis 100000 soll es heute noch geben.
Auf südafrikanischer Seite halten sich nur ein paar Hundert an den Parkrändern des ehemali-

»Bosjemans« nannten die holländischen Buren die Ureinwohner (San), deren Heimat die Kalahari (unten) mit ihren riesigen Sanddünen und Antilopenherden war. Heute leben die südafrikanischen Buschmänner und -frauen an den Rändern des Kgalagadi-Transfrontier-Nationalparks und fristen ein karges Dasein.

gen Gemsbok-Nationalparks (heute der grenzüberschreitende Kgalagadi-Transfrontier-Nationalpark) auf, aus dem sie seit dessen Gründung Anfang der 1930er-Jahre zunehmend vertrieben worden sind. *Chief of the Bushmen* David Kruiper lebt mit seiner Sippe in der Nähe von Molopo, nicht weit von seinem Stammesgebiet, das nun hinter den Park Gates bei Twee Rivieren liegt. Es ist zwar erst Mittag, aber ein paar seiner Buschmänner halten sich schon an Bierdosen fest. Der Chief erklärt, dass die meisten San 1970 zwangsumgesiedelt wurden, ins nordöstlich gelegene Reservat »Bushmanland«. Dort gebe es zwar feste Häuser von der Regierung, eine Krankenstation mit Arzt und so weiter, aber er wolle mit seinen Leuten in der Nähe der alten Heimat bleiben.

Stolze Jäger und Sammler

Die meisten San sind ihrer Kultur entwurzelt. Manche verdingen sich als Tagelöhner auf Farmen, andere produzieren Souvenirs für Touristen oder erbetteln sich ein paar Rand, wenn sie als Fotomotive gefragt sind, wobei sie gewöhnlich eine verbesserte Erfolgsquote verzeichnen, wenn sich ihre Frauen den fotografierenden Touristen barbusig präsentieren. Einige Lodges bieten romantische Übernachtungsprogramme wie »Spend a night with a bushman« in den riesigen Kalahari-Dünen an, wobei hier die naturkundigen San-Männer gefragt sind. Regelrecht privilegiert fühlen können sich jene, die sich ihren Lebensunterhalt mit den traditionellen Fähigkeiten als Fährtenleser in Game Parks und auf Safaris verdienen. Zu Zeiten der Apartheid führte die südafrikanische Armee sogar ein Bushman-Bataillon, was Tausenden San-Familien Einkommen und sozialen Status verschaffte. Heute bleiben für viele nur noch sehr schmale Existenzränder, wobei Alkohol als Droge gegen den Identitätsverlust samt damit einhergehendem sozialem Verfall ein großes Problem darstellt – nicht unähnlich dem Schicksal anderer Minderheiten wie der australischen Aborigines, der nordamerikanischen Indianer oder der Eskimos. Viele sind aufgrund schlechter hygienischer Verhältnisse, ihres Alkoholkonsums und einer mangelhaften Ernährung gesundheitlich angeschlagen. Dabei überlebten die kleinwüchsigen Menschen, die sich in einer Sprache eigentümlich klingender Schnalz- und Klicklaute verständigen, Jahrtausende mit der Natur im Einklang. Sie hatten weder feste Behausungen, noch kannten sie Vorratshaltung oder Besitz, dafür aber über 200 Kräuter, die sie zielsicher in der kargen Wüstenvegetation aufspüren konnten. Ihr Wissen um die lebensfeindliche Umwelt machte sie zu Überlebenskünstlern in der Kalahari, deren extreme Natur Mensch wie Tier herausfordert.

Luxus-Oase für Mensch und Tier im kargen Nirgendwo: Bolers Tswalu Private Desert Reserve (heute im Besitz von Nicky Oppenheimer vom De-Beers-Diamantenkonzern) beherbergt Tausende von Wildtieren, aber nie mehr als drei Dutzend Gäste (oben und rechts unten). Die Fünf-Sterne-Lodge The Motse zählt zu den schönsten Afrikas (rechts oben).

13 Arche Noah der Wildtiere – Tswalu

Tollkühnes Experiment für die Zukunft afrikanischer Wildtiere

Wenn Tswalus Ranger im Cockpit ihres Microlight-Fliegers weite Runden drehen, werden Löwen, Hyänen, Giraffen, Geparden und Nashörner penibel aufgelistet, um festzustellen, dass keine der Preziosen verschwunden ist. In der Regel verhindern dies 586 Kilometer lange Zäune, die teilweise unter 9500 Volt Spannung stehen. Nur Leoparden lassen sich von der aufwendigen Elektrik nicht beeindrucken und wuseln sich trotzdem irgendwie durch.

Nach sandiger Piste taucht jenseits der Ortschaft Hotazel Tswalu auf, was in der Tswana-Sprache »der neue Anfang« bedeutet. Der begann am Rand der Kalahari-Wüste, zwischen den Korannabergen, mit einem der größten privaten Tierumsiedlungsexperimente, die Afrika bislang gesehen hatte, initiiert vom Multimillionär und Großwildjäger Stephen Boler.

Platz für die Wildnis

Als der Brite 1988 in Tansania feststellte, dass von 5000 Schwarzen Nashörnern nach zehn Jahren nur noch ein Dutzend existierte, wurde aus dem Mann mit der Flinte ein Tierschützer, der 20 Millionen Dollar investierte und Tausende wilde Tiere in ganz Afrika zusammenkaufte, um eine moderne Arche Noah zu basteln. Insgesamt kaufte der Küchentycoon aus Manchester 28 Farmhäuser, die abgerissen wurden. 2300 Strommasten, 1000 Kilometer Farmzäune, 38 Wasserbehälter aus Beton, 200 Kilometer Straßen und 10 000 Stück Vieh mussten weichen. Der Traum, das Land den wilden Tieren zurückzugeben, rückte der Wirklichkeit näher. Auf 100 000 Hektar, einer Fläche größer als Berlin, begannen die Umsiedlungsaktionen. Für rund sieben Millionen Dollar kaufte Boler Springböcke, Gnus, Kudus, Antilopen, Zebras, Löwen und andere große Wildtiere. Der Supermarkt der Tiere findet auf sogenannten *game auctions*

statt, im Kruger-Park, in Kuruman, in Natal, Namibia oder Botswana.

Tierschutz und wirtschaftliches Denken

Mit seinem Experiment und dem Tswalu Kalahari Reserve hat Stephen Boler sich ein Denkmal sowie neue Maßstäbe für den Tierschutz gesetzt. Die Maxime lautet, dass Mehrwert nur durch Investitionen zu erreichen ist, womit der zusätzlich zu schaffende Lebensraum für die Tierwelt gemeint ist. Renditen steuern Kapitalströme, selbst in der Wüste. Tswalu finanziert sich anteilig aus Fotosafaris, Ökotourismus, Jagdgästen sowie einträglichen Tierverkäufen aus Zucht und natürlichen Überschüssen.

Tswalu stellt Hunderte von Arbeitsplätzen und verhilft bedrohten Tierarten zur Fortpflanzung, die ohne menschliches Eingreifen aussterben würden. Zweiflern, denen Elektrozäune, künstliche Wasserstellen, tierärztliche Betreuung sowie Hubschraubereinsätze in Verbindung mit Wildnis unbehagliche Gefühle bereiten, pflegte der unermüdliche Motor der Tswalu-Arche mit auf den Weg zu geben, dass ohne ökonomischen Input ökologischer Output nicht machbar sei.

Hier, auf Tswalu, gab es vor seinem Experiment tatsächlich keine wilden Tiere mehr. Heute sind es mehr als 12 000, die regelrecht produziert und in alle Teile Afrikas exportiert werden – dorthin, wo begehrte Spezies inzwischen längst ausgerottet sind.

Edelherberge im Nirgendwo

Tswalus Besucher nächtigen in Fünf-Sterne-Herbergen, die zu den schönsten Game Lodges im südlichen Afrika zählen. Naturmaterialien, reetgedeckte Runddächer, versetzte Wohnebenen und Panoramascheiben, die den Blick vom Bett oder Kaminplatz auf die Wasserlöcher der Tiere und die Savanne freigeben, kreieren ein unvergleichliches Ambiente. Innen werden Schätze afrikanischer Wohnkultur ausgestellt, der Außenbereich ist so optimal an die Umgebung angepasst, dass sie aus der Ferne kaum auszumachen sind.

Etwas abseits liegt Bolers ehemaliges Privatdomizil, dem der Hausherr auf tragische Weise abhanden kam: Im Oktober 1998 landete er zum letzten Mal in seinem geliebten Tierparadies – der 55-jährige Ex-Großwildjäger erlag einem Herzinfarkt. Seine Arche Noah hat die Oppenheimer-Familie, eine der reichsten Familien Südafrikas (De-Beers-Diamantenkonzern), übernommen. Einen besseren Garanten für sein Tierschutzprojekt als »Nicky« Oppenheimer, mit dem Boler eng befreundet war, hätte er nicht finden können. Und die wilden Tswalu-Exoten keinen tierfreundlicheren Hausherrn: Denn der hat die Jagd auf Wildtiere auf Tswalu abgeschafft.

WALK ON THE WILD SIDE

Jonathan arbeitet als *senior game driver* in einer der privaten Wildreservate, die versteckt an der Strecke zwischen Tswalu und Johannesburg liegen. Schon das koloniale Ambiente der ehemaligen Farm, erbaut 1907 inmitten bildschöner Savannenlandschaft, versprüht den historischen Charme alter Zeiten. Zum Sonnenuntergang zaubert er Gläser und eiskalten Champagner aus einer Kühlbox hervor und lächelt mit ausgeglichener Ruhe im tiefschwarzen Gesicht auf die Frage, wie denn so ein Leben inmitten der Wildnis sei. »Beruhigend und aufregend«, antwortet der Vater von vier Kindern, der seit 40 Jahren hier zu Hause ist. Weil er so leben kann, wie er als kleiner Junge aufwuchs, sagt er, in der weiten, geliebten Savanne und ganz nahe dran an den großartigen Wildtieren.

WEITERE INFORMATIONEN

Tswalu Kalahari Reserve (bei Kuruman):
www.tswalu.com

Ziemlich trostlos präsentiert sich die stundenlange Anfahrt zum grünen Paradies am Oranje-Fluss, das sich Anreisenden wie eine Fata Morgana entblättert.

14 Wüstenumzingelt – Upington

Oase zwischen Palmtree Avenue und Oranje River

Das 60 000-Einwohner-Städtchen der Nordkap-Provinz, in absoluter Traumlage am Oranje River gelegen, ist ein wahres Paradies – und das nicht nur für die Vogelwelt. Benannt wurde es nach Thomas Upington, der in den Jahren 1884 bis 1886 Premierminister der Kap-Kolonie war.

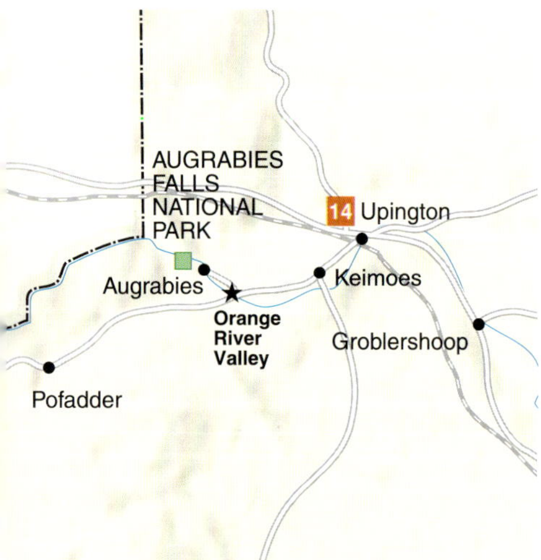

Endlos ziehen sich zu beiden Seiten der Wagenfenster hitzebrutzelnde Wüstenflächen und karges Buschland hin, kein Leben ist hier weit und breit zu entdecken – außer verendetem, hier und da, dessen knöcherne Überreste im trockenen Sand überdauern. Plötzlich zeigt sich in der flimmernden Hitze über dem Schwarz des Asphaltbands das Bild einer saftiggrünen Fata Morgana. In Upington, nur wenige Fahrstunden südlich der Kalahari, fließt Wasser satt: Hier strömt der mächtige Oranje durchs vertrocknete Land und sorgt mit ausgedehnten Bewässerungssystemen für paradiesische Kontraste, weshalb an seinen grünen Ufern zivilisatorische Annehmlichkeiten der besonderen Lebensart warten.

Das 1871 als Missionsstation gegründete Agrarstädtchen kann sich nicht nur einen ausgedehnten Weinanbau leisten, sondern auch Trauben- und Rosinenexport, Obstplantagen, Getreidefelder, Datteln und Baumwolle.

Das schönste Ambiente verbreitet sich entlang des Oranje-Nordufers, weil sich dort exquisite Gästehäuser in liebevoll restaurierten georgianischen Villen etabliert haben, deren überbordende Gärten die naturbelassenen Wasserwelten des Oranje wie auf der Filmleinwand vorführen. Besonders verlockend sind hier die stilvollen Kolonialherbergen der Le Must Premier Collection.

Info: www.lemustupington.com, www.experiencenortherncape.com

15 Wasserreich – Augrabies Falls und Moon Rock

Mit ungestümer Gewalt schießt der Oranje durch bizarre Schluchten.

Felsskulpturen und lärmendes Wasser

Der Augrabies-Falls-Nationalpark ist ein 120 Kilometer westlich von Upington gelegenes Naturreservat, das sich über 220 Quadratkilometer entlang der fruchtbaren Ufer des Oranje erstreckt und aufgrund einer außerordentlichen Geologie die Besucher Südafrikas begeistert.

Über 50 000 Liter Wasser pro Sekunde lässt der Oranje westlich von Upington in den Augrabies Falls bis zu 75 Meter tief hinunterstürzen. Bei einer der letzten Hochwasserfluten drückte der Fluss unvorstellbare 7,8 Millionen Liter pro Sekunde durch die Schluchten, was die Augrabies-Fälle neben Giganten wie Niagara und Victoria zu den sechs größten der Welt macht. In mehreren Kaskaden rauschen die Oranjefluten insgesamt 190 Meter abwärts, weshalb die Khoisan die Fälle als »Ort des großen Lärms« (»Aukoerebis«) treffend beschreiben. Daraus leitete der Finne Hendrik Jakob Wikar – der erste Europäer, der 1778 an dieser Stelle den Oranje überschritt – den heute gebräuchlichen, etwas seltsam anmutenden Begriff Augrabies ab.

Atemberaubende Wildwasserfahrten ziehen Adrenalinjunkies aus aller Welt an, und der Moon Rock fasziniert Liebhaber kurioser Felsformationen: Extrem hohe Temperaturunterschiede haben durch Verwitterung skurrile Gebilde wie den rundlichen Mondfelsen hervorgebracht, der es im Sommer locker auf eine Oberflächenhitze von bis zu 70 Grad bringt. Wer dann immer noch auf dem schwarzen Granitbrocken herumklettert, dem schmelzen die Sandalen. Auch die Fauna des Nationalparks hat einiges zu bieten: Das Kap-Spitzmaulnashorn wurde hier wieder angesiedelt, Elenantilopen, Klippspringer, Steinböcke sowie seltene Adler-Spezies wie der Schreiseeadler beherrschen hier ein naturbelassenes Habitat. Info: www.sanparks.org

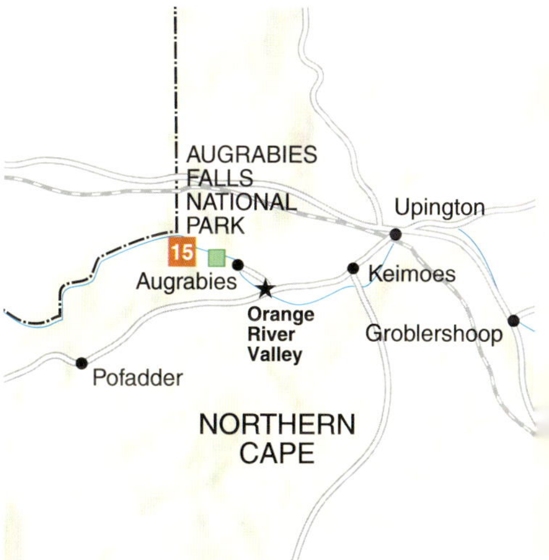

Erdhörnchen in den endlosen Weiten des vor Hitze brutzelnden Richtersveld-Nationalparks

16 Naturparadies – Richtersveld-Nationalpark

Von heißen Tälern und gefalteten Bergen

Durch die Zusammenlegung des südafrikanischen ehemaligen Richtersveld-Nationalparks mit der Region des namibischen Fish River Canyon im Jahr 2003 ist ein grandioser Transfrontier-Park entstanden. Das grenzübergreifende Schutzgebiet begeistert Liebhaber unverfälschter Natur.

In den großflächigen Schutzgebieten des Richtersveld-Nationalparks, der im Norden vom Oranje und der Grenze Namibias umschlossen wird, hat man die Schönheiten einer entrückten Natur sowie seltene Tierarten beinahe ganz für sich allein. Eine Fahrt ins Richtersveld – durch glühend heiße Täler und über gefaltete Berge – ist nur im gut ausgerüsteten Geländewagen zu empfehlen. Das Naturereignis für Hartgesottene stellt geografisch den Fortsatz des namibischen Fish-River-Canyons dar und gilt als eine der spektakulärsten Gebirgswüsten des Südlichen Afrika. Wegen begrenztem Einlass sind die Rest-Camps bei der Parkverwaltung im Voraus zu buchen. Die halbwüstenartigen Landschaften des wildesten Nationalparks Südafrikas sind karg, seine spektakulären Gebirgswüsten atemberaubend, für raubeinige Individualisten ist das Richtersveld *the last frontier*. Auf der namibischen Seite wartet der Fish River Canyon mit bombastischen Bildern: Tief unten schlängelt sich der Fish River wie eine Schlange durch den tief in aufragende Felsformationen eingegrabenen Cayon. Die San erzählen sich die Geschichte, dass ihre Vorväter beim Kampf mit einer Riesenschlange den Cayon selbst geschaffen haben. Mit der Unterzeichnung des neuen Peace-Park-Vertrags 2003 sicherten die Präsidenten von Namibia und Südafrika ein Areal von 6235 Quadratkilometern.

Info: Northern Cape Tourism, www.experiencenortherncape.com/visitor/; www.northcape-venues.co.za

17 Wenn die Wüsten erblühen – Namaqualand

Schier unglaublich ist die Blütenpracht im Namaqualand-Nationalpark.

Märchenhafte farbige Blumenteppiche

Die halbwüstenartige Landschaft ist karg, im Sommer hitzeflimmernd und zieht Individualisten geradezu magnetisch an – hier, im Namaqualand, einer der am dünnsten besiedelten Regionen Südafrikas. Ein Highlight stellt hier das Goegap Nature Reserve östlich von Springbok dar.

Springbok, Hauptstadt des Namaqualands, entstand Mitte des 19. Jahrhunderts am Rand einer einzigen riesigen Kupfermine und ist heute die Metropole der nördlichen Wildblumengebiete. Einmal im Jahr (meist in der Zeit zwischen August und Oktober) erwacht die graubraune Einöde, wenn es denn genügend Winterregen gibt und ein bunter Blumenteppich explosionsartig aus dem vertrockneten Erdboden schießt. An die 400 ein- und mehrjährige Pflanzenarten, darunter märchenhafte Blütenteppiche aus Gänseblümchen, Aloen, Schwertlilien, und Amaryllis, sind an der Farborgie beteiligt. Mit etwas Glück sind im nahen Goegap Nature Reserve, einem 16 000 Hektar großen Naturschutzgebiet, dessen Name sich vom Namawort für »Wasserloch« ableitet, nicht nur die wundersam blühenden Exponate dieser Halbwüstenvegetation zu sehen, sondern auch Antilopen, seltene Löffelfüchse, Schakale, Paviane, Bergzebras und diverse seltene Vögel.

Zwischen Springbok und dem 75 Kilometer südlich gelegenen Kamieskroon (das kuriose Kamieskroon-Hotel ist Treffpunkt von Fotografen und Blumenfans) gerät eine Fahrt auf der Panoramastraße während der Blütezeit der Wildblumengebiete zum absolut perfekten Blumentraum.

Info: www.parks-sa.co.za, Northern Cape Tourism, www.experiencenortherncape.com/visitor/; www.northcape-venues.co.za

Eastern Cape

Siedler, Studenten und sture Elefanten

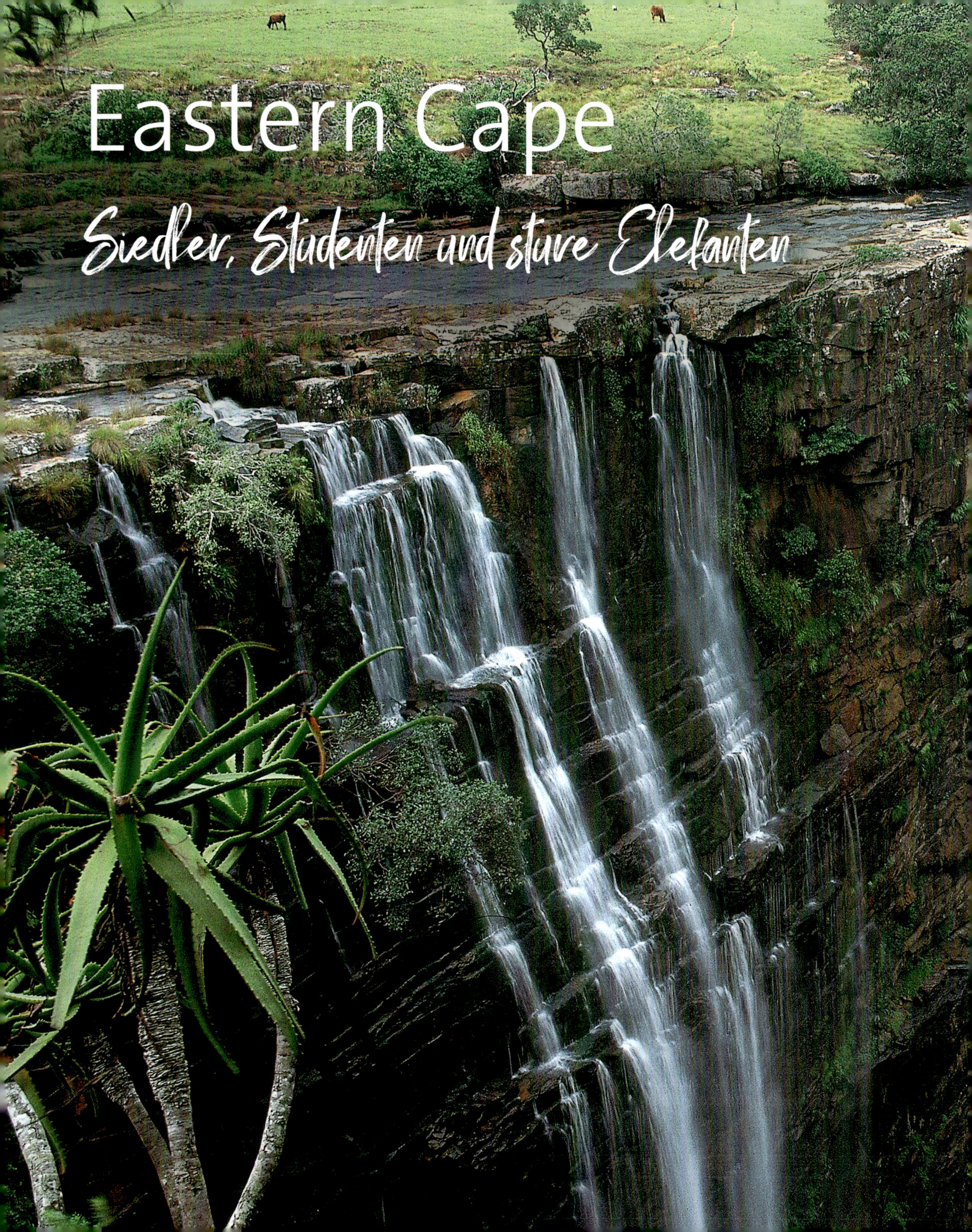

Einen Bildertraum ohne Ende bietet das Eastern Cape mit seinen eigensinnigen Addo-Elefanten (unten), fotogenen Hirtenjungen (oben) und rauschenden Wasserfällen. Eine der besonderen Veranstaltungen inszenieren die schönen Magwa Falls (links).

Endlos ziehen sich Pisten wie diese in Eastern Cape zur Freude von Allradfans dahin.

Route durch Eastern Cape

Durch die Karoo zur Wild Coast

Einmal auf der südafrikanischen Variante des US-amerikanischen Streckenwunders unterwegs sein, das die Rolling Stones mit ihrem Song »Route 66« weltberühmt machten! Gut vermarktet nach dem großen Vorbild, führt die südafrikanische »62« erstmal bis Oudtshoorn. Nach der Straussenstadt geht es auf der N9 weiter durch die Große Karoo bis zur Wild Coast.

Das Routenwunder startet östlich von Kapstadt im Kleine-Karoo-Städtchen **Montagu,** in dem das dem US-Original nachempfundene R62-Emblem zwischen Bath und Church Street auf sämtlichen Hinweisschildern pappt, auch am Gartenzaun der niederländisch-reformierten Kirche aus dem Jahr 1862. Durch fruchtbare Täler, über *rolling hills* und zwischen mächtigen Felsmassiven hindurch geht es von hier auf der Lieblingsstrecke südafrikanischer Harley-Davidson-Lenker zur nächsten Etappenstadt, **Barrydale.** Aufgrund seiner Traumlage am Huis River muss ein spiritueller Energiefluss kreative Aussteiger und Individualisten aller Art ins hübsche Obststädtchen gelockt haben, weshalb an der illustren Tankstelle »The Route 62 Stop« unbedingt anzuhalten ist, bevor es über die exzentrischen Road-Stops »Diesel & Crème« sowie »Ronnie's Sex Shop« weitergeht.

Ronnie's Sex Shop

Bei Ronnie's Kuriosum hält praktisch jeder, schon um zu gucken. Allerdings ist das Einzige, was hier an Sex erinnert, ein Sortiment an BHs, Slips und verstaubten Strapsen, die werbewirksam über Ronnies Biertheke baumeln. Die nächsten Boxenstopps sind das liebliche Karoo-Städtchen **Ladismith,** das mit niedlichen Kolonialhäuschen in verwunschenen Sträßchen, einer Handvoll Restaurants, Kneipen und Cafés Wanderern als komfortable Basis am Fuße des Towerkop dient; außerdem die ehemaligen Berliner Missionsstationen **Zoar** und **Amalienstein.** Der Huis-River Pass zur Rotweinkapitale Calitzdorp ist fahrtechnisch nicht nur für Motorradfreaks ein Traumabschnitt! Das garantiert der 1583 m hohe und sehr rustikale **Swartberg Pass**, der die Straußenstadt Oudtshoorn mit dem Bergort Prince Albert verbindet. Die steile Schotterpiste ist für mutige Lenker auch ohne Allrad zu machen, führt durch fantastische Landschaften und an schwindelerregenden Abgründen vorbei. Von Oudtshoorn geht eine noch viel grandiosere Strecke mitten durch die **Große Karoo** bis ins kapholländische Bilderbuchstädtchen **20** **Graaff-Reinet** und von dort zum besuchenswerten **Mount-Zebra-Nationalpark** bei Cradock. Im »Land des großen Dursts«, wie die Buschmänner die trockene Karoo-Steppe nennen, ist das 1813 als Grenzposten der Kap-Kolonie gegründete **Cradock** ein Kleinod im fruchtbaren Tal des Fish River.

Elefanten, Kirchen und Studenten

Bei der Abfahrt aus der bergig kargen Landschaft der Großen Karoo geht es auf der N10 dem Indischen Ozean und einem magischen Dreieck entgegen: Der **19** **Addo-Elephant-Nationalpark** (in dem übrigens nicht nur Elefanten, sondern die kompletten Big Five zu Hause sind) liegt nahe der umtriebigen Hafenmetropole **19** **Port Elizabeth,** die nebenan ihre Strand-Ableger Jeffrey's Bay, Oyster Bay und Cape St. Francis betreibt. Und er ist auch nicht weit von dem Kirchen- und Studentenstädtchen **18** **Grahamstown** entfernt, dessen intellektuelle Eliten das nahe Seebad Port Alfred für Strandleben und Entspannung nutzen. Von Grahamstown führt die N2 über East London (dessen urbanes Konglomerat sich »Buffalo City« nennt) zu zwei weiteren Preziosen: nach Coffee Bay, das als entrückte Hauptstadt der **21** **Wild Coast,** die noch immer ziemlich wild ist, Abenteurer aus aller Welt magisch anzieht; sowie nach **21** **Port St. Johns,** das sich mit seiner palmenbestandenen Lagune als Treffpunkt von Künstlern und Malern und sonstwie trendigem Publikum sieht. Nach

Toureninfo

Start: Montagu, Kleine Karoo
Ziel: Port St. Johns, Wild Coast
Länge: 2000 km
Dauer: Minimum 10 Tage
Beste Reisezeit: Ganzjährig
Sehenswertes: Das putzige Bathhurst am Kowie River bei Grahamstown nicht verpassen!
Unterkunft: Montagu Country Hotel, www.montagucountryhotel.co.za; Hlangana Lodge Oudtshoorn, www.hlangana.co.za; Drostdy Hotel, Graaff-Reinet, www.newmarkhotels.com; The Cock House, Grahamstown, www.cockhouse.co.za

Weitere Infos

Sicherheit an der Wild Coast: Kriminalität und Betteln sind in der ehemaligen Transkei aufgrund großer sozialer Unterschiede weit verbreitet, also Vorsicht beim Campen und Parken, www.wildcoast.co.za. Tipp: Der »Wild Coast Hiking Trail« ab Port St. John's oder Coffee Bay, beste Wanderzeit April/Mai und September, www.wildcoasthikes.com

sportivem Strandleben lässt sich hier zwischen den Boutiquen und Galerien die Zeit vertreiben oder in einer Bar abhängen, um gar nichts zu tun. Außer zu schauen. Bei klarer Sicht bis ans Ende des Eastern Cape, das vor **21 Port Edward,** der nächsten Strandenklave, endet.

Die Stadt bietet Traumkulissen wie die der Grahamstown University (rechts oben) sowie die Seaside-Atmosphäre von Port Alfreds Marina (rechts unten). Spaß hat dieser Surfer bei Jeffreys Bay (oben).

18 Szene, Kunst und Kirchen – Grahamstown

Studenten, Künstler und trendiges Jungvolk

Auf halber Strecke zwischen Port Elizabeth und East London versteckt sich im grünen, hügeligen Küstenhinterland die Hauptstadt des »Settler Country«, Grahamstown, wobei sich der Hinweis auf die Neusiedler von damals allein schon durch Ortschaften in der Umgebung wie Hamburg, Berlin, Braunschweig, Bethel und Breitbach erklärt. Grahamstown selbst ist allerdings »very British« und ein besonders feines Stück England unter afrikanischer Sonne.

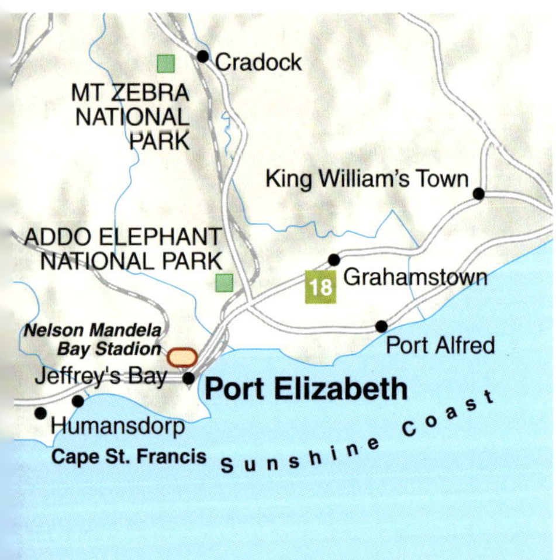

Als der britische Colonel John Graham an der Ostgrenze der damaligen Kap-Kolonie seinen Militärposten einrichtete, waren die ersten Scharmützel zwischen landhungrigen Kolonialisten und ansässigen Xhosa bereits im Gange. Wenige Jahre später, 1820, landeten Tausende Neusiedler in Port Elizabeths Algoa Bay. Schnell entwickelte sich die Soldatengarnison zum zweitgrößten Handelszentrum der Kolonie und wuchs zu einem hübschen, wohlhabenden Städtchen heran. Was ihm schon bald den Beinamen »Stadt der Heiligen« eintrug. Denn immer mehr prachtvolle Kirchenbauten wuchsen aus dem Land der Xhosa in den christlichen Himmel – über 40. Bis heute versinnbildlicht der Turm der Bischofskirche Cathedral of St Michael and St George (1824) die Dominanz der Kolonialmacht, als steinerner Zeuge grausamster Gemetzel. Genau hier fanden sie statt – als Xhosa-Führer Makana mit 9000 Mann angriff, um sich gegen die totale Unterwerfung zu wehren. Es floss sehr viel Xhosa-Blut, und die erniedrigten Unterlegenen wurden ins ärmliche Homeland Transkei zwangsumgesiedelt, während die Apartheidspolitik den Weißen die schönsten Regionen des Landes reservierte. Bis zum heutigen Tag bleibt unvergessen, was hier einmal geschah.

BIRCH'S
BATHURSTSTRAAT
SETTLERS

EP85

Als jährliches Highlight hat die urbane Perle ein spektakuläres Kulturfest, das Grahamstown Arts Festival (ganz unten), aufzubieten. Die feine Lebensqualität der Eastern Cape Province lässt sich an stattlicher Architektur ablesen (unten: Market Square in Port Elizabeth) und das Cape St. Francis Lighthouse (rechts).

Im Rausch der Sinne

In der Gegenwart kommt das 100 000 Einwohner starke Grahamstown als beeindruckendes Freilichtmuseum daher. Auf den ersten Blick jedenfalls, wie seine georgianisch-viktorianischen Architekturschätze beweisen. Auf den zweiten lässt sich spüren, dass sich hier ein interessantes Szenestädtchen entwickelt hat, was ein viel spannenderes Thema ist als der reichlich vorhandene Fundus seiner Museen. Dazu nur dieses: Den höchsten Nachfragewert von allen verzeichnet mit Abstand das hübsche und natürlich ziemlich trendige Observatory Museum, das Ende des 19. Jahrhunderts das Haus eines gewissen Henry Galpin war, der als Uhrmacher, Astronom, Juwelier und wissenschaftlich engagierter Zeitmesser in seinem Forschungslabor werkelte, wo sich heute noch seine berühmte Camera obscura aus dem Jahr 1882 bewundern lässt sowie seine alte Goldschmiedewerkstatt. Über 200 traditionelle Instrumente aus ganz Afrika stellt die International Library of African Music aus und bietet darüber hinaus Interaktives an: Kurse in afrikanischer Musik, das Ausprobieren verschiedener Instrumente sowie eine einzigartige Hörbibliothek. Fort Selwyn, 1836 auf dem Gunfire Hill als Signalstation entstanden, ermöglicht die herrlichsten Aussichten auf Grahamstown, was vermutlich mehr Besucher hier heraufbringt als seine militärhistorische Sammlung.

Investition in Bildung

Unten, zwischen den Kirchenbauten, gibt eine Fülle traditionsreicher Schulen Auskunft über britische Tradition und das Bildungsstreben der Stadt. Ihre Aufzählung (St. Andrew's College, 1855, St. Aidan's College, 1862, Graeme College, 1873, Diocesan School for Girls, 1878, Kingswood College, 1894, und Victoria Girls' High School, 1897) ist unvollständig, vermittelt aber einen Eindruck vom urbanen Geistesleben. Die absoluten Top-Schulen produzieren den nötigen intellektuellen Drill, um Sprösslingen bildungsbewusster Eltern die Tore der Rhodes University zu öffnen. Die altehrwürdige Universität aus dem Jahr 1904 gilt als eine der besten des Landes, was sich bei 5000 Studenten auch an zahllosen Pubs, Bars, Restaurants sowie einem umtriebigen Kulturprogramm ablesen lässt. Längst ist das urbane Kleinod von etablierten Künstlern sowie Vertretern des modernen Geldadels entdeckt worden, weshalb zunehmend Attribute wie jung, reich und schön in der Stadt angesagt sind. Als Kulminationspunkt kulturellen Überschwangs findet hier seit 1974 alljährlich Südafrikas National Arts Festival statt, das sich gerne mit dem weltberühmten Edinburgh Inter-

national Festival (seit 1947) vergleicht. Das zehntägige Kunst- und Kulturspektakel zieht sein spezielles Publikum aus aller Welt und allen Landesteilen an, mit Hunderten verschiedenen Programmen und über 1000 Einzelaufführungen von Folklore über Jazz bis zu Oper und Theater aller Art sowie einem riesigen Kunsthandwerksmarkt auf dem Village Green im Herzen der Stadt, mit zahllosen Ess- und Trinkbuden. Es sollen rund 1000 Händler und Stände sein, was die Größenordnung des Festivals auf beeindruckende Weise deutlich macht.

Naturparadies vor der Haustür

Nur 60 Kilometer sind es von hier bis zur Küste des Indischen Ozeans, was den trendigen Städtern auch noch ein mediterranes Lebensgefühl verschafft. Auf dem kurzen Weg ins Seebad Port Alfred (knapp 50 000 Einwohner) liegt der kleine Ort Bathurst, selbstredend »very British«, mit engen Gassen, englischer Landhausarchitektur und akkurat geschnittenen Vorgartenhecken. Nach der Erkundung des benachbarten Watersmeeting-Naturreservats am Kowie River lässt es sich bei frischem Fassbier in der Bathurst Arms 1820 Tavern vortrefflich pausieren, bevor es nach Port Alfred weitergeht. Im verschlafenen Hafenstädtchen zwischen Fish River und Boesmans River wird es nur am Wochenende lebendig, wenn sich Rhodes-Studenten am Strand (und danach in Restaurants, Bistros, Bars und Diskotheken) von ihren anstrengenden *lectures* erholen, oder wenn in der Hauptsaison zwischen Dezember und Januar Urlauber aus den nahen Industriestädten Port Elizabeth und East London zum Ausspannen anrücken. Die Liste der angebotenen Aktivitäten ist deshalb auch ziemlich lang: Pferdesafaris, Bootstouren, Kanufahrten, Tauchschule, Golfplatz, alles bestens organisiert, und selbst Surfer finden hier ausreichend kräftige (und die richtigen) Wellen für ein temperiertes Brettervergnügen bei Wassertemperaturen zwischen 18 und 24 Grad. Reiter können sich auf Ausflüge auf dem Rücken der Pferde freuen, mit Ausritten an weiten Stränden entlang oder durch exotisches Buschland. Angler und Ornithologen genießen ihr Paradies im weiten Mündungsgebiet des Boesmans River, der flussauf mit kleineren Booten auf rund 50 Kilometern befahrbar ist. Und Liebhaber schöner Küstenlandschaften kommen zwischen Wanderdünen, herrlichen Sandstränden und kleinen, aber feinen Naturreservaten voll auf ihre Kosten.

URBANE LOGENPLÄTZE

Übernachten: In Grahamstown sollte man darauf achten, dass man alles zu Fuß erreichen kann und damit direkten Zugriff auf das urbane Ambiente hat. Zum Beispiel im Protea Hotel oder seiner Dependance vis-à-vis, dem Evelyn House, im Stadtzentrum (geschmackvoll-luxuriös, www.evelynguesthouse.com); auch das altkoloniale The Cock House, Baujahr 1820 (Market Street, www.cockhouse.co.za), bietet historische Atmosphäre.
Beim Grahamstown Arts Festival sind nicht nur die Logenplätze schon lange vorher komplett ausgebucht. Internationale Stars wie südafrikanische Nachwuchstalente füllen auch die (oft ausverkauften) Zuschauerränge in kürzester Zeit (www.nationalartsfestival.co.za).

WEITERE INFORMATIONEN

Grahamstown Tourist Information:
www.grahamstown.co.za
Tourism Port Alfred:
www.sunshinecoasttourism.co.za

Die weltberühmte südafrikanische Sängerin Miriam Makeba, die wie zahlreiche andere schwarze und farbige Musiker vom Apartheidregime für Auftritte in Südafrika gesperrt war, bei einem Konzert im niederländischen Den Haag

Südafrikas Sound, ein Schmelztiegel der Klänge

Für Musikliebhaber ist das Südafrika der Gegenwart eine Schatzkiste: Vom Township Groove bis zur traditionellen afrikanischen Musik reicht die Palette, vom Jazz über Ethnopop bis zu Klassik. Die nicht sinnfälliger zum Ausdruck gebracht werden kann als durch das erfolgreiche Soweto String Quartet.

Zwischen Marimba oder Rohrflötenmusik, Kwela oder Township-Jive, Symphonie, Oper und Kammermusik zeigen sich die Belege einer großartigen musikalischen Bandbreite. Seit frühen Kolonialzeiten haben sich Südafrikas Klangfarben aus lokalen Erscheinungsformen zusammengemischt und dabei begierig Elemente aufgenommen, die mit den Einwanderern aus Übersee und aus anderen afrikanischen Ländern ans Kap kamen. Während der Apartheid gaben westlich orientierte Musikrichtungen offiziell den Ton an, aber schwarzafrikanische Musiker hatten einen anderen Sound im Kopf. Für sie waren die Klänge der Xhosa und der Zulu nicht fortzudenken, auch nicht die traditionellen Stammesgesänge mit ihrer seltsamen Melancholie. Spielerisch ließen sich solche Substanzen mit allem vermischen, was sich nach Rhythmus und Musik anhörte: mit Fragmenten aus religiösen Hymnen und Chorälen, aus Jazz, Rock, Blues und Pop, wobei es Afrikaner sowieso spielend schaffen, Körper und Seele zum Schwingen zu bringen – mit nur einer Trommel. Oder sogar a cappella, ganz ohne Instrumente.

Anti-Apartheid in der Musik

Wegen der Rassentrennung entwickelte sich die schwarze südafrikanische Musik im Untergrund weiter, vor allem im Exil. Wer kennt sie nicht, südafrikanische Stars wie die Sängerin Miriam Makeba, den Trompeter Hugh Masekela oder den Pianisten von Dollar Brand, Abdullah Ibrahim? Diejenigen, die trotz Apartheid weiterhin vor Ort die Stellung hielten, spielten ihren Cape-Jazz unsichtbar hinter dem Vorhang, während ihre

weißen Kollegen nur Meter vor ihnen auf offener Bühne standen – weil es verboten war, gemischtrassig aufzutreten. Natürlich mussten unter solchen Umständen Musik und Literatur zur politischen Brechstange werden. Paul Simon war mit seinem *Graceland*-Projekt, das der Welt den Reichtum der afrikanischen Klangwelt auf moderne Weise nahebrachte und dabei demonstrativ schwarze Südafrikaner wie die Gruppe Ladysmith Black Mambazo musikalisch präsentierte, am neuen Aufbruch nicht unbeteiligt.

Von Cape-Jazz bis Symphonie

Bald verbreiteten auch Radiostationen an den Universitäten den gemeinsamen musikalischen Protest aller Rassen; Johnny Clegg, der weiße Zulu, ein Meister im Verschmelzen westlicher und schwarzafrikanischer Musik, gründete schon während der Rassentrennung Bands mit weißen und schwarzen Musikern und half so, eine multikulturelle Musikszene zu prägen. Südafrikanische Musicals wie *Sarafina, Township Fever* und *Maria Maria* von Mbongeni Ngema entlockten den Zuschauern in Amerika und Europa ekstatischen Beifall. Erstgenanntes wurde gar ein Jahr lang am Broadway gespielt und anschließend mit Whoopi Goldberg verfilmt. Nach Ende des Kulturboykotts Anfang der 90er-Jahre konnten sich die Klang- und Rhythmusbesessenen aller Hautfarben endlich gemeinsam austoben, und ein gewaltiger Fundus an Talenten und Ideen, der sich unter dem Deckmantel der Apartheid gesammelt hatte, explodierte.

Top-Spot der Musik

Zudem brachten die zurückkehrenden Musikerkollegen ihre spezifischen Erfahrungen mit, im Schlepptau der Exilanten kamen westliche Ikonen wie Michael Jackson, U2 und Tina Turner medienwirksam ans Kap, was die heimische Szene auf die internationale musikalische Landkarte setzte. In gewisser Weise war die politische Unterdrückung für die Entwicklung der Musik also ein Vorteil, und daher verwunderte es kaum, dass sich das Label »Made in South Africa« nach dem Fall der Apartheid rasant in der internationalen Musikszene etablierte.

Bei all seinen musikalischen Erscheinungsformen ist Südafrika aber vor allem eine Welt des Jazz. Und zweifelsfrei gehört Kapstadt zu den bedeutendsten Jazz-Zentren des Schwarzen Kontinents. Von hier aus emigrierten Koryphäen wie Dollar Brand ins Ausland, hier findet alljährlich im Februar das größte Jazz-Event des Landes, das Cape Town International Jazz Festival, statt, und Kapstadts zahllose Jazz-Kneipen wie Blue Note, Kennedy's oder The Drive sprechen für sich.

Den Rhythmus »Made in South Africa« im Blut: Street Jazz an der Cape Town Waterfront (oben), Straßenmusiker in traditionellen Besotho-Decken in Malealea im Königreich Lesotho (links unten)

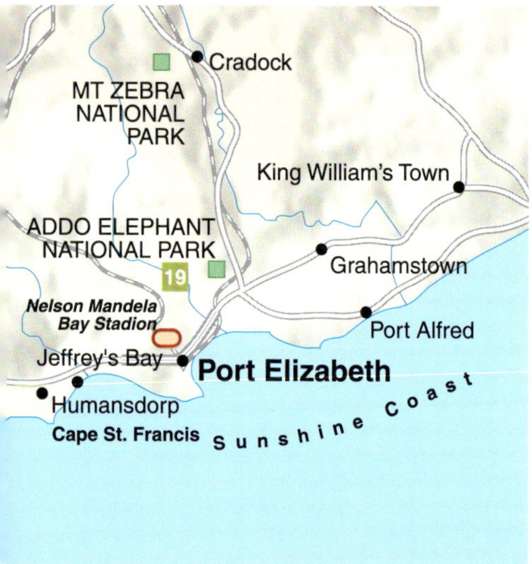

19 Beinahe schon fort – Addo-Elephant-Nationalpark

Die Nachkommen der Querköpfe

Nur eine knappe Fahrstunde von Port Elizabeth entfernt, lassen sich seltene Spitzmaulnashörner, Kap-Büffel, Kudus, Buschböcke, Warzenschweine und Antilopen beobachten. Und, natürlich, ziemlich viele Elefanten, weil es sich bei dieser Tieroase um ein ganz besonderes Reservat handelt und nicht um einen »normalen« Nationalpark, was einer wahrhaft legendären Geschichte zu verdanken ist.

Ein niedlicher Springbock (rechts unten) macht ebenso viel her wie ein friedlich grasendes Warzenschwein (rechts oben). Aber wer hierherkommt, sucht vor allem die Stars dieser Wildtier-Manege, die eigensinnigen Addo-Elefanten (unten). Die sehr speziellen Rüsseltiere sind die unbestrittenen Sieger im Kampf mit dem Menschen um die Natur.

Berühmt und groß geworden ist das ständig wachsende Schutzgebiet durch seine bewegte Vergangenheit, eine Geschichte, die vom mutigen Widerstand der Elefanten gegen die weißen Siedler erzählt – und von einem Sieg der Dickhäuter.

Heftige Gegenwehr

So spielte sich das Drama der »Addos«, wie die speziellen Unikate liebevoll genannt werden, ab: Viele von ihnen hatten die Elfenbeinjäger gegen Ende des 19. Jahrhunderts ohnehin nicht übrig gelassen, es war ihnen nicht anders ergangen als den restlichen Kollegen der Big Five. Der letzte Löwe der Region wurde 1849 erlegt, wenige Jahre später das letzte Nashorn. Also konzentrierte sich die Großwildjagd fortan auf die noch existierenden Elefanten, von denen im Jahr 1870 immerhin Restbestände von 300 Stück gezählt wurden. Die Jagd nach Stoßzähnen war ein einträgliches Geschäft. Tonnenweise wurde Elfenbein nach Port Elizabeth geschafft und von dort in alle Welt verschifft. Zusätzlich schränkte sich der Lebensraum

der Tiere immer weiter ein, was die noch lebenden Addos, Nachkommen einer besonderen Kap-Spezies, aggressiver und angriffslustiger als je zuvor auftreten ließ. Sie verwüsteten absichtlich die Felder und Gärten der weißen Farmer, die auf den angestammten Elefantenpfaden zu den Tränken am Sundays River im Weg waren, jedenfalls erzählen das die Anekdoten, die sich um den besonderen Eigensinn der Addo-Rüsseltiere ranken. Immer störrischer verhielten sie sich, immer lauter wurde der Protest der Farmer gegen deren Übergriffe, bis ein kriegserprobter Major namens Philip Pretorius damit beauftragt wurde, das Elefantenübel nachhaltig zu unterbinden. Der Major schoss in kürzester Zeit 120 der Tiere ab. Nur 16 überlebten das Schlachten.

Die Unruhe nach dem Sturm

Als nur noch elf der prachtvollen Tiere übrig waren und der Bestand endgültig gefährdet war, setzte Protest in der Bevölkerung ein. Der war lautstark genug, um die von der Ausrottung bedrohte Art der Addos (etwas kleiner und von eher bräunlicher Farbe im Vergleich zu den ganz großen Brüdern) zu retten. Daraufhin wurde für die noch verbliebene Addo-Familie im Jahr 1931 ein Wildreservat eingerichtet, der heutige Addo-Elephant-Nationalpark. Womit die leidvolle Geschichte noch nicht zu Ende ist. Denn die durch die Schießwut der Menschen verschreckten Tiere versuchten wiederholt, aus ihrem Terrain auszubrechen. Einmal belagerten sie einen nahe gelegenen Bahnhof und wollten freiwillig nicht von dort weichen. Ein anderes Mal, so wird erzählt, setzte sich eine Elefantenkuh kurzerhand auf einen Wilddieb, weil dieser versucht hatte, an ihr Baby zu kommen. Von dem Herrn blieb nur wenig übrig. Selbst die Arbeiter des Parks lernten zeitweilig das Fürchten und mussten ein ums andere Mal die Flucht ergreifen, um sich vor der Angriffslust der tobsüchtigen Tiere zu retten. Oft genug türmten sie Hals über Kopf vor den Dickhäutern. Als einmal ein Addo-Elefant von seiner Herde getrennt und in einen anderen Park umgesiedelt wurde, tötete er dort einen Menschen und kippte später aus Wut einen Lastwagen um. Ihr Verhalten brachte den Addos den Ruf ein, viel aggressiver als andere Artgenossen zu sein. Inzwischen sind sie friedlich, und im Park leben jetzt wieder Hunderte dieser sehr eigenen Exemplare, die sich auf zahlreichen Routen beobachten lassen. Außerdem gibt es im Addo-Elephant-Nationalpark über 200 Vogelarten, darunter Strauße, Sekretäre, Spechte und Trappen. Längst wurde der ursprüngliche Nationalpark durch Landkäufe vergrößert und soll in der Zukunft als »Greater Addo« bis auf 3600 Quadratkilometer anwachsen (www.greater-addo.com).

DICKHÄUTER

Außer im Addo-Schutzgebiet kommen Elefanten am häufigsten in KwaZulu-Natal vor, in Mpumalanga sowie am nördlichen und östlichen Kap. Sie leben in Gemeinschaften, können bis zu vier Meter groß werden und bis zu sechs Tonnen wiegen. Damit es so weit kommt, müssen sie täglich 300 Kilogramm Grünzeug von Bäumen und Sträuchern rupfen und rund 200 Liter Wasser trinken. Allein das Herz der Großohren, die in Herden zwischen 6 und 200 Tieren durchs Buschland ziehen, wiegt 25 Kilogramm. Kühe stillen ihre Elefantenbabys vier Jahre lang und werden sehr nervös, wenn sie für ihre Kälber Gefahr wittern. Wenngleich ein Elefantenbulle über drei Meter lange Stoßzähne ausbilden kann, gelten die Dickhäuter allgemein als gutmütig und friedlich.

WEITERE INFORMATIONEN

South African National Parks:
www.sanparks.org
Eastern Cape: www.visiteasterncape.co.za
Nelson Mandela Bay Tourism:
Port Elizabeth, www.nmbt.co.za

Die beeindruckendste Architektur verblasst doch weitgehend, wenn Graaff-Reinets bizarrer Vorgarten in Sicht kommt: The Valley of Desolation (oben). Wer Stille und Ruhe sucht, wird hier fündig. Architektonische Fantasie aus stilvollen Elementen – Graaff-Reinet spielt einen romantischen Traum (rechts unten). In der Nähe begeistert der Mountain-Zebra-Nationalpark (rechts oben).

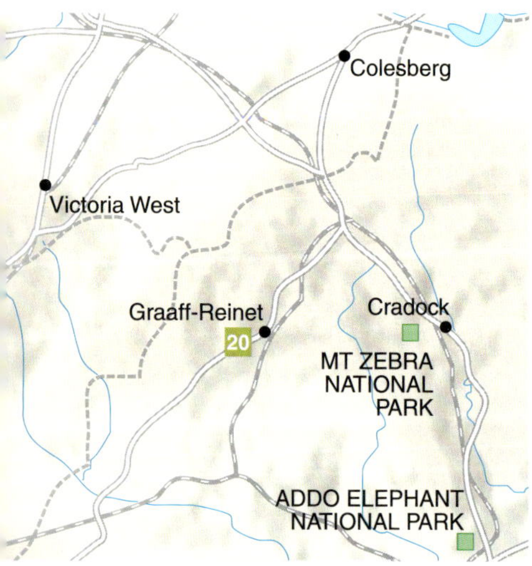

20 Kapholländisches Bilderbuch – Graaff-Reinet

Der Vorposten der Buren in der Großen Karoo

Als Anfang des 19. Jahrhunderts der große Treck der Buren begann, die der britischen Kolonialmacht entfliehen wollten, war das burisch geprägte Graaff-Reinet eine bedeutende Etappe in der unwirtlichen Großen Karoo. Heute ist das 50 000-Einwohner-Städtchen am Fuße der Sneeuberg Range mit über 220 denkmalgeschützten Gebäuden einer der am besten erhaltenen historischen Orte des Landes.

Während sich Ende des 18. Jahrhunderts Briten und Holländer bereits komfortabel am Kap eingerichtet hatten, waren die Gegenden jenseits der großen Bergketten, die die zugänglichen Küstenregionen vom Inland trennten, großenteils noch unerforschtes, wildes Gebiet. Dennoch machten sich burische Siedler in die unbekannten, hochwüstenartigen Weiten auf, um dort erste Siedlungen zu gründen. Während Stellenbosch auf die Jahreszahl 1679 zurückblicken kann, lässt sich das weitere Vordringen der Europäer ins Landesinnere an den Gründungsjahren der Städte ablesen: Um 1770 kamen die ersten Pioniere bis in die Gegend um das heutige Graaff-Reinet, das als Außenposten der Kap-Kolonie vom ehemaligen Kap-Gouverneur Jacob van de Graaff und seiner Frau Cornelia Reinet gegründet wurde. Das Leben an der Peripherie der Kolonie war mit stetigen Bedrohungen durch die hier lebenden Xhosa und Khoi Khoi gewürzt, aber die Buren waren sture Pioniere und riefen sogar eine eigene Republik aus, weil sie sich der britischen Ordnungsmacht am Kap nicht beugen wollten.

Gebäude wie im Freilichtmuseum

Mit Graaff-Reinet hinterließen sie Südafrika ein bezauberndes Städtchen, das sich am besten durch eine gemächliche Rundfahrt mit der Pferdedroschke oder zu Fuß erkunden lässt.

Auf der Liste der Sightseeing-Stopps stehen natürlich zuerst die Museen: das Hester Rupert Art Museum, dessen Gebäude einst der Londoner Missionsgesellschaft gehörte und heute zeitgenössische Kunst präsentiert, das Old Library Museum mit Sammlungen historischer Kleidungsstücke, Felsmalereien der San sowie Fossilien, deren lebende Exemplare vor etwa 230 Millionen Jahren die prähistorischen Sumpfgebiete der Karoo bewohnten, sowie das Reinet House, das Heimatmuseum der Stadt. Das ursprüngliche Pfarrhaus aus dem Jahr 1812 stellt mit seiner Architektur ein schönes Beispiel kapholländischer Baukunst aus, ringsherum das original erhaltene, geschichtsträchtige Ambiente, Kopfsteinpflaster sowie Weinstöcke aus längst vergangenen Zeiten inklusive. Als Wundertüte antiquarer Kuriositäten setzt sich der Graaff-Reinet-Club in Szene. Jagdtrophäen wie Elefantenfüße und ähnliche exotische Reliquien gehören zur Ausstattung der historischen Männerbastion, zu der Frauen damals keinen Zutritt hatten. Zu den herausragenden Gebäuden zählt auch die Drostdy in der Church Street, der 1806 erbaute Verwaltungssitz, der heute das noble »Drostdy Hotel« beherbergt, das mit Gerichtscafé, historischem Haupthaus sowie den restaurierten ehemaligen Sklavenquartieren am Stretch's Court, die als Suiten für die Übernachtungsgäste dienen, eine schöne koloniale Atmosphäre entfaltet.

Wunderschöne Umgebung

Auch die Umgebung Graaff-Reinets, das idyllisch am Sundays River liegt, lohnt. Einen Besuch wert ist das Karoo-Naturreservat nordwestlich der Stadt, das mit 16 000 Hektar das Steppenbergland der Karoo auf besondere Weise einfängt und Bergzebras, Gnus, Büffel, Springbock- und Oryxantilopen beheimatet. Im Valley of Desolation, einem weitflächigen Tal, aus dem sich Doloritfelsen wie Skulpturen erheben, zaubert allabendlich der Sonnenuntergang eine hinreißende Bilderbuchlandschaft. Geplant ist, den benachbarten 6600 Hektar großen Mountain-Zebra-Nationalpark durch Korridore mit einzubeziehen, was ein riesengroßes Landschafts- und Tierschutzgebiet um Graaff-Reinet herum entstehen lässt. Für Wanderer ist der über 30 Kilometer lange Mountain Zebra Trail, der sich in drei Tagen erkunden lässt, schon heute ein Erlebnis erster Güte.

REGENBOGEN-ARCHITEKTUR

Überall im Land sind die traditionellen afrikanischen »Bienenkorbhütten« zu sehen, strohgedeckt und mit Wänden aus Lehmziegeln oder einer Mischung aus Ton und Viehdung. Auch die Häuser der Ndebele und Basotho, mit malerischen Kunstwerken geschmückt, stellen traditionelle Bauweisen vor. Das größte architektonische Erbe ist dem modernen Südafrika aber aus der Kolonialzeit verblieben: mit dem typisch kapholländischen Baustil (weiß getünchte Mauern, geschwungene Giebel, sichtbare Holzbalkendecken, Sprossenfenster) oder den prachtvollen städtischen Jugendstilbauten aus den 1930er-Jahren sowie durch Einflüsse der feinen georgianisch-viktorianischen Architektur Englands.

WEITERE INFORMATIONEN

Graaff-Reinet Publicity Association, Church Street:
www.graaffreinet.co.za sowie
www.thegreatkaroo.co.za

21 Nicht von dieser Welt – Wild Coast

Die wilde Küste der Xhosa

Jenseits von East London entfaltet sich auf 300 Kilometern die Wild Coast mit verschwiegenen Buchten, bizarren Höhlen und wahrhaftigen Traumstränden. Sie heißt so wegen ihrer zahlreichen Riffe und Untiefen, die schon viele Schiffe auf Grund laufen ließen. Und sie ist auch von einer wilden Schönheit, weil sie bis heute bleiben durfte, was sie immer war: ein Stück ungebändigte Natur.

Gefürchtet war sie bei den Seefahrern der Ostasien-Route, weil diese wilde Küste wegen tückischer Navigationsverhältnisse mit unberechenbaren Stürmen und Strömungen Wracks am laufenden Band produzierte. Untergänge waren geradezu an der Tagesordnung, sodass in Anlehnung an die südafrikanischen Wein- und Walrouten schon bald eine »Wrackroute« für Taucher entstehen könnte.

Schotterpisten in die Einsamkeit

Aber wer wollte hier wirklich unter Wasser gehen, bei all der feinherben Schönheit, die sich an Land darbietet? Ein authentisches Stück wildes Afrika ist da zu finden, und glücklicherweise gibt es (noch) keine durchgehende Küstenstrecke, sondern nur kleine Stichstraßen zum Meer, die nach heftigen Regenfällen schnell zu gefährlichen Schlammfallen werden. Wer sich nicht abschrecken lässt, gelangt zu Stränden, die sich einsam und fast unberührt zwischen den Bilderbuchbuchten des Indischen Ozeans verstecken. Wer es zwischen wildromantischen Flusstälern und steilen Bergrücken endlich bis zu den Lagunen der Flussmündungen ans Meer geschafft hat, wird fürstlich entlohnt. Hier entfaltet sich auf endlosen Kilometern der Traum der »Wild Coast«.

Die Wild Coast mit ihren feinen Sandstränden ist für diese Kids ganz normal (unten). Port St. John's und das Silaka Nature Reserve (rechts).

Die berühmtesten Vertreter der Xhosa sind Nelson Mandela und Thabo Mbeki. Eine überzeugende Autorität strahlt diese Xhosa-Frau aus, die den weltberühmten Landeshäuptlingen an Statur nicht nachsteht (unten). Coffee Bays »Hole in the Wall« (rechts) sowie Bewohner eines Dorfes nördlich von Umtata (ganz unten).

Schiffbruch in der Kaffeebucht

Coffee Bay ist eines der schönsten Fleckchen der wilden Küste, das sich so nennt, seit im Jahr 1893 ein mit Kaffeebohnen beladenes Schiff in der Bucht strandete. Die Bohnen, so erzählt die Geschichte, wurden damals an Land gespült, keimten, schlugen Wurzeln und ließen Kaffeesträucher wachsen. Nach den Beweisen suchen Besucher aber vergeblich. Das alles aber interessiert in Coffee Bay sowieso niemanden. Die Straße ist inzwischen geteert, was erste Begehrlichkeiten weckt, aber Vorsicht: Dort, wo das Grün der Küste aufhört und das Blau des Meeres beginnt, ist »Shark Country«. Nur das Baden in der Kaffee-Bucht selbst sei ohne Gefahr, versichern die Einheimischen vieldeutig grinsend. Coffee Bays »Hole in the Wall«, ein geologischer Blickfang, der an schottische oder irische Küsten mit ihren natürlichen Skulpturen erinnert, soll angeblich unerwünschte Begegnungen im Wasser mit den gefürchteten dunklen Silhouetten verhindern. Das vermutlich meistfotografierte Loch Afrikas befindet sich in einer Felswand, die schützend zwischen dem offenen Meer und der Lagune steht, nur das Frischwasser kann hindurch, die Haie bleiben draußen. Da bleibt mutigen Schwimmern zu wünschen, dass das auch stimmt.

Das Panorama der Wild Coast, das seine Bilder mithilfe von Steilklippen, Felsblöcken und Sandbuchten zeichnet, ist auch ohne maritimen Selbstversuch umwerfend. Bisher verirrten sich nur Rucksacktouristen und Insider hierher. Da jedoch schon Pläne für touristische Entwicklungen in den Schubladen der Bürokraten liegen, könnte es dem noch rückständigen Paradies (ein paar Hütten, ein Laden, zwei Hotels) bald so schlimm ergehen wie den sagenumwobenen Kaffeesträuchern, die möglicherweise tatsächlich keimten, aber nicht wuchsen.

Die Heimat von Nelson Mandela

Bei all den verzauberten Küsten der Wild Coast hat das Hinterland an Farbkolorit ebenfalls einiges zu bieten. Die ärmliche Transkei, das frühere Homeland der Xhosa, der »Menschen mit den roten Decken«, gehört seit 1994 zur Eastern Cape Province. Die 1879 gegründete Hauptstadt Umtata gibt sich als betriebsame Landesmetropole, an deren Universität Tausende Studenten studieren. Deren begabte Vorgänger landeten 250 Kilometer weiter westlich auf der Fort Hare University, einer 1916 für schwarze Studenten gegründeten Bildungsinstitution. Prominentester Kommilitone: Nelson Mandela, Fachbereich: Jura. 4000 Studenten büffeln heute in Fort Hare, das zwei Nobelpreisträger und vier afrikanische Staatspräsidenten hervorgebracht hat.

Auch in Umtata führt an Mandelas Wurzeln kein Weg vorbei: Westlich der Stadt, in einem kleinen Dorf namens Mvezo am Bashee River, verbrachte der spätere Häftling, Nobelpreisträger und Präsident seine frühe Kindheit. Dort steht auch inmitten einer naturbelassenen Landschaft das Nelson-Mandela-Monument, nahe dem Haus, das er später für seinen Halbbruder errichten ließ.

Als Junge kam Mandela mit der Familie nach Qunu, unweit von Coffee Bay, bevor es ihn hinauszog in die intellektuelle Welt der Weißen. Eine Multimedia-Show des Nelson-Mandela-Museums erklärt seine Rolle bei der Befreiung Südafrikas vom Regime der Apartheid und wie er sich als Sinnbild für Frieden, Vergebung und Liebe unsterblich gemacht hat. Der Tod des großen Freiheitskämpfers im Dezember 2013 bewegte die Welt; zahlreiche hochrangige Persönlichkeiten erwiesen ihm die letzte Ehre, bevor er in Qunu im Familiengrab beigesetzt wurde.

Im Land der Xhosa

Eine Reise durch das wilde Land der Xhosa ist eine Reise über grüne Hügel und durch liebliche Täler, durch die sich wasserreiche Flüsse ziehen, eine Wegstrecke durch echtes Afrika. Nach wie vor finden die in traditionellen Bindungen tief verwurzelten Xhosa im Kraal ihre soziale und ökonomische Einheit. Grasgedeckte Rundhütten zeichnen ein archaisches Bild, vor allem wenn Xhosa-Frauen Pfeife rauchend vor diesen Lehm- und Dungbehausungen auftauchen, um ihren Männern, die dort hocken und palavern, den fälligen Hirsebier-Nachschub zu bringen. Würdevoll schreiten sie daher, oft mit einer seltsamen Ernsthaftigkeit in den dunklen Gesichtern. Ein einziges Lachen kann aus dem Tiefsinn abrupt einen bezaubernden Ausdruck hervorlocken. Vielleicht stellt sich im Hügelland der Xhosa erst nachträglich heraus, dass nicht nur die Küste wild ist. Schon lange hat sich die Wild Coast bei Tauchern, Hochseefischern und Surfern einen Namen gemacht, zunehmend lässt sie sich nun auch von Küstenwanderern entdecken. Der Abschnitt zwischen Port Edward und Morgan's Bay ist vollgepackt mit Felspools, Flüssen und Wasserkaskaden, wie die der Magwa Falls. Einsame Lagunen, bizarre Klippen, versteckte Sandbuchten und Küstenpfade begleiten den »Hiker's Trail Heaven«. Einer der schönsten, der Wild Coast Hiking Trail, beginnt in Port Edward. Zu einer Idylle hat sich das ehemalige Hafenstädtchen Port St. Johns entwickelt, das sich an seiner palmenbestandenen Lagune zum Treffpunkt von Künstlern und Malern gemausert hat. Nach dem sportiven Strandleben lässt sich hier zwischen Boutiquen und Galerien die Zeit vertreiben oder in einer der zahlreichen Bars abhängen.

»WILD COAST HIKING TRAIL«

Tauchern, Hochseeanglern und Surfern bereits bekannt, wird die Wild Coast zunehmend von Küstenwanderern entdeckt. Das weitläufige Küstenareal zwischen Port Edward und Morgan's Bay östlich von East London ist vollgepackt mit Felspools, rauschenden Flüssen, Bächen und Wasserkaskaden, wie die der Magwa Falls, sowie abgelegenen Lagunen, versteckten Sandbuchten und naturschönen Küstenpfaden. Der Wild Coast Hiking Trail startet in Port St. Johns oder Coffee Bay, führt auf 64 Kilometern größtenteils am Beach entlang oder über die grünen Hügel des brandungsnahen Hinterlands und kann als geführte Fünftagestour gebucht werden. Übernachtet wird in traditionellen Xhosa-Rundhütten, die wetterbeste Wanderzeit sind die Monate April/Mai und September.
www.wildcoasthikes.com

WEITERE INFORMATIONEN

Wild Cost Holiday Reservation: East London, www.wildcoastholidays.co.za, www.wildcoast.co.za

Free State

Dem Himmel ganz nah

Für Landschaftsfreaks die richtige Mischung: die ariden Areale der Free State Province sind Heimat unzähliger Wollträger (oben). Dort, wo es ausreichend Niederschläge gibt, breitet sich fruchtbares Farmland aus, wie hier bei Harrismith (links). Wer hoch hinaus will, muss auf das Dach Afrikas, wie die beiden Basotho-Reiter im benachbarten Lesotho (unten).

Free States sowie Lesothos geniale Fahrstrecken fordern wilde Lenker zu Höchstleistungen heraus.

Route durch Free State und Lesotho

Abseits ausgetretener Pfade

Die Provinz Free State war vor dem Fall der Apartheid der Oranjefreistaat und ist bis heute mit der Hauptstadt Bloemfontein Siedlungsgebiet der Buren. Wer hier ankommt, muss weiter: in den nordöstlichen Landesteil sowie ins Berg- und Königreich Lesotho, das nicht nur landschaftlich eine Perle des südlichen Afrika ist.

Toureninfo

Start: Bloemfontein
Ziel: Lesotho und Golden Gate
Länge: 670 km
Dauer: 4–5 Tage
Beste Reisezeit: Ganzjährig
Sehenswertes: Bosotho Cultural Village im Golden Gate NP, www.sanparks.org
Unterkunft: Bloemfontein, www.urbanhotels.co.za, www.jedidja.co.za; Clarens, www.patchamplace.co.za, www.kalm.co.za; Lesotho, Oxbow Lodge, www.oxbow.co.za und St. James Guesthouse Mokhotlong, m.facebook.com/pg/St.

Weitere Infos

Bloemfontein Tourism, www.bloemfonteintourism.co.za; Skifahren geht in Lesotho gut in Afri-Ski, einem Ski- und Mountainresort 10 km hinter Oxbow, das im südafrikanischen Winter mit Frost und ordentlich Schnee lockt, www.afriski.net.

Durchreisende auf der N1, der schnellsten Verbindung zwischen Kapstadt und Johannesburg, sollten die Free-State-Kapitale **Bloemfontein** auf keinen Fall auslassen: Straßen- und Eisenbahnknotenpunkt, Sitz des Berufungsgerichts des Obersten Gerichtshofes, Universitätsstadt seit 1885, altkoloniale Prachtarchitektur wie der Fourth Raadsaal sowie eine ganze Reihe historischer Denkmäler machen »Bloem« (Afrikaans: bloem fontein), die Stadt der Rosen und Parks, zu einem lohnenswerten Stopp. Eine lebendige Gastronomie, vermischt mit einem guten Schuss »Burismus« vervollständigt das Bild der Vielfalt Südafrikas.

Im Hochland Lesothos

Für die meisten ist »Bloem« die Eintrittskarte ins benachbarte **23 Königreich Lesotho,** das nach dem Grenzübertritt an der Maseru Bridge mit Lesothos **Haupstadt Maseru** (lohnenswert zum Auffüllen der Vorräte, Buchen von Touren etc.) beginnt. Attraktiver sind Grenzübertritte in **Ficksburg** an der Ficksburg Bridge und bei **Fouriesburg** am Grenzposten Caledonspoort, denn in jedem Fall sind diese beiden hübschen Free-State-Perlen auf der Route zum Golden Gate oder den Highlands Lesothos einen Besuch wert: Ficksburg liegt idyllisch am Ufer des Caledon River vor der majestätischen Kulisse der Maluti Mountains, und auch Fouriesburg wird von wild zerklüfteten Bergen – der Snijmanshoek und der Visierskerf sind die höchsten Gipfel der Free-State-Provinz – eindrucksvoll gerahmt. Spannend wird das bergige Königreich erst jenseits der zweitgrößten Stadt Lesothos, **23 Butha-Buthe.** Nordöstlich davon windet sich die Straße durch einen Teil des Ukhahlamba-Drakensberg-Massivs, das in der kalten Jahreszeit eine wilde Winterschönheit erlangt. Nach dem spektakulären Aufstieg über den Moteng-Pass (2820 m) ist der Gebirgsort **Oxbow** erreicht, der mit einer grandiosen Berglandschaft und im südafrikanischen Winter mit einer Menge Schnee aufwartet. Von hier aus führt eine gut zu befahrende Asphaltstrecke auf über 3000 Meter Höhe durch zackige Gebirgskulissen bis nach **Mokhotlong,** der wichtigsten Stadt im östlichen Lesotho.

Clarens und Golden Gate

Auf der kurvenreichen Gebirgsstrecke ließe es sich noch weiter bis zum Grenzübergang Sani-Pass fahren und dort ins benachbarte KwaZulu-Natal einreisen, wo am Indischen Ozean nicht nur Durbans Golden Mile mit schillerndem Strandleben lockt. Zum **22 Golden-Gate-Highlands-Nationalpark** geht es zurück über Caledonspoort und Fouriesburg ins malerische Künstlerörtchen **22 Clarens.** Umgeben von den Maluti Mountains, zerklüfteten Kalkfelsen und grünen Hügeln, ist dies ein wahrhaft magischer Ort: Zahlreiche Galerien locken eine spezielle Klientel in diese verwunschene ländliche Idylle, die attraktive Gastronomie, romantische Gästehäuser und Luxushotels aufbieten kann. In der Umgebung lädt herrliche Natur mit Stauseen, Bächen und glasklaren Flüssen zum romantischen Verweilen ein, zum Wandern oder Fliegenfischen. Die Anreise zum Golden-Gate-Highlands-Nationalpark sollte *on time* erfolgen, was bedeutet:

rechtzeitig zum *sunset.* Der wird ein felsiges Farbschauspiel auf die Festplatten bannen, das als goldenes Bildspektakel nicht nur dort, sondern auch im Kopf für alle Zeit gespeichert bleibt. Stilvoll absteigen lässt es sich im Golden Gate Hotel und im Highlands Mountain Retreat.

Die leuchtenden Sandsteinfelsen des Golden-Gate-Hochlandparks (oben) stellen eine der größten Attraktionen der Free-State-Provinz; bei klarer Sicht zeigt sich eine noch gewaltigere Kulisse mit den benachbarten Bergriesen Lesothos (rechts unten), die über 3000 Meter aufragen. »Bienenkörbe«, traditionelle Rundhütten mit Reetdächern, finden sich in vielen Siedlungen des Bergstaates Lesotho (rechts oben).

22 Golden-Gate-Highlands-Nationalpark

Monumentales Landschaftsszenarium, irrwitziges Bühnenbild

Wer »most dramatic landscapes« sucht, findet sich zwangsläufig im Golden Gate wieder. Wohin die Blicke schweifen: zerklüftete Sandsteinformationen, die vor allem im späten Licht zu expressionistischen Wunderwerken geraten, wenn die Sonnenfarbe von Gold zu Orange und Ocker mutiert und, in der absoluten Stille skurriler Felsskulpturen, letztendlich zu Rot. Nach dem Absacken des Feuerballs explodiert der Himmel darüber erst richtig.

Ein Besuch lohnt sich allein für dieses Panorama, und viele kommen tatsächlich pünktlich, um sich nach dem spektakulären Naturschauspiel gleich wieder davonzumachen. Die Expressreisenden verpassen eindrucksvolle Naturstimmungen, bei denen grasbewachsene Berghänge, tiefe Schluchten und aufragende Felsklippen im Wechselspiel des Lichts noch einmal betont werden.

Besondere Attraktionen: Ruhe und Einsamkeit

Insider aus Johannesburg, Pretoria und Durban hingegen holen sich hier an den Wochenenden die Labsal für ihre großstädtisch gebeutelte Seele. Frieden von Polizeisirenen und Stop-and-go, wenn Lämmergeier, Bartgeier oder Felsenadler über Steilschluchten ruhig ihre Runden drehen, wenn Bergzebras, Springböcke und Antilopen zwischen Felssäulen stehen, reglos wie Bühnenstatisten. Sie und all die anderen aus der harmlosen Wildtierabteilung machen den Golden-Gate-Highlands-Nationalpark zum idealen Refugium für Wanderer, die Einsamkeit und Ruhe suchen, oder für unverbesserliche Landschaftsfreaks, denen die Big Five schnurzegal sind. Zumindest ist für jeden etwas geboten. Jahr um Jahr wurde der 1963 gegründete Nationalpark nördlich der Maluti-Berge Lesothos erweitert, sodass er inzwischen eine Fläche von

über 100 Quadratkilometern umfasst; heraus ragt der Generaalskop mit 2732 Metern Höhe. Golden Gate heißt der bizarre Landschaftspark zweier Felsklötze wegen, die nur wenige 100 Meter hoch sind, aber im goldenen Sonnenlicht wie riesenhafte Eingangstore zum Paradies erscheinen. Zahlreich finden sich im Park Sandsteinhöhlen mit gut erhaltenen Gravuren und Zeichnungen der San. Während der Burenkriege dienten sie flüchtigen Burenfamilien als Versteck, um sich dem Zugriff der Engländer zu entziehen.

Wandern in bizarrer Bergwelt

Golden-Gate-Besuchern mit Zeit stehen herrliche Wanderwege zur Verfügung, die bis an die Flanke des Generaalskop heranführen, dahinter steigen die Gebirgsketten Lesothos auf 3000 Meter. Einer der bekanntesten mehrtägigen Treks ist der 33 Kilometer lange Rhebok Hiking Trail, der am Glen Reenen Rest Camp beim Parkeingang beginnt. Dort befindet sich der Ausgangspunkt zweier Fahrpisten, die zu den schönsten Punkten dieses Reservats führen. Golden Gate Highlands hat ganzjährig Saison; im Sommer herrscht mildes Hochgebirgsklima mit angenehm kühlen Abenden. Zwischen Januar und Februar treten häufiger kurze, heftige Gewitter auf, was Wanderer bei der Ausrüstung berücksichtigen sollten, im Winter zeigen sich die höchsten Gipfel untypisch für Afrika, weil sie des Öfteren schneebedeckt vorgefunden werden. Nachts kann es dann frostig kalt werden, auch wenn tagsüber ideale Temperaturen für Outdoor-Aktivitäten garantiert sind. Neben preiswerten Unterkünften bieten die staatlichen Rest-Camps Brandwag, Glen Reenen, Mountain Retreat und Qwa Qwa während der Sommermonate auch Ausritte zu Pferde an, organisierte kürzere Wandertouren sowie Nachtsafaris. Auch lassen sich per Kajak oder Kanu die bildschönen Stauseen des Parks erkunden.

Je nach Jahreszeit sind die staatlichen Camps rechtzeitig zu reservieren, wenn das nicht klappt, freuen sich eine Reihe empfehlenswerter Gasthäuser im nahen Kleinstädtchen Clarens, das seinen eigenen Reiz versprüht: Die »Perle des Orange Free State« wurde 1912 nach der schweizerischen Ortschaft benannt, in der Paul Kruger, der erste Burenpräsident und Initiator des Kruger-Parks, seine letzten Lebensjahre im Exil verbrachte. Zwischen zerklüfteten Kalkfelsen, goldfarbenen Feldern und saftigen Hügeln gelegen, erwartet das idyllische Clarens mit frisch getünchten Häusern, Cafés, peppigen Galerien mit Kunsthandwerk und Malerei, Gourmetrestaurants und feinen Hotels meist sehr überraschte Gäste.

BASOTHO CULTURAL VILLAGE

Die Volksgruppe der Sotho siedelt nordöstlich von Johannesburg. Wie die Ndebele verzieren sie ihre Steinhäuser mit intensiven Farben und Steinmosaiken. Zwischen dem Golden-Gate-Highlands-Nationalpark und dem Landstädtchen Harrismith liegt das Basotho Cultural Village, wo die traditionelle Lebensweise der Sotho von Schauspielern dargestellt wird. Zum Programm des liebevoll hergerichteten Freilichtmuseums gehören auch Übernachtungen in traditionellen Rundhütten (Rondavels), eine Wanderung durchs Gelände, die Heilpflanzen und Felsbilder erklärt, sowie traditionelle Sotho-Kochkunst im eigenen Restaurant, selbst gebrautes Ingwerbier inklusive (www.places.co.za).

WEITERE INFORMATIONEN

Clarens Information:
www.clarenssa.co.za,
www.clarens-info.co.za
Free State Tourism:
www.free-state-info.co.za

23 Auf dem Dach Südafrikas – Lesotho

Das »Königreich im Himmel«

Als kralförmige Enklave ist Lesotho vollständig von Südafrika umschlossen, gehörte aber zu keiner Zeit politisch zum großen Nachbarn. Die extreme Gebirgslage war während der Kolonialisierung Rückzugsgebiet der Basotho, deren König Moshoeshoe in der ersten Hälfte des 19. Jahrhunderts zwischen Missionaren, Buren und Briten taktierte und seinem Volk so die Unabhängigkeit sichern konnte – auch während der südafrikanischen Apartheid.

Wie ein Mahnmal steht der Basotho-Reiter über dem Traum seiner Landschaft und schaut ins (noch) unberührte Paradies (unten). Lesotho wartet mit großartigen Passstraßen (rechts oben) und kalten Wintern auf, in denen sich die Einheimischen warm einpacken (rechts unten).

Liebhaber zackiger Gebirgslandschaften, deren Riesen weit über 3000 Meter aufragen, finden hier ihr Paradies erster Klasse, selbst die Täler des Bergstaats liegen über 1000 Meter hoch. Aber erst die Passstraßen geben Auskunft darüber, was hier wirklich passiert: Der Bushman's Pass geht bis auf 2268 Meter hinauf, der Blue Mountain Pass auf 2626, die größten Berge im Land versammeln sich um den höchsten des südlichen Afrika, den Thabana Ntlenyana, der 3483 Meter aufragt. Wer beim Bereisen dieses landschaftlichen Ausnahmezustands von der bizarren Szenerie, die hinter jeder Kurve mit einer neuen Überraschung aufwartet, nicht genug bekommen kann, macht sich am besten gleich auf der »Roof of Africa Road« ab in die Wolken.

Auf kurvigen Straßen fast bis zum Himmel

Dort geht es zu wie auf der Achterbahn. Die exzeptionelle Panoramaroute verläuft von der Hauptstadt Maseru parallel zum grenznahen südafrikanischen Caledon River an Lesothos Westgrenze Richtung Norden. Man kann auch von den südafrikanischen Grenzstädten Ficksburg oder Fouriesburg aus einsteigen, denn wirklich wild wird das Dach Afrikas erst nach

der Ortschaft Butha-Buthe auf dem 2840 hohen Monteng Pass zwischen Mont-aux-Sources (3282 m) und Cathedral Peak (3004 m). Über 3000 Meter winden sich die Gebirgspassagen Mahlasela und der Pass of Guns durchs Hochgebirge, mit den grandiosesten Ausblicken. Bis zu einem halben Meter Schnee schaffen während der Wintermonate rund um den Wintersportort Oxbow ein kurioses Skiparadies mitten in Afrika, das von Südafrikanern gerne besucht wird. Die östlichen Highlands bestehen aus Vulkangestein, sind vor ca. 150 Millionen Jahren entstanden und von berauschend idyllischen Flusstälern durchzogen. An den Rändern der Drakensberge gehen zahllose Wasserfälle in die Tiefe. Ziemlich beeindruckend sind die Maletsunyane-Fälle, die mit fast 200 Metern zu den höchsten frei fallenden Kaskaden des südlichen Afrika zählen. Inmitten dieses Gebirgsszenarios entspringen die südafrikanischen Flüsse Oranje und Caledon, die sich malerisch durch bizarr anzusehende Canyons ziehen.

Raues Gebirgsklima

Dort wo der Oranje, der hier Senqu heißt, mit dem Makhaleng River zusammenfließt, liegt auf ca. 1400 Metern der tiefste Punkt des Landes, während 80 Prozent auf über 1800 Metern residieren, weshalb es im südafrikanischen Winter bitterkalt wird, mit sicherem Schneefall in den östlichen Höhenlagen. Trotzdem schaffen durchschnittlich 300 Sonnentage im Jahr ein trockenes, winterliches Traumwetter, das im Sommer zur 30-Grad-plus-Hitze wird – die nachts wie fortgeblasen scheint, wenn die Quecksilbersäule, je nach Höhenlage, wieder den Nullpunkt aufsucht. Lesothos Wetter liebt theatralische Auftritte und gibt sich besonders viel Mühe, wenn kraftvolle Sommergewitter mit saftigen Niederschlägen schwere Gebirgssommerwolken entleeren, weshalb die angenehmsten Reisezeiten Herbst und Frühling sind mit höchst moderaten Erscheinungsformen. Noch dazu leisten sich Lesothos Landschaften herrliche Blütenteppiche und saftig-grüne Hänge mit selten schönen Gebirgsblumen.
Einer der touristischen Höhepunkte Lesothos ist neben dem Durchqueren seiner grandiosen Landschaften das Pony-Trekking. Für viele der rührend gastfreundlichen Hochlandbewohner sind die zähen Basotho-Ponys das einzige Transportmittel, und Besuchern bieten sie die beste Möglichkeit, die Sehenswürdigkeiten der bezaubernden Bergwelten in Stille und in wohltuender Zeitlupe zu erkunden. Es gibt aber auch Schattenseiten im Land der königlichen Berge: Die Mehrheit der Bevölkerung ernährt sich mehr schlecht als recht von der Landwirtschaft, viele Wanderarbeiter müssen sich in den Minen Südafrikas verdingen, wenn es denn wenigstens Jobs gibt, um überhaupt ein Einkommen zu erwirtschaften.

SANI & CO.

Rundreise- und Übernachtungstipps: Die Kurvenstrecke »Roof of Africa Rally« führt quer durchs Land, das etwa die Fläche Belgiens umfasst. Die Ausreise nach Südafrika über den Sani Pass gehört zu den Top-Fahrspaß-Erlebnissen schwindelfreier Off-Roader (Sani Top Chalet auf 2874 Metern Höhe). Die meisten Stationen Lesothos lassen sich mit normalem Pkw erreichen, wie die Maletsunyane und Ketane Falls in Semonkong, dem »Ort des Rauches«, oder das Traumszenario des Bergortes Malealea am Gates of Paradise Pass.
Websites: www.roofofafrica.co.ls, www.sanimountain.co.za, www.placeofsmoke.co.ls,
Malealea Lodge: www.malealea.co.ls

WEITERE INFORMATIONEN

Lesotho Travel, visitlesotho.travel
In Deutschland: www.abendsonneafrika.de
Über die Einreisebestimmungen sowie die landesspezifischen Sicherheitshinweise gibt das Auswärtige Amt Auskunft: www.auswaertiges-amt.de

North West & Gauteng

Moderne Städte und organisierte Wildnis

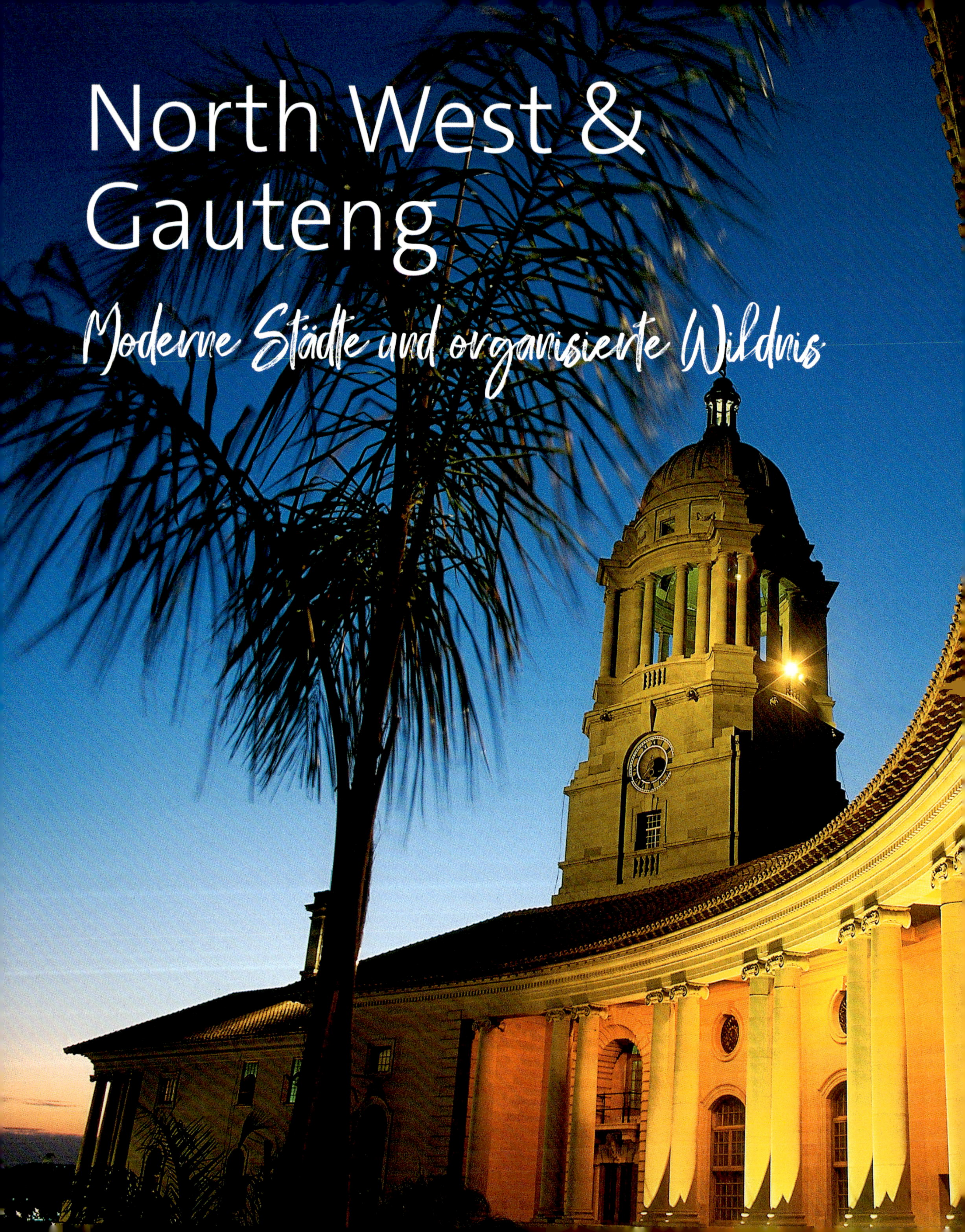

In der von Herbert Baker entworfenen und sichtbar staatstragenden Sandsteinarchitektur der Union Buildings, Pretoria, tagt Südafrikas Parlament. Aber auch sonst hat Gauteng & Co. einiges zu bieten: Wildlife vom Feinsten direkt vor der Haustür, wie im Pilanesberg-Nationalpark (s. Kapitel 26).

Blühende Jacaranda-Alleen sind Pretorias Wahrzeichen und ein Blickfang.

Route durch North West und Gauteng

Im Vorgarten der Metropolen

Das urbane Konglomerat des Großraums Johannesburg erschließt sich nachhaltig und *sicher* ausschließlich unter Führung von Insidern oder durch geleitete Touren. Was sich um die Metropole sonst noch so ausbreitet, funktioniert – inklusive der Hauptstadt Pretoria – aber ganz hervorragend auf eigene Faust.

24 **Johannesburgs** Gegensätze sind krass: Bis in die Gegenwart handelt hier die Geschichte von Gold, feinen Stadtvierteln, der größten Dichte an Golfplätzen im ganzen Land, aber auch von Soweto, viel Armut und Wellblech und hoher Kriminalität gleich nebenan. Dagegen kommt die benachbarte Haupt- und Universitätsstadt 25 **Pretoria** verbeamtet und eher sehr zivil daher. Zweieinhalb Fahrstunden nordwestlich Gautengs erstreckt sich der 160 Kilometer lange und bis zu 1852 Meter hohe Bergzug der **Magaliesberge,** dessen größte Attraktion der **Hartbeespoort-Stausee** im **Hartbeespoort Nature Reserve** ist. Freizeitaktivitäten sportiver Metropoliten sind hier Wandern, Paragliding, Reiten, Wassersport sowie, für auswärtige Besucher, das **Lesedi Cultural Village,** ein Schaudorf, das aus typischen Siedlungen der vier südafrikanischen Stämme Zulu, Xhosa, Pedi und Sotho besteht.

Renaturierung und Wildschutzprojekte

In 26 **Sun City** lassen sich jährlich Millionen internationale und einheimische Besucher durch ein Panoptikum der Verrücktheiten schleusen, à la Las Vegas funktioniert das als größter Vergnügungspark Afrikas! Der benachbarte 26 **Pilanesberg-Nationalpark,** der mit einer Fläche so groß wie der Bodensee als viertgrößter Nationalpark des Landes gelistet ist, besticht durch weitläufige Savannenlandschaften sowie beeindruckende Felsformationen, die um den Mankwe-See im Krater eines 1,2 Milliarden Jahre alten erloschenen Vulkans aufragen. Hier finden sich das komplette Sortiment der Big Five und andere Vertreter exotischer Wildtierarten, wie Giraffen, Nilpferde, Zebras und Hyänen, seltene Rappenantilopen sowie die beinahe schon ausgerotteten afrikanischen Wildhunde. Nahe der Grenze zu Botswana operiert eines der größten Wildschutzgebiete Südafrikas, das 27 **Madikwe Game Reserve.** Mit 760 Quadratkilometern Buschland und Flusslandschaften ist Madikwe das Ergebnis eines staatlichen Experiments der Renaturierung unrentabler Farmgebiete und der Wiederauferstehung der ursprünglichen Wildnis, die jetzt wieder dem kompletten Dschungelbuch dient. Eine ganze Reihe Wildschutzgebiete sind in den nordwestlichen Gebieten auf ehemaligen Rinderfarmen entstanden, darunter der 28 **Marakele-Nationalpark,** Anthony Barbers 28 **Ant Collection** sowie die 28 **Lapalala Wilderness,** alle drei sind für eine reichhaltige Nashornpopulation bekannt. Auf dem Rückweg ließe es sich bei **Vaalwater** im »Black Mamba Arts & Curios« ausgefallene Souvenirs shoppen, die sich in mehreren Hallen neben- und übereinander stapeln, oder in die heißen Thermalquellen von Warmbad, dem heutigen 28 **Bela-Bela,** steigen, bevor es nach Pretoria zurückgeht.

Zur Wiege der Menschheit

40 Kilometer südwestlich der Hauptstadt befindet sich bei **Sterkfontein** die größte Fossilienstätte der Menschheitsgeschichte an exakt der Stelle, an der das Skelett des bisher ältesten menschlichen Fossilienfunds der Welt freigelegt wurde – weshalb sich der Ort **Cradle of Humankind,** Wiege der Menschheit, nennt und samt seiner prähistorischen Exponate von der UNESCO zum Weltkulturerbe ernannt wurde. Auf dem 470 Quadratkilometer großen Gebiet finden sich rund 40 Ausgrabungsstellen. Einer der Funde, ein affenartiges Skelett mit der Be-

Toureninfo

Start: Johannesburg
Ziel: Pretoria/Cradle of Humankind
Länge: 1000 km
Dauer: 1 Woche
Beste Reisezeit: Ganzjährig
Sehenswertes: The Black Mamba Company beherbergt in ihren Hallen alles, was die Herzen Heimreisender an Souvenirs begehren, https://blackmambacompany.webs.com
Unterkunft: Sun City Resort, www.suninternational.com; Jaci's Lodges, Madikwe, www.madikwe.com; The Ant Collection, www.waterberg.net; Lapalala Wilderness, www.lapalala.com.

Weitere Infos

Soweto per Bike: Township-Erfahrungen mit Halb- oder Ganztagestouren zu den historischen Sehenswürdigkeiten, Wissenszuwachs garantiert, bietet Lebo's Soweto Bicycle Tours, www.sowetobicycletours.com.

zeichnung »Little Foot«, wird gar auf ein Alter von vier Millionen Jahren geschätzt! Seit 2005 dokumentiert dort das Cradle-of-Humankind-Informationszentrum die Evolutionsgeschichte der letzten 40 Millionen Jahre auf edukativ nachhaltige Weise.

Johannesburg strahlt bei Nacht (oben). Südafrikas ganzer Stolz: das Finale der Fußball-WM 2010 im Soccer City Stadion (rechts oben). Die farbenfrohen Züge der Braamfontein Railway (rechts unten).

24 Big City – Johannesburg

Der »Platz des Goldes«

Die Provinz Gauteng, in der Sotho-Sprache »É Goli«, der »Platz des Goldes«, ist die am dichtesten besiedelte Provinz Südafrikas. Eine Handvoll Städte, darunter Johannesburg, sind zu einem urbanen Konglomerat verwachsen, das das wirtschaftliche Tempo des Landes bestimmt. Aber Jo'burg ist die schnellste von allen und mit ihrem Stadion Soccer City eine der sportivsten!

Jo-Anna nennen die Johannesburger beinahe zärtlich ihre Metropole. Auch wenn die nicht immer sanft mit ihnen umgeht und schon lange gegen ihr schlechtes Image ankämpfen muss, weil sie seit Jahren mit der höchsten Kriminalitätsrate der Welt in den Schlagzeilen ist. Jede Stadt hat ihre Geschichte. Die Jo'burgs handelt von Gold und natürlich von der berühmtesten Township der Welt, von Soweto, und dem legendären Kampf gegen die Apartheid sowie von der größten Ansammlung an Golfplätzen im Land, dem umtriebigsten Drehkreuz im afrikanischen Luftverkehr (mit nahezu 20 Millionen Passagieren pro Jahr), dem Knotenpunkt zahlreicher Autobahnen und Bahnlinien, der abgehobensten Kulturszene, den meisten Hochschulen und – angesichts all dessen wenig verwunderlich – dem dicksten Anteil an der Erwirtschaftung des südafrikanischen Bruttosozialprodukts.

Rascher Aufstieg im Goldrausch

Dabei gab es für Johannesburg erst im Jahr 1904 die Stadtrechte. Da hatten die diamantenverwöhnten Einwohner Kimberleys schon längst ihre prachtvolle City Hall in Betrieb. Aber schnell holte Jo'burg auf: Bereits ein Jahr später zählte man in dem einstigen Barackenlager, das seit 1886 im Goldrausch fieberte, 150000 weiße Einwohner und doppelt so viele schwarze. Das

Shosholoza Meyl

schnelle Wachstum innerhalb weniger Jahre brachte für viele Goldsucher und Minenarbeiter schreckliche Verhältnisse mit sich. Die meisten der Nichtweißen kamen als Kontraktarbeiter in die Minen und lebten unter erbärmlichen Umständen in Elendsquartieren. Nur für die Zahlungskräftigeren gab es Vergnügen in Spielhallen, Bordellen und Bars. Zwei Regierungsangestellte, die das calvinistisch-puritanisch geprägte Pretoria ins immer chaotischer werdende Gold-Eldorado schickte, um für Ordnung zu sorgen, hießen beide zufällig Johannes, was der Goldgräbersiedlung zu ihrem Namen verhalf. Mächtige Minengesellschaften entstanden, die das goldhaltige *reef* unter Jo'burgs Oberfläche gewinnbringend ausbeuteten. Die Western Deep Levels Mine reicht über 3000 Meter tief in den Untergrund, nicht weit von den modernen Spiegelfassaden der schnelllebigen City.

Kulturmetropole

Als der ganz große Goldrausch vorbei war, blieben nur die riesigen Abraumhalden rund um Jo'burg – und das Geld. Auf dieser Basis avancierte die aufstrebende Stadt mit dem ausgezeichneten Höhenklima (1752 m) zur Handels- und Finanzmetropole Südafrikas und wurde, nach dem Fall der Apartheid, zum Schmelztiegel aller Rassen und Hautfarben und zum schlagkräftigen Herzmuskel der neuen südafrikanischen Identität. Das aus Hunderten Stadtvierteln, Vorstädten und Townships zusammengesetzte urbane Netzwerk ist mit seinen Hochhauspalästen zu einer pulsierenden Weltstadt gewachsen.

Aus der alten Zeit ist trotzdem gar nicht so wenig geblieben. Sie existieren noch, die kolonialen Zeugen in Stein: die National Bank (1890) und die City Hall (1910) in der Market Street, die alte Post (1897) in der Rissik Street, die Public Library (1935) in der Simmonds Street, das Victoria House, das Market Building, das Cuthberts Building sowie der Supreme Court. Vom 50. Stockwerk des Carlton Centre aus, das zu Recht »Top of Africa« genannt wird, lässt sich bei guter Sicht das 50 Kilometer entfernte Pretoria sehen, der Sitz der südafrikanischen Regierung. Nur wenige Kilometer weiter befindet sich der historische Themenpark »Gold Reef City« mit Livemusik, Bühnenshows, Straßentheater, Cafés, Kneipen und Restaurants. Der Vergnügungspark liegt auf dem Territorium der seit Langem geschlossenen Crown Mines, die seit 1892 rund 1400 Tonnen Gold ans Tageslicht beförderten! Eine Vielzahl an Museen sowie eine rekonstruierte Stadt aus stilechten viktorianischen Bauten (First National Bank, Rosie O'Grady's Action Bar) präsentieren Jo'burg, wie es einmal war.

Die glänzenden Seiten der Gold-Stadt: eine Kutschfahrt in Gold Reef City (ganz unten). Stoffe und Schmuck auf einem Markt so weit das Auge reicht (unten). Kids vor einem Kindergarten in Soweto (rechts)

Krasse Kontraste

Ein Besuch Jo'burgs im Alleingang ist Fremden nicht zu empfehlen. Unter sachkundiger Führung zeigt sich »der einzig wirklich authentische Platz in Südafrika, der ziemlich aufregend ist«, wie die Großstädter selber über die vielschichtige Kapitale sagen – in jeder Hinsicht. Ob Nachtleben, Musikszene, Kunst und Galerien, Shopping, Kneipen oder Gourmettempel – scheinbar alles produziert Jo'burg im Überfluss, und allein die Liste kultureller Ereignisse ist endlos, und dafür sorgt nicht nur der bekannteste Stadtteil, Soweto. Edle Einkaufsmeilen in den Malls der vornehmen Vorstädte Sandton City, Rosebank und Parkhurst kontrastieren mit afrikanisch-bunten Märkten, die sich downtown auf Plätzen und Trottoirs ausbreiten. Also: einen typisch afrikanischen Papp-Maisbrei im Stehen oder doch lieber ein fürstliches Dinner in einem der feinen Restaurants, deren Reservierungsnummern in den videoüberwachten besseren Wohngegenden griffbereit neben dem Telefon liegen, und zum Entree Muschelsuppe mit frittiertem Seetang? The Royal Johannesburg and Kensington Golf Club etwa gehört ebenso zum Image der Stadt wie die Ghettos der Schwarzen, die Jo'burg noch immer nachhaltig prägen. Johannesburg ist eine Stadt der starken Kontraste.

Brennpunkt: Township

In ihren Townships leben unvorstellbare Massen beengt und teilweise unter äußerst mangelhaften Bedingungen beieinander; allein im South West Township (So-We-To), das aus 32 verschiedenen Stadtteilen besteht, sind es ca. vier (!) Millionen. Gezielt haben Regierungsprogramme versucht, den Zustrom in die Großstädte in geordnetere Bahnen zu lenken: durch Erschließungen neuer Townshipgebiete inklusive Parzellenvergabe mit Eigentumsrechten, Finanzierungshilfen, vorgefertigten Minihäusern, Sozial- und Krankenstationen sowie sanitärer Infrastruktur – mit meist mageren Ergebnissen. Dennoch hat sich manches verändert, was die Eröffnung von Sowetos Super-Mall Maponya beweist, die für 50 Millionen Euro entstand und auf 65 000 Quadratmetern Verkaufsfläche die vorhandene Kaufkraft absorbiert. Im schier endlosen wellblechgedeckten Betonhäuserbrei Sowetos existieren längst bürgerliche und luxuriöse Wohngegenden wie in Orlando-West, wo Besucher aus Übersee gerne nach dem Haus Winnie Mandelas fragen.
Jimmy Ntintili hatte mit seinen »Face to Face Tours« nach dem Fall der Apartheid als einer der ersten organisierte Touren in die Ghettos seiner schwarzen Brüder angeboten, ein Angebot, das täglich rund 1000 Besucher nutzen.

»URBAN RENEWAL« – STADTERNEUERUNG

Beispiellose Revitalisierungsprogramme haben einst heruntergekommene Stadtviertel wieder zurückgeholt, dazu gehören Melville, Rosebank, Melrose Arch und Craighall Park. Auch in Johannesburgs ramponiertem Zentrum schlägt die urbane Erneuerung kraftvolle Wurzeln. Investoren, Kunstschaffende und Marketingexperten haben die City neu entdeckt, wie Jonathan Liebmanns Happenig-Meile »Arts on Main« beweist, wo die Kunst- und Intellektuellenszene sich ein sehr spezielles Zuhause geschaffen hat. Hier findet Lebensart satt statt – nicht nur auf dem samstäglichen Market on Main oder in einer Sonnenliege auf der Dachterrasse der The Beach-Bar.

WEITERE INFORMATIONEN

Tourism – City of Johannesburg: www.joburg.org.za, www.sandton-tourism.com, www.gauteng.net
Websites: www.sowetotowers.co.za, www.dlalanje.org, www.artsonmain.info, www.marketonmain.co.za

Tierische Abenteuer in Busch und Savanne

Safari scheint sicher, Ranger kennen die Regeln: Immer im Fahrzeug bleiben, die Distanzlinie nicht überschreiten, und wenn es doch mal brenzlig wird, vorsichtig den Rückzug einleiten. Aber warum wollten dann in KwaZulu-Natal giftige Speikobras Angestellte einer Lodge-Rezeption angreifen?

Wer im Dunkel den warnenden Ton nicht hört und auf eine Puffotter tritt, ist selbst schuld. Ebenso wer die Lücke in einer dahinwandernden Elefantenherde, die gerade in Seelenruhe die Schotterpiste kreuzt, zur Weiterfahrt nutzt und dabei ahnungslos Jungtiere von ihren Kühen trennt; allerdings hat der das Adjektiv im Begriff »The Big Five« für alle Zeiten voll erfasst: Ein stoßzähnebewehrter Bulle wird wie eine tollwütige Dampfmaschine auf die kleine Blechbüchse von Safarigefährt zurasen und dessen Antriebsräder funkensprühend zum Durchdrehen bringen – was die Lage für die verschreckten Insassen nicht entspannter macht. Aber wenngleich ein Elefantenbulle über drei Meter lange Stoßzähne mit sich in Bewegung bringen kann, gelten die Dickhäuter allgemein als gutmütig und friedlich. Was sich vom schreckhaften Nashorn nicht immer sagen lässt. Wer je den Koloss eines Rhinozerosses mit einem Gewicht von drei Tonnen im rasanten Galopp auf sich zupoltern sah und dabei spürte, wie die Savanne unter den Hufschlägen vibrierte, der weiß den Erfahrungsschatz einheimischer Wildhüter zu schätzen und auch deren automatische Gewehre.

Büffel: kein leichtes Löwenfutter

Abstand halten sollte man von einem anderen großen Wildtiergenossen: dem Büffel, der als Einzelgänger oder zusammen mit Kollegen aus dem Stillstand heraus angreifen kann. Einmal richtig gereizt, gehören die Kraftpakete zu den angriffslustigsten Tieren im Busch, wenn sie sich bedroht fühlen. Von einer Büffelherde, auf die geschossen wurde, wird berichtet, dass alle Tiere sich zu einem Halbkreis formierten und dann ihre Jäger angriffen. Die Stampede einer wild gewordenen Herde macht alles, was im Wege steht, tumultartig platt. Das müssen auch Löwen ab und an hautnah erfahren, wenn sie es wagen, eine Büffelherde anzugreifen. Das Verhalten der Tiere verdeutlicht, warum die Big Five (Elefant, Nashorn, Löwe, Leopard und Büffel) in einem Atemzug genannt werden: Die »Großen Fünf« waren bei der Großwildjagd nicht nur als Trophäentiere die begehrtesten, sondern sie sind auch die gefährlichsten.

Riskante Fotopirsch

»Wildtiere«, so erklärt ein Ranger lauschenden Safarigästen, die sich im offenen Geländewagen gerade auf Löwenpirsch befinden, »sind unberechenbar: Sie können jederzeit angreifen.« Wenn Löwen das tun, sind sie extrem schnell, allerdings nur auf kurze Distanzen, weshalb sie meist taktisch und im Rudel ihre Beute einkreisen. Von ihren Opfern fressen die Riesenkatzen erst die Eingeweide, dann arbeiten sie sich langsam vom Hinterteil zum Kopf vor. Ein solches Detailwissen ist nicht unbedingt förderlich, wenn man in der letzten Bankreihe eines offenen Jeeps sitzt und der Fährtenleser mit dem Gewehr ganz vorn ziemlich weit weg ist. Gruselige Geschichten machen abends am Feuer die Runde. Wurden da nicht eine Deutsche erst kürzlich beim Golfspielen von Elefanten zertrampelt und ein Wildhüter im Kruger-Park von Leoparden zerrissen? Für heute sind die Safarigäste im Nachhinein froh, dass ihr video- und fotobehängter Trupp keine Löwen gefunden hat. Oder umgekehrt – was eine Frage der Sichtweise ist.

In jedem Fall zählt das Sichten der Big Five zur absoluten Crème de la Crème jeder Safari, wobei an Fotografen besonders extreme Anforderungen gestellt werden. Denn so ist es im Busch: Entweder die Stille erstarrt, und es passiert lange nichts – oder blitzschnell alles auf einmal. Während Löwen, obgleich Nachtjäger wie Leoparden, auch tagsüber in ihren großen Rudeln relativ leicht auszumachen sind, gilt die gefleckte Raubkatze als Foto-Rarität: Die Einzelgängerin ist bei Helligkeit wie vom Erdboden verschluckt, weil sie todsicher in einer Baumkrone liegt, gelangweilt vor sich hin döst und nur gelegentlich blinzelt, wenn unten wieder einmal tapsige Teilnehmer einer »Walking Safari« ihren Schönheitsschlaf stören.

Alle drei nicht ganz ungefährlich! Wobei Südafrikas Giftschlangen meist im Verborgenen bleiben, während Büffel und Nashorn weithin sichtbar (und auch zu hören) sind.

Vom Standort der Union Buildings auf der Meintjieskop-Anhöhe im Osten Pretorias haben die Parlamentarier einen berauschenden Blick auf ihre Regierungshauptstadt und deren Bürger (unten). Das terrassenartig angelegte Gelände zieht sich mit seinen Parks und Denkmälern bis zur Church Street hinunter. Mächtige Statue auf dem Church Square (rechts).

25 Im gemächlichen Gang der Verwaltung – Pretoria

Eine Hauptstadt mit viel Lebensqualität

Obwohl Pretoria Regierungssitz ist, tagt das südafrikanische Parlament nach wie vor in Kapstadt. Gleichwohl war die »halbe Hauptstadt« auch mal eine ganze, nämlich die des ehemaligen Burenstaates »Suid-Afrikaanse Republiek«, in der sich die Handschrift der »Voortrekker«, ihrer burischen Stadtväter, mit elegantester Kolonialarchitektur erhalten hat. Bis heute bezieht sie ihr ruhiges Flair aus ihren zahlreichen Amtsstuben.

Die auf 1367 Metern Höhe und 50 Kilometer von Johannesburg entfernt liegende Zwei-Millionen-Stadt wurde im Jahr 1855 von Marthinus Wessel Pretorius, einem General der »Voortrekker«, gegründet und bestand lange Zeit nur aus ein paar Dutzend Häusern, in denen rund 300 Einwohner lebten, darunter viele Deutsche und Deutschstämmige. Im Herzstück der auf dem Reißbrett geplanten Stadt steht der Übervater der ehemaligen Buren-Nation und Begründer des gleichnamigen Parks, »Ohm« Paulus Kruger, in Form einer wuchtigen Sockelstatue auf Pretorias Church Square. Auch die hat Geschichte. Das Werk des Bildhauers Anton van Wouw wurde 1899 in Rom in Bronze gegossen und nach Südafrika verschifft, wo es auf dem vorbereiteten Sockel am Church Square nicht aufgestellt werden konnte, weil gerade der Burenkrieg tobte, drei Jahre lang. Derweil verstaubte Krugers Statue vergessen in einem Lager und wurde erst 1913 wiederentdeckt und in einem kleineren Park aufgestellt. 1925, zu Ehren seines 100. Geburtstags, landete Kruger dann auf dem Bahnhofsvorplatz und kam

Ein Monstrum, das Voortrekker-Monument, das die Buren 1949 dem südafrikanischen Volk beschert haben (unten), zumal es sich um den Beleg weißer Dominanz über alle nichtweißen Hautfarben handelt. Lieblicher nehmen sich die Jacarandabäume aus (ganz unten), farbenprächtig die Teilnehmer des Gauteng-Karnevals in Pretoria (rechts).

erst 1954 auf seinen jetzigen Sockel. Gleich dahinter befinden sich der »Oude Raadsaal« (1891), das Parlament der ehemaligen Burenrepublik sowie der Justizpalast, dem Nelson Mandela seine Jahre auf Robben Island verdankte. Das monumentale Sandsteingebäude der Union Buildings, das heute als Regierungssitz dient, wurde mit seinen imposanten Kuppeltürmen vom südafrikanischen Architekten Sir Herbert Baker entworfen und zwischen 1910 und 1913 als 275 Meter langer Gebäudekomplex an die Hänge des Meintjieskop gesetzt. Sie zählen zu den beeindruckendsten Bauten Pretorias. Am 10. Mai 1994 verlas Nelson Mandela hier seine Antrittsrede als erster schwarzer Präsident der Republik Südafrika. Als architektonische Perle krönt das Melrose House, 1866 in feinstem viktorianischem Stil erbaut, Pretorias koloniales Erbe: Es diente als Ort der Friedensverhandlungen zwischen Briten und Buren nach dem Zweiten Burenkrieg; hier wurde 1902 der Vertrag der »Vereeniging« (Friedensvertrag) unterzeichnet. Prachtvolle Marmorsäulen, kunstvolle Bleiglasfenster und kostbare Mosaikböden machen das historische Gebäude zu einem der schönsten der Hauptstadt.

Die ruhigere Schwester von Johannesburg

Anders als ihre beinahe blicknahe Konkurrentin Johannesburg lebt Pretoria von einer immer noch eher konservativen Beamten-Administration, die das hauptstädtisch-behäbige Getriebe weitgehend prägt. Ein Glück, dass der Regierungssitz außerdem jede Menge Hochschulen und akademisches Jungvolk auf die Beine bringt, was ihr ein wenig Schwung verleiht. Die beiden bekanntesten sind die Universiteit van Pretoria und die University of South Africa, Letztere mit über 100 000 Studenten eine der größten Fernuniversitäten der Welt. Im Süden der City, am Barea-Park, ragt das wichtigste Historiendenkmal der Afrikaans sprechenden Weißen auf: das bombastische Voortrekker-Monument. Der riesige Steinkubus ist 40 Meter hoch, lang und breit und erinnert mit seinem in Beton gemeißelten Relief, bestehend aus 60 Ochsenkarrenwagen, an den Großen Treck der Buren, die in den 1830er-Jahren aus der britisch dominierten Kap-Provinz nach Norden zogen – und, natürlich, an die Schlacht am Blood River (1838), in der die Zulu vernichtend geschlagen wurden.

Viele Museen und blühende Bäume

Die Liste der Sightseeing-Stopps ist auch in Pretoria lang: Das naturkundliche Transvaal-Museum und das Pretoria-Art-Museum stehen darauf, ganz sicher das Kruger-House-Museum nahe der Grootkerk und vielleicht das Sammy-

Marks-Museum, wo das Wohnhaus des südafrikanischen Industriellen interessante Einblicke in die Lebenswelt des 19. Jahrhunderts vermittelt. Im National Cultural History Museum befindet sich Südafrikas bedeutendste kulturgeschichtliche Sammlung. Dazu kommen das Old Capitol Theatre, das Hoofposkantoor (Hauptpostamt) und die drei erhaltenen historischen Wehrburgen der Stadt: Fort Schanskop, Fort Klapperkop sowie Fort West, allesamt als Museen in Betrieb. Für Übersicht sorgt das Tourist Rendezvous Center am Church Square, wo Besucher eine Karte mit der Jacaranda-Route erhalten, die auf drei verschiedenen Stadtrundgängen die schönsten Blumenstraßen Pretorias vorzeigt. 70 000 ursprünglich aus Südamerika eingeführte Jacarandabäume (Jacaranda mimosifolia) verschaffen der Stadt ihren Beinamen »Jacaranda City« und verwandeln ab Oktober die Straßen in ein faszinierendes, rosaviolett leuchtendes Blütenmeer. Von den zahlreichen Parks der Blumenstadt sind vor allem der National Zoological Garden zu nennen, der mit über 700 Tierarten einer der größten und interessantesten Tiergärten weltweit ist.

Nashörner vor der Haustür

Rund 45 Kilometer entfernt, fertigt Johannesburgs International Airport, der von Pretoria nur eine halbe Stunde entfernt ist, Passagiere aus aller Welt ab. Schon bald soll eine Hochgeschwindigkeitsstrecke in Betrieb gehen, deren Züge auch Pretoria direkt an den Flughafen anbinden, mit einer Kapazität von bis zu 160 000 Passagieren pro Tag. Vermutlich bleibt der Pulsschlag der Regierungsmetropole weiterhin gleichmäßig und ruhig. An den Wochenenden machen sich die Hauptstädter auf in die Natur, jede Menge attraktiver Naherholungsziele liegen direkt vor der Haustür. Zum Beispiel das Gebiet um die Waterberg Mountains, das sich mit zahlreichen exklusiven Wildtierreservaten und Nationalparks bis hinauf zum Lapalala River hinzieht. Eines davon, das private Naturschutzgebiet Lapalala Wilderness Area, ist weithin bekannt durch seinen außerordentlichen Bestand an Breit- und Spitzmaulnashörnern. Jenseits von Pietersburg/Polokwane ragt die Kette der Soutpansberge auf. Hier liegt das Stammesland der Venda, voller Mythen und Legenden, reich an Frucht- und Teeplantagen, mit herrlichen Wäldern und rauschenden Wasserfällen. 1836 hatte hier der Voortrekker Louis Trichardt in der gleichnamigen Stadt (dem heutigen Makhado, knapp 100 000 Einwohner) sein Lager errichtet. Auf 1000 Metern Höhe und mit grandiosen Ausblicken auf das Lowveld, die weiten Savannenebenen, die sich bis nach Mosambik hineinziehen, ist diese Umgebung atemberaubend.

DIE ROTE SPUR …

… der Freiheitskampf-Route führt erst ins benachbarte Johannesburg zum Gandhi Square und zur ehemaligen Kanzlei Oliver Tambos und Nelson Mandelas, die als Rechtsanwälte gemeinsam gegen die Apartheid kämpften. Im berüchtigten Johannesburg-Fort war schon Mahatma Gandhi inhaftiert, später Nelson Mandela. In Soweto steht das ehemalige Wohnhaus der Mandelas auf dem Programm (heute Museum), ein Stück weiter das von Erzbischof Desmond Tutu. Pretorias Zentralgefängnis war zu Apartheidzeiten gefürchtet und sein Justizpalast verantwortlich für die Verhängung der Todesstrafe gegen Mandela. Letzter Stopp ist der Friedhof Mamelodi, auf dem eine ganze Reihe politischer Gefangener begraben ist, die durch das Apartheidregime zu Tode kamen.

WEITERE INFORMATIONEN

Tshwane Tourism: Kingston House, www.tshwanetourism.com und www.pretoria.co.za
Gauteng Tourism Authority: www.gauteng.net

Südafrikas Las Vegas kann mit seinem Prunkstück The Palace of the Lost City protzen. Seine Märchenkreation zieht jährlich Millionen Besucher an (oben); dazu wartet die Fantasiewelt Sun City mit künstlichen Tropenstränden auf (rechts unten) und, nur einen Katzensprung entfernt, im Pilanesberg-Nationalpark mit wilden Tieren (Vogelwarte rechts oben).

26 Vergnügen pur – Sun City

Und nebenan The Big Five im Pilanesberg-Nationalpark

Wem der Begriff »Vergnügungspark« Bauchschmerzen bereitet, sollte sich die südafrikanische Variante trotz aller Vorbehalte unbedingt antun. Denn so falsch kann keine Statistik sein: Millionen lassen sich jährlich durch ein Panoptikum der Verrücktheiten schleusen, und selbst der hartgesottenste Kritiker wird das weltberühmte künstliche und kunstvolle Spaß-Territorium anschließend ungläubig-verwundert kopfschüttelnd verlassen und geholfen haben, Tausende Arbeitsplätze zu sichern.

Zwei Stunden von Johannesburg entfernt, am Fuße des 1687 Meter hohen Pilanesberg, liegt der größte Vergnügungspark, der jemals aus afrikanischem Wüstenboden gewachsen ist: Sun City. 1977 wurde das südafrikanische Las Vegas in die Savannenlandschaft des ehemaligen Homelands Bophuthatswana gestampft und diente zu Apartheidzeiten vornehmlich als Amüsierpark der weißen Gesellschaft. Seither pilgern täglich Tausende in ihr Siebtes Weltwunder, um funkelnde Luxushotels, glitzernde Kasinos und die schrillsten Diskotheken zu erleben. Das Spaß-Eldorado bietet durchschnittlich 25 000 Tagesbesuchern Pop-, Rock- und Sportveranstaltungen, Golfplätze, Kinos, reichlich Abenteuerspielplätze, Extremsportarten, Wassersport und Strandvergnügen mitten in der Wüste, kurz: Unterhaltung jeglicher Couleur. Auf riesigen Flächen verarbeiten künstlich angelegte Strände ein beinahe stilechtes *beachlife*, und wer zwischendurch einen Kick braucht, schlendert nachmittags zur Fütterungszeit zum Crocodile Sanctuary, wo ein ebenso spannendes wie grausames Spektakel den müdesten Strandschläfer in Sekundenschnelle wieder hellwach macht. Und damit das alles auch Eltern viel Spaß macht, gibt es im Kinderparadies Kamp Kwena jede Menge Programm für die Kids.

Luxuriöse Kunstwelten in Lost City

1992 ließ Wüstenschloss-Erfinder Sol Kerzner, einer der reichsten Unternehmer des Landes, seine tempelartige Lost City dazubauen, die an den Mythos eines versunkenen afrikanischen Reiches anknüpft und in Anlehnung an Disney World die perfekte Illusion inszeniert: Erdbeben werden per Lautsprecher angekündigt (und finden natürlich auch statt), im Valley of the Waves werden herrliche Sandstrände von Wellen umspült, die es eigentlich gar nicht gibt. Was übrigens auch auf das offizielle Zahlungsmittel zutrifft, denn das sind hier nicht südafrikanische Rand, sondern »Sunbucks«, mit denen sich tatsächlich auch etwas kaufen lässt. Die Krönung von Kerzners Vergnügungsvision stellt der Märchenpalast The Palace dar, ein Luxushotel, das inmitten eines künstlichen Regenwaldes liegt. Die Edelherberge mit dem unschlagbaren Ambiente, die zu den besten Hotels der Welt gezählt wird, ist von einem botanischen Garten umgeben und wartet mit atemberaubenden Interieurs auf sowie mit zwei 18-Loch-Golfplätzen im Gary Player Country Club und im Lost City Golf Course.

Wilde Tiere gleich nebenan

Wer zwischen Black Jack und Roulette Wildtiere besichtigen will, kann das gleich mit erledigen – im benachbarten Pilanesberg-Nationalpark, der vollkommen unterbewertet wird, wenn er in einem Atemzug mit den Vergnügungszentren von Sun City und Lost City genannt wird. Immerhin ist Pilanesberg mit 58 000 Hektar (einer Fläche so groß wie der Bodensee) der viertgrößte Nationalpark des Landes und besticht durch weitläufige Savannenlandschaften sowie beeindruckende Felsformationen, die vor allem um den Mankwe-See im Krater eines 1,2 Milliarden Jahre alten erloschenen Vulkans aufragen. Dort findet sich nicht nur das komplette Sortiment der Big Five, sondern auch Vertreter anderer exotischer Wildtierarten wie Giraffen, Nilpferde, Zebras, Hyänen, die seltenen Rappenantilopen und Wildhunde. Auch die Vogelwelt ist sehr reich vertreten mit über 300 nachgewiesenen Arten.

Das Tierparadies befindet sich inmitten einer wild wuchernden Vegetation zwischen Steilhängen, Schluchten und sanften Hügellandschaften und lässt sich auf gut befahrbaren Pisten im eigenen Pkw erkunden. Während der größte Besucheranteil auf organisierten Tagestouren von Sun City aus anreist, besteht in Pilanesbergs bildschönen Unterkünften die Möglichkeit, den obligatorischen Gin Tonic zum Sonnenuntergang ganz in Ruhe genießen zu können.

NATIONALPARKS UND NATURSCHUTZ

Insgesamt sind in Südafrika rund 600 Schutzgebiete etabliert: Davon sind über 20 staatliche Nationalparks, mehr als 400 Wild-, Meeres- und Naturschutzgebiete, an die 500 Private Game Reserves. Für die staatlichen Parks ist die Verwaltung der »South African National Parks Board« mit Sitz in Pretoria zuständig, auch für die Rest-Camps sowie deren Buchung. Die Nationalparks lassen sich auf festen Pisten mit dem eigenen Pkw durchfahren, und die meisten Camps bieten Unterkünfte für Selbstversorger an, von einfachen Hütten über komfortable Chalets bis zu Luxusherbergen.
Websites: www.sanparks.org,
für KwaZulu-Natal: www.kznwildlife.com

WEITERE INFORMATIONEN

North West Parks and Tourism Board:
Heritage House, Cookes Lake,
www.tourismnorthwest.co.za und
www.suninternational.com

27 Safari für Kinder – Madikwe Game Reserve

Ein mutiges Experiment und seine Folgen

Drei Fahrstunden nordwestlich von Johannesburg, an der Grenze zu Botswana, liegt eines der größten Wildschutzgebiete Südafrikas, das Madikwe Game Reserve. Mit 760 Quadratkilometern beeindruckenden Savannen- und Flusslandschaften ist Madikwe das Ergebnis eines staatlichen Experiments, welches sich die Renaturierung unrentabler Farmgebiete zum Ziel gesetzt hatte und so die ursprüngliche Wildnis wiederauferstehen ließ. Inzwischen ist die Tierwelt hier wieder mit einer faszinierenden Artenvielfalt vertreten.

Das Madikwe Game Reserve verzeichnet eine große Auswahl erstklassiger Wildlife-Lodges, die, jede auf ihre Art, das schönste Out-of-Africa-Feeling generieren. Jaci's Tree Lodge schafft das spielerisch mit Natur pur von außen und einem wahrhaftig stylischen Interieur – mitten im Busch (unten und rechts).

An die 500 Dickhäuter durchstöbern Madikwes Busch- und Baumvegetation auf der Suche nach Nahrung, und oft genug hinterlassen sie ein Chaos aus abgebrochenen Zweigen, zertrampelten Jungbäumen und abgeknickten Ästen. Zu Beginn waren es gerade mal 25. »Operation Phoenix« hieß die spektakuläre Unternehmung, die sie hierherbrachte, zusammen mit anderen wilden Kollegen aus dem Artenregister. Weil eine Studie herausgefunden hatte, dass in der dürren Landschaft wirtschaftliches Handeln und dringend benötigte Jobs am ehesten durch *wildlife* entstehen könnten, weshalb vor zwei Jahrzehnten eine der umfassendsten staatlichen Aktionen in Sachen Wildlife-Management angelaufen war. Zur Durchführung des Mammutprojekts »Madikwe Game Reserve« gehörte das Errichten endloser Kilometer zweieinhalb Meter hoher, elektrischer Zäune, der Abbruch vorhandener Gebäude und Siedlungen, das Planieren von Fahrpisten, die Konzessionsvergabe zum Bau von Game Lodges sowie die Umsiedlung ganzer Dörfer. Antilopen, Zebras, Giraffen, Wasserböcke und

Gnus kamen durch Aufkäufe und Umsiedlungen aus anderen Teilen des südlichen Afrika in ihr angestammtes Gebiet zurück. Insgesamt waren das 8200 Tiere aus 28 Großwildarten, die als Grundstock für den heutigen Artenreichtum Madikwes dienten.

Wildnis für Kinder

Eine der ersten Unterkünfte in Madikwe war »Jaci's Lodge«, die 1999 mit ihrem ungewöhnlichen Programm »Safari für Kinder« sofort zu einem durchschlagenden Erfolg wurde. Das speziell auf Kinder und Jugendliche jeden Alters abgestimmte Programm bietet vom Dschungelabenteuer bis zum Fährtenlesekurs alles, was spannend ist und beiläufig die aufregende Tier- und Pflanzenwelt der Wildnis in der Praxis erklärt. Auch Eltern profitieren, weil sie ihre lieben Kleinen unter professioneller Aufsicht wissen, während sie selbst auf Safari sind. Tierbeobachtungen machen die Kleinen bis zum Alter von sieben Jahren mit eigenem Führer. Darüber hinaus bietet »Jaci's« besondere Safari-Programme für die Altersgruppe zwischen drei und zwölf Jahren an, die über die üblichen Kinderangebote hinausgehen: Speziell geschulte Führer geben Kurse im Spurenlesen, gehen mit den Kleinen auf die Pirsch, vermitteln Einblicke in traditionelle Handwerkstechniken und das Leben im afrikanischen Busch. Natürlich gibt es auch Informationen über die wachsende Zahl der wilden Tiere, was im Fall der (zu vielen) Elefanten drängende Probleme aufwirft: Weniger als die Hälfte der Dickhäuter wären auf dem Territorium Madikwes tragbar. Daher läuft die Planung eines Korridors zum 100 Kilometer entfernten Pilanes-Nationalpark auf Hochtouren, der die beiden Reservate auf einer riesigen Fläche renaturierter Wildnis zu einem der größten Südafrikas vereinigen und als »Heritage Park« dem legendären Kruger-Park mächtig Konkurrenz machen wird.

Weg in die Moderne: der Stamm der Balete

Eine Besonderheit unter den Madikwe-Lodges ist das Experiment des Stammes der Balete, der mit einer privaten Beratergesellschaft, den Wildlife-Rangern der North-West-Parks-Behörde sowie Regierungsexperten die erste gemeindeeigene Safari-Lodge Südafrikas plante, baute sowie – als hundertprozentiger Eigentümer – selbstständig betreibt.

Nach hartem Training sichern über zwei Dutzend Balete-Angestellte ein Einkommen für ihr Dorf Lekgophung, das darüber hinaus von einer Reihe weiterer Dienstleistungen profitiert. Der Weg aus der ärmlichen Stammessiedlung am Rande des Nationalparks zur Luxus-Lodge führte über ein umfassendes Ausbildungsprogramm direkt in die globale Welt des modernen Ökotourismus. Balete-Chef Kgosi Tsiepe darf stolz darauf sein – und sich glücklich schätzen –, dass sein 1000-köpfiger Stamm nun im Tier- und Naturschutz eine neue Existenzgrundlage gefunden hat.

TRAUM-LODGES AFRICAN STYLE

Ein wahrhaft authentisches »Jenseits-von-Afrika«-Gefühl schafft »Jaci's Safari Lodge« mit reetgedeckten Zeltbungalows zwischen prächtigen Tamboti-Baumkronen am Ufer des Marico-Flusses. Ein ausgefallenes Ambiente kreiert »Jaci's Tree Lodge« mit acht Baumhäusern (!) aus Reet, Rosenholz und Palisaden, die auf bis zu sechs Meter hohen Stelzen im Blätterwald exotischer Tamboti- und Leadwoodbäumen stehen. Ausgesuchte Interieurs, offene Badezimmer und Dschungeldusche im Freien verstärken das Afrika-Feeling noch.

Die »Buffalo Ridge Safari Lodge« mit ihren reetgedeckten Suiten und einem zweistöckigen Haupthaus aus Holz auf der Tweedepoort Ridge eröffnet einen traumhaften Blick auf die Inselberge der Tiefebene.

Websites: Jaci's Tree Lodge,
www.jacislodges.co.za
Buffalo Ridge Safari Lodge:
www.buffaloridgesafari.com

WEITERE INFORMATIONEN

North West Parks & Tourism Board:
www.tourismnorthwest.co.za

Das altehrwürdige Farmgebäude (unten) könnte mit seinem Reetdach auf Sylt stehen, aber auch das ist Südafrika. Architektonisch fühlt sich der gute Geschmack hier auf jeden Fall zu Hause, wie auch Reiter, die die Wildnis auf dem Rücken der Pferde erobern (rechts). Tessa Barber (rechts unten, mit Anthony) spricht fließend Deutsch.

28 Outdoor-Erlebnis – In den Waterberg Mountains

Reitsafaris, Wandertouren, Offroad-Trails

Aus der Ferne erscheint die 150 Kilometer lange Gebirgskette der Waterberge noch als sanfte Horizontkulisse, beim Näherkommen zeigen sich zerklüftete Gipfel, schroffe Felswände und imposante Auftürmungen, die sich im Gebiet der Kransberge bis zu 2000 Meter in den azurblauen Himmel recken. Auf dem Weg dorthin ließe es sich in Heilbron oder Frankfort pausieren oder in die heißen Thermalquellen von Warmbad, dem heutigen Bela-Bela, steigen und ein Heilbad nehmen, was bei Gicht und Rheuma helfen soll.

Eine ganze Reihe privater Schutzgebiete und Nationalparks hat sich in der Naherholungsregion Gautengs etabliert, darunter auch der Marakele-Nationalpark und die Lapalala Wilderness, die beide für ihre reichhaltige Nashornpopulation bekannt sind.

Ant Barbers Privatreservat

In der reizvollen Umgebung des Waterberg haben sich auch Tessa und Anthony (Ant) Barber auf der elterlichen Farm niedergelassen, die auf 1300 Metern Höhe liegt. Ants Vorfahren, die 1820 aus England und Irland ans Kap kamen, hatten sich 1864 von dort aus mit vielen anderen Siedlern auf einem der beschwerlichen Ochsenwagen-Trecks auf den Weg gemacht, um nach einer neuen Heimat zu suchen. In den Waterberg Mountains wurden sie fündig, hier entstanden die altehrwürdigen Farmgebäude, die heute immer noch da sind. Schon als kleiner Junge, erzählt Ant, sei es sein großer Traum gewesen, die wilden Tiere, die vorher auf dem Territorium gelebt hatten (und manchmal noch weit draußen vor den Zäunen zu sehen waren),

irgendwann einmal wieder zurückzuholen. Das ist auch ökonomisch sinnvoll: Auf dem Areal könnten nur 500 Kühe weiden, nicht genug, um damit zu überleben. Der Vater mühte sich noch als Viehzüchter, als der Sohn schon die ersten Wildtiere einkaufte. Aber derartige Visionen sind teuer. Nashörner und Büffel sind nicht unter 20 000 Euro zu bekommen, Giraffen nehmen sich da mit rund 2000 Euro pro Stück noch verhältnismäßig preiswert aus. Heute leben auf dem 5000 Hektar großen Gelände mehr als 40 Wildarten friedlich nebeneinander. Raubtiere gibt es in Ants Privatreservat nicht, dafür aber erstklassige Mountainbikes und etwa 50 Reitpferde. Im Sattel lässt es sich an bis zu drei Tonnen schwere Rhinos heranradeln oder -reiten oder ungewöhnliche Größenverhältnisse zwischen Ross, Reiter und Bike neben aufragenden Giraffenhälsen herstellen.

Kinder erleben die Wildnis

Schnell kam bei den Besitzern die Idee auf, mit ihren Lodges der »Ant Collection« ein Wildnisparadies für Eltern mit Kindern zu schaffen. Mit viel Sinn für Interieur und Design entstand aus den Farmgebäuden ein architektonisch bestechendes Ambiente mit prachtvollen Natursteinmauern und ausladenden Reetdächern, was eine ganz besondere heimelige Atmosphäre schafft. Auf große »kleine« Faulpelze wartet ein Zaubergarten mit Riesenpool, und auf Kinder jeden Alters eine lebensverändernde Erfahrung durch Ants sehr spezielle Wildnisprogramme. Sechs Ponys sowie Reitstunden für Kids machen diese tagsüber für Eltern quasi unsichtbar.

Lapalala Wilderness

In ähnlicher Weise ist auch die Lapalala Wilderness für Kinder und Jugendliche bestens geeignet mit speziellen Bildungsprogrammen, Kanufahrten und Wanderungen. In kleinen einfachen Buschcamps können Familien als Selbstversorger mitten in der Wildnis logieren und ein Safarierlebnis der besonderen Art genießen. Auf dem 26 000 Hektar großen Gelände tummeln sich Flusspferde, Nashörner, Gnus, Zebras und Antilopen sowie an die 300 Vogelarten. Den weltweit größten Bestand an Kap-Geiern, die vom Aussterben bedroht sind, kann man mit Hunderten von Brutpaaren im nahen Marakele-Nationalpark bestaunen. Empfehlenswert ist ein Besuch des Rhino Cultural Museum in Melkrivier, das umfangreich über die vom Aussterben bedrohte Spezies Nashorn informiert. Zum Beispiel auch darüber, dass einige Wildparks dazu übergegangen sind, ihre Rhinozerosse zu betäuben und ihnen dann das Horn abzusägen, weil immer noch Wilderer trotz aller Schutzmaßnahmen erfolgreich als Zulieferer des Irrglaubens unterwegs sind, das pulverisierte Horn sei ein wirksames Potenzmittel. Wofür in Asien horrende Summen bezahlt werden; was die Wilderei heute immer noch zu einem Problem macht.

DREI TONNEN MASSE

Rhinozerosse sind kurzsichtig, haben einen hervorragenden Geruchssinn und ein präzises Gehör – weshalb sie so oft schreckhaft reagieren. Ihr einziger Feind ist der Mensch, von dem sie nichts wollen, weil er ihnen nicht schmeckt. Durch Wilderei sind die friedlichen Vegetarier noch immer vom Aussterben bedroht, wenngleich es dank intensiver Schutz- und Aufzuchtprogramme in ganz Afrika wenigstens wieder 3000 Spitzmaulnashörner und 11 500 Breitmaulnashörner gibt. Wobei die Bezeichnung schwarzes oder weißes Nashorn nichts mit der Farbe zu tun hat, sondern mit seinem Maul: Irrtümlich war *white* aus *wide* geworden, was den großen Mund des Breitmaulnashorns als Unterscheidungsmerkmal beschreibt.

WEITERE INFORMATIONEN

Limpopo Tourism:
www.golimpopo.com
The Ant Collection:
www.waterberg.net,
www.ridingsouthafrica.com

Dampflok-Führerstände mit chromblitzenden Instrumenten (oben), Salonwagen, die mit Plüsch und Edelholz den Luxus vergangener Zeiten beschwören (rechts unten), livriertes Personal, das im richtigen Augenblick zur Stelle ist (rechts oben): Auf Schienen mitten durch Afrika zu dampfen ist der Höhepunkt jeder rollenden Nostalgie.

29 Exotisch auf Schienen – Rovos, Shongololo und Blue Train

Mit der Eisenbahn durch Afrika

Schon zu frühen Kolonialzeiten existierte der Traum, ganz Afrika auf der Längsachse von Kairo bis nach Kapstadt in ein und demselben Zug durchqueren zu können. Nie ließ er sich tatsächlich verwirklichen, wenngleich man aus strategischen und ökonomischen Gründen Schienentrassen kreuz und quer durch den Kontinent trieb. Heute befahren historische Schmuckstücke für Liebhaber luxuriöser Zugreisen die schönsten Teilstrecken.

Auch das war schon vor 100 Jahren so, wie ein Zeitzeuge die Sehnsucht nach der Schiene beschreibt: »Jetzt fuhren die Eisenbahnen vom Kap der guten Hoffnung und von Natal aus ohne Schwierigkeiten auch Vergnügungsreisende«, notierte August Wilhelm Grube 1923 über die frühe Entwicklung der heutigen Luxuszüge, »auf die Hochflächen, hinein bis nach Rhodesia, bis an die Viktoriafälle des Sambesi«. Grube erwähnt die dreibogige Eisenbrücke, die den mächtigsten Fluss Südafrikas unterhalb der Fälle schon überschritten habe, die legendäre Victoria Bridge. Als Beispiel großartiger Ingenieurskunst wurde sie im Jahr 1904 über die Schluchten der Victoria Falls gesetzt und ist heute noch ein atemberaubender Brückenschlag zwischen Mugabes marodem Simbabwe und dem florierenden Sambia. Damals konnten Eisenbahnfans auf die Schließung der noch bestehenden Trassenlücken zwischen den Victoriafällen und Kairo hoffen. Der Autor verweist auf die Fortschritte der Uganda- und der Khartumbahn und sieht die Verwirklichung der großen Eisenbahnvision schon in greifbare Nähe gerückt, »ein Riesenwerk englischer Tatkraft«: die Kap-Kairo-Bahn.

Der Shongololo-Express

Wie kein anderes afrikanisches Land hat Südafrika das Schienenerbe in der Gegenwart angetreten und lässt zahlreiche seiner Züge auf den schönsten Strecken durch Wüsten, Savannen und an seinen Traumküsten entlangfahren. Einer der bekanntesten ist der Safarizug Shongololo Express, der auf seinen Routen Southern Cross, Dune Express und Good Hope die Garden Route entlang bis nach Durban fährt sowie bis nach Namibia und zu den Victoriafällen. Die Zugreise findet hauptsächlich nachts statt, denn tagsüber geht es auf Safari und Landexkursionen.

Rovos Rail: von Kapstadt zu den Victoriafällen

Die beiden anderen renommierten Eisenbahnlinien Rovos Rail und Blue Train bieten ebenfalls ein spektakuläres Sightseeing-Programm an. Mehrmals im Jahr veranstaltet Rovos Rail speziell aufgelegte Sechstagesfahrten von Kapstadt bis zu den Victoriafällen mit vier Nächten an Bord sowie einer Hotelübernachtung in Pretoria. Auf der Reise sind Stopps mit Exkursionen in Matjiesfontein und der Minenstadt Kimberley eingeplant (eine Fahrt auf der historischen Straßenbahn zum Big Hole sowie einem Museumsbesuch inklusive), außerdem Pretoria und der Hwange-Nationalpark, bevor der Luxuszug nach einer Wochenreise im Bahnhof von Victoria Falls einläuft. Dort wartet gleich neben dem historischen Bahnsteig die Perle aller afrikanisch-kolonialen Edelherbergen, das »Victoria Falls Hotel«. In der Eingangshalle von »Vic Falls« prangen großflächig die Porträts von Queen Mary und King George V., vom Hotelgarten aus zeigt sich der »donnernde Rauch« der rauschenden Fälle jenseits der Victoria-Brücke, die sich wie eine Fata Morgana vor den Terrassengästen über die Abgründe spannt und die bizarren Sambesi-Schluchten auf fragile Weise verbindet. Tatsächlich mahnt hier eine Hinweistafel den alten Eisenbahnertraum an: »Cape Town 1647 miles – Cairo 5165 miles«.

Von Kapstadt nach Kairo

Dieser Traum lässt sich in der Realität buchen: »Cape to Cairo« nennt sich das einmalige Abenteuerpaket, das Rovos Rail auf einer heroischen Reise von Kapstadt nach Kairo anbietet. Die in Kapstadt beginnt und über Simbabwe und Sambia bis nach Daressalaam in Tansania führt. Von dort geht es per Flugzeug weiter über Sansibar, Tansania, Uganda und Sudan bis nach Assuan, wo ein Nilkreuzfahrtschiff den Weitertransport bis nach Luxor übernimmt. Die letzte Lücke bis Kairo schließt wieder ein Flug. Wer nach Belegen für den real existierenden Luxus sucht, findet in jedem Blue-Train-Abteil sein eigenes Badezimmer, Telefon und TV sowie natürlich Aircondition.

NOSTALGIE AUF SCHIENEN

Der Service auf den berühmten Luxuszügen von Rovos Rail, Shongololo und Blue Train lässt kaum Wünsche offen, und das Ambiente stimmt: Als filmische Endlosschleife zieht draußen das Out-of-Africa-Kino vom Allerfeinsten vor den Zugfenstern vorbei, während drinnen die Atmosphäre stilvoller Kolonial-Interieurs Lust auf ultimativen Genuss macht. Bei Rovos beispielsweise verraten die Buchungsklassen Pullman, Deluxe und Royal den individuellen Anspruch auf Exklusivität, wobei unisono für alle Mitreisenden gilt: Den Pulsschlag der Begeisterung gestaltet der Grad des Luxus nicht. Hier gilt in ganz besonderer Weise: Der Weg ist das Ziel. Und der findet aufregend und ratternd und rumpelnd zu jeder unglaublichen Sekunde mitten in Afrika – auf Schienen – statt.

WEITERE INFORMATIONEN

Historischen Zuglinien:
www.rovos.com,
www.shongololo.com,
www.bluetrain.co.za

Limpopo

Luxus in der Savanne

Die Nordprovinz Limpopo, zwischen dem nördlichen Teil des Kruger-Nationalparks, Botswana und Simbabwe gelegen, bietet aufregende Tierszenen (links) sowie Bergquellen, Savannen, Feuchtgebiete, Steilhänge, Teeplantagen (oben), Obstgärten und skurrile Felsformationen. Und natürlich aufregende Wildlife-Geschichten, besonders beim abendlichen Dinner in der Boma, am offenen Feuerplatz (unten).

Geparde im Grasversteck in der offenen Savanne – ein Angriff kann jederzeit erfolgen.

Route durch Limpopo und den Kruger-Park

Teeplantagen und die Arche der Wildnis

Sich dem weltberühmtesten Tierschutzreservat der Welt zu nähern, braucht Planung: Es liegt minimum sieben Fahrstunden von den Metropolen entfernt und hat schon bei der Anfahrt einiges zu bieten, bevor seine Pforten Selbstfahrern Einlass gewähren – mit der Qual der Wahl der schönsten Highlights *en route*.

Tourentinfo

Start: Polokwane/Pietersburg
Ziel: Singita Lebombo/Kruger-Park
Länge: 600 km
Dauer: 1 Woche
Beste Reisezeit: Ganzjährig
Sehenswertes: Wandern und Vögelbeobachtung im Mageobaskloof Forest, die Vogelwelt bringt hier über 300 Arten vor die Ferngläser, www.komatieco-tourism.co.za.
Unterkunft: Staatliche Rest-Camps im Kruger und Mapungube, www.sanparks.org; The Outpost und Pafuri Camp, www.seasonsinafrica.com, www.returnafrica.com; The Coach House, www.coachhousehotel.co.za; Singita Lebombo Lodge, www.singita.com.

Weitere Infos

Stopover-Tipps, wenn man noch mehr Tiere sehen möchte: Hoedspruit Endangered Species Centre, www.hesc.co.za; Moholoholo Wildlife Rehabilitation Centre, www.moholoholo.co.za; Kinyonga Reptile Center, www.kinyonga.net.

Der wenig besuchte, weil im Abseits sinnvoller Routen gelegene 30 **Mapungubwe-Nationalpark** wird sich nur jenen erschließen, die nach/von Botswana oder Simbabwe ein- oder ausreisen und deshalb den Eintritt in Krugers abgeschlagenen nördlichen Abschnitt über das **Pafuri Gate** suchen. Rund 400 Fahrkilometer liegen zwischen Pafuri und dem **Paul Kruger Gate** im viel frequentierten Süden, was die Dimension des Nationalparks gut beschreibt. Wer mit dem **Phalaborwa Gate** den mittleren Bereich des Parks anvisiert, könnte bei der Anfahrt aus südlicher Richtung in **Pietersburg/Polokwane** von der N1 abbiegen, um grünende Teeplantagen, kristallklare Bäche und rauschende Wasserfälle zu erleben: Das 1912 gegründete Farmerstädtchen 31 **Tzaneen** macht seine reizvolle Umgebung zu einem idealen Stopp für Natur- und Wanderfreunde, was sich am Magoebaskloof-Pass zeigt oder auch beim Abzweig über das idyllische Obststädtchen Haenertsburg, wenn sich der Blick aufs fruchtbare Letaba Valley weitet. Von hier ist das Phalaborwa Gate des 32 **Kruger-Nationalparks** nicht mehr weit.

Selbstfahrer im Staatspark

Krugers Areal teilt sich in drei Kategorien: den staatlichen, öffentlich zugänglichen Park, die privaten Game Reserves im südwestlichen Teil, sowie in diverse Konzessionsgebiete, die die Verwaltung an private Safari-Unternehmen auf Zeit verpachtet, was ein wesentlicher Geldbringer für den Staatspark mit seinen zahlreichen Aufgaben ist. Der öffentliche Teil des Parks ist im eigenen Pkw frei zugänglich.

Die staatlichen Übernachtungsstationen sind unterteilt in Rest-Camps und einfachere Bush-Camps wie Balule, Orpen oder Letabe, dazu zählen auch die beliebten Wilderness-Trails wie Olifants und Sweni oder Metsi-Metsi/Sukuza. Auch Campen ist im Kruger-Park möglich, was in der Welt wilder Exoten ein spezielles Erlebnis ist. Zu diesem Zweck existieren eine ganze Reihe gut organisierter Campingplätze, einer davon ist das Tsendze Campsite.

Außerhalb der Parkgrenzen engagiert sich bei Hoedspruit das **Hoedspruit Endangered Species Center** für den Artenschutz der Geparde und anderer bedrohter Tierarten, gleich nebenan praktiziert das **Moholoholo Animal Rehabilitation Centre** als Wildtier-Rettungsdienst den Erhalt bedrohter Wildtiere, zu empfehlen ist dort auch das **Kinyonga Reptile Center,** wo nicht nur Kids lernen können, was es mit gefährlichen Giftschlangen auf sich hat.

Krugers Konzessionsgebiete

»Goldene Kudus« nennt der staatliche Kruger-Park die privaten Luxusherbergen auf seinen Konzessionsgebieten, was so viel heißt wie Krugers Geldbringer. Zur Zweiklassenwildnis im Staatspark gehören beispielsweise die luxuriösen Camps The Outpost sowie das Pafuri Camp im Makuleke Contracted Park, einem Game Reserve im nördlichen Teil des Kruger, das in Zusammenarbeit mit der lokalen Volksgruppe der Makuleke erschlossen wurde und einen Teil seiner Erträge der lokalen Gemeinschaft zukommen lässt. Beide Standorte profitieren von ihrer bildschönen Lage im wenig besuchten Dreiländereck Südafrika, Mosambik und Simbabwe an den Ufern des Luvuvhu River. Wer es sich leisten kann, erlebt hier sein Out of Africa in reinster Form, was auch die luxuriöse **33** **Singita Lebombo Lodge** garantiert, die am anderen Ende des Kruger-Parks an der Grenze zu Mosambik residiert, und zusammen mit seiner etwas kleineren Schwester-Lodge Sweni Luxus pur mitten im Krugerpark anbietet.

Zu den Überresten früher menschlicher Siedlungen gehören Tongefäße und Goldgegenstände, Relikte einer steinernen Festung aus dem 11. Jahrhundert sowie Felszeichnungen steinzeitlicher San (rechts unten). Die lassen sich auf einer Pirschfahrt im Gebiet um den archäologisch so wertvollen Mapungubwe Hill (oben) ganz beiläufig besichtigen. Auch Antilopen wie dieser männliche Impala sind im Park anzutreffen (rechts oben).

30 Auf der Liste der UNESCO – Die versunkene Stadt

Archäologische Fundstätten im Mapungubwe-Nationalpark

Eines der am wenigsten bekannten Naturreservate des Landes hält sich im Dreiländereck von Botswana, Simbabwe und Südafrika versteckt, im äußersten Norden: der Mapungubwe-Nationalpark, auch Greater Mapungubwe Transfrontier Conservation Area genannt. Weit abgelegen von den üblichen Routen, die Südafrikas touristische Highlights verbinden, bringt dieses lange isolierte und deshalb ursprüngliche Juwel der Natur nicht nur Antilopen, Giraffen und seltene Wildhunde vor die Kamera (sowie die komplette Familie der Big Five), sondern auch Zeugen einer steinalten Zivilisation.

Im fernen Grenzgebiet des Limpopo River (nach dem die nördliche Provinz benannt ist) versteckten sich früher Waffenschmuggler, Elfenbeinjäger und zwielichtige Subjekte aller Art, um sich dem Arm des Gesetzes zu entziehen, was zahllose Geschichten und Anekdoten produziert hat. Wahr ist, dass hier das versunkene Königreich Mapungubwe zu vermuten ist, und tatsächlich: Hier liegt sie möglicherweise, die »versunkene Stadt«, die den Multimilliardär und Vergnügungspark-Unternehmer Sol Kerzner beim Bau seines Dschungelimperiums Sun City/Lost City inspirierte. Nur: Diese hier steht seit 2003 auf der UNESCO-Liste des Weltkulturerbes. Ein Jahr zuvor war aus dem Areal um den Mapungubwe Hill (bis dahin das ehemalige Vhembe-Naturreservat) Südafrikas jüngster Nationalpark entstanden, und schon ist ein noch ehrgeizigeres Projekt in Sicht, die Zusammenlegung des Mapungubwe-Nationalparks mit dem Tuli-Reservat in Simbabwe und dem Shashe-Reservat in Botswana zur Limpopo/Shashe Transfrontier Conservation Area. Dann würden aus den bisherigen 28 000 Hektar Schutzgebiet 800 000 werden, einer der größten Parks im südlichen Afrika würde damit entstehen.

Zeugnisse uralter Kulturen

Die kulturhistorischen Schätze des Mapungubwe bestehen aus einer Reihe archäologischer Fundstellen, wie beispielsweise den Gräbern von Mapungubwe, die in den 1930er-Jahren entdeckt wurden. Über 20 Königsgräber aus der südafrikanischen Eisenzeit ließen sich freilegen, die Amulette, Gold- und Elfenbeinschmuck, Geschmeide, Haarschmuck sowie Glas- und Porzellanperlen enthielten. Wissenschaftler gehen davon aus, dass hier einst Tausende Menschen siedelten und es sich bei dieser versunkenen Stadt möglicherweise um die frühe Hauptstadt des Königreichs Groß-Simbabwe handeln könnte. Auch belegen Höhlenzeichnungen der San die Existenz einer eisenzeitlichen Kultur zwischen 700 und 900 n. Chr. sowie einer Hochkultur um 1250 n. Chr. mit verschiedenen Siedlungen. Aufgrund von Funden und Zeichnungen lässt sich vermuten, dass es damals schon Handelsbeziehungen zu arabischen Kaufleuten gegeben haben muss, möglicherweise sogar zu Indien und China. Die Überreste einer steinernen Festung stammen wahrscheinlich aus dem 11. Jahrhundert. Archäologen gruben hier das Goldene Nashorn aus, eine kleine Skulptur, die zu großen Spekulationen über das vergangene Königreich von Mapungubwe Anlass gab. Lange war das Fundstättenareal Sperrgebiet der Archäologen der Universität von Pretoria, und Besucher wurden nur auf Voranmeldung zugelassen. Heute erfreut es sich wachsender Beliebtheit.

Stilles Naturparadies

Wer sich auf der N1 (die bis nach Harare in Simbabwe führt) über Messina auf den Weg macht, oder von Pietersburg aus auf der R521, wird reich belohnt: Am Zusammenfluss des Limpopo und des Shashe River ziehen Adler majestätisch ihre Kreise, das stille Naturparadies wartet mit einer artenreichen Flora und Fauna auf, mit herrlichen Mopane-Wäldern, imposanten Sandsteinformationen, grandiosen Flussarealen und steinalten Baobab-Riesen. Für Vogelfreunde flattern hier über 400 Arten! In den staatlichen Restcamps Leokwe, Limpopo Forest Tented Camp sowie Vhembe Wilderness Trails Camp lässt es sich komfortabel nächtigen. Verschiedene Touren zu den Fundstätten stehen organisiert zur Verfügung, für Hobby-Archäologen sogar mehrtägige, inklusive Übernachtung und Verpflegung. Die besten Reisezeiten für den Mapungubwe-Nationalpark sind Herbst, Winter und Frühling. Malariaprophylaxe ist zu empfehlen.

INFOS UND ADRESSEN

ÜBERNACHTEN

Staatliche Rest-Camps. In den Camps Leokwe, Limpopo Forest Tented Camp und Vhembe Wilderness Trails Camp lässt es sich komfortabel nächtigen, Tshugulu Lodge ist Mapungubwes schönste Herberge, mit Pool und Aircondition, auf dem Mapungubwe Mazhou Camp Site geht's einfach zu, idyllische Lage unter schattenspendenden Bäumen.

AKTIVITÄTEN

Archäologische Tour. Zu den wichtigsten Fundstätten organisiert die Parkverwaltung geführte Exkursionen, auch mehrtägige, inklusive Übernachtung, Verpflegung und Nachtsafaris. Night-Drives sind nur mit erfahrenen Rangern und vom Park organisiert möglich.
Game-Drive. Selbstfahrern stehen lediglich 30 km geteerte Pisten zur Verfügung, ansonsten ist 4x4 erforderlich.
Wildnis zu Fuß. Vom Park angebotene »Morning Walks« durch die Wildnis, maximal 8 Personen.

WEITERE INFORMATIONEN

Mapungubwe-Nationalpark:
Park Manager and Information Centre: 015 534 79 25, www.sanparks.org

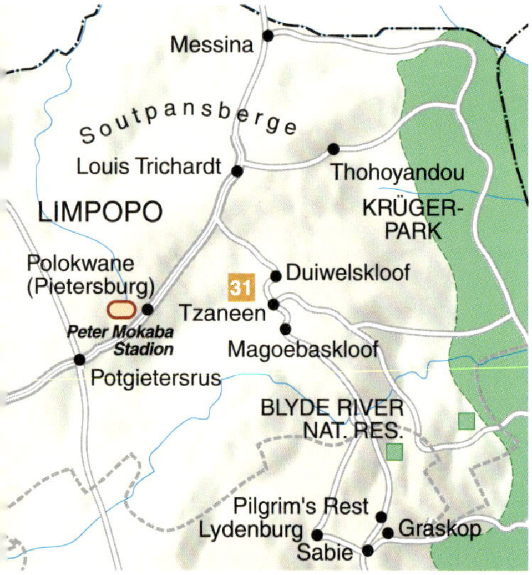

31 Knallgrüne Teeplantagen, kristallklare Bäche – Tzaneen

Der Obstkorb ist reich gefüllt

Kaum bekannt, aber ein sehr besonderes Reiseziel ist die 1912 gegründete Farmerstadt Tzaneen mit ihrer überaus reizvollen Umgebung. Die 75 000 Einwohner der bildschönen Region können sich glücklich schätzen, was schon die Anfahrt über den Magoebaskloof-Pass beweist, der zwischen Haenertsburg und Tzaneen auf einer Strecke von fünf Kilometern einen Höhenunterschied von 600 Metern überwindet.

Die weltberühmte Bar im Baobab-Tree (rechts) kommt ebenso überraschend daher wie das satte Grün der Teeplantagen in Tzaneens Umgebung (unten): Radfahren, Wandern und Klettern sind hier angesagt, aber auch Aktivitäten wie Quadbiking, Rafting und Mountainbiking.

Der Weg nach Tzaneen führt durch dichte Wälder, in denen sich kristallklare Bäche und wild rauschende Wasserfälle verbergen, bis sich jenseits der Passhöhe das fruchtbare Letaba Valley öffnet. Im Überfluss gedeihen hier Mangos, Avocados, Kiwis, Litschis, Tomaten, Zitrusfrüchte, Kirschen, Bananen, Macadamia- und Pekannüsse sowie Papayas. Auf den fruchtbaren Böden der subtropischen Region wächst beinahe alles, was Tzaneen und Umgebung zum Früchtegarten der Nordprovinz macht. Bei ausreichenden Niederschlägen lassen die Temperaturen sogar Teebüsche grünen, weshalb sich im einzigen Teeanbaugebiet Südafrikas zu beiden Seiten der Straße die Teeplantagen des Sapekoe Tea Estate ausbreiten.

Berauschend: die Wasserfall-Route

Neben dieser agrartechnischen Überraschung finden sich rings um Tzaneen für Einheimische wie anreisende Besucher Attraktionen zuhauf. Die Debengeni Falls im De Hoek State Forest sind längst nicht die einzigen Wasserfälle, die hier zum Baden einladen, und auch deshalb

zählen die beiden Wanderpfade der Komatiland Forestry Association bei Naturliebhabern zu den Geheimtipps: Die Route des Debengeni Falls Trails führt über eine Länge von 21 Kilometern durch ein wahres Zauberland, der Dokolewa Waterfall Trail bahnt sich seinen Weg über 40 Kilometer, was Übernachtungen in romantischen Hütten zwischen rauschenden Wasserkaskaden und sprudelnden Bachläufen mit sich bringt.
Sightseeing-Highlights ergeben sich in der Umgebung von Tzaneen wie von selbst. Zum Beispiel das 25 000-Einwohner-Städtchen Duiwelskloof, das sich in den waldreichen Bergen nördlich von Tzaneen versteckt. Sein Name (Teufelsschlucht) erinnert an strapaziöse Transporte auf burischen Ochsengespannen, die sich durch steile Canyons und über halsbrecherische Höhen quälten, als es die viel bequemere Bahntrasse von Pietersburg, der Hauptstadt der Nordprovinz, bis ins Lowveld noch nicht gab. Im nahen Naturreservat Modjadji Cycad Forest ist Südafrikas größter Bestand an Modjadji-Palmfarn-Bäumen (Encephalartos transvenosus) zu finden. Bei den hoch wachsenden Bäumen handelt es sich um lebende Fossilien aus der Zeit des Mesoziokums vor rund 50 bis 60 Millionen Jahren. An der Strecke zum Nachbarort Ga-Kgapane thront der Giant Baobab Tree als einer der größten Affenbrotbäume der Welt, was sich eine Baumkneipe zunutze macht, die im Stamm des Riesen einen Ausschank betreibt.
Südlich von Tzaneen wartet mit dem Coach House ein bezauberndes Country Hotel, das sich seine Kundschaft vom Kruger-Park abzwackt, der sich von hier aus bequem erreichen lässt; Krugers Phalaborwa Gate ist nur eine Autostunde entfernt. Auch die privaten Tierschutzreservate, die sich westlich vom Kruger-Park ausbreiten (zum Beispiel Sabi Sands), liegen in greifbarer Nähe, was Tzaneen zu einem empfehlenswerten Stopover macht.

Exotisch: die Obst-Route

Bei der Rückfahrt von Tzaneen ins pittoreske, 1887 gegründete Goldgräber-Städtchen Haenertsburg wäre der Forest Drive über die Passstraße nicht der einzige Weg aus diesem lieblichen Landschaftsparadies: Die George's Valley Road führt nämlich zum gleichen Ziel, aber durchs fruchtbare Tal des Letaba-Flusses an ausgedehnten Mango-, Bananen- und Zitrusplantagen entlang, wo sich an Obstständen Vitamine tanken lassen.
Wanderfreunde werden sich gewiss nicht nur mit einem kurzen Halt begnügen, sondern sich den Magoebaskloof Forest zwischen Tzaneen und Haenertsburg in Ruhe erlaufen. Er kann unberührte, dichte Wälder mit einer erstaunlichen Vielfalt aus Yellowwood und Buschweiden, Stinkwood und Zitronenholz aufbieten, zwischen den mächtigen Stämmen der Riesen blühen wild leuchtende Orchideen. Mit über 300 Vogelarten ist der Magoebaskloof für Hobby-Ornithologen interessant. Aber auch Leoparden, Buschschweine, Meerkatzen und Buschböcke sorgen für Leben im Unterholz.

FLORA: NATURE'S PARADISE

Südafrikas Baumbestand listet gewaltige Affenbrot-, Mopane-, Ebenholz- und Mahagonibäume sowie Akazien, Feigenbäume, Palmen, Stinkwood und Yellowwood auf. Zu den Riesen gesellt sich eine überschwängliche Blütenpracht: in den Wüsten die Wildblumen- und Sukkulentenwunder, in der Kap-Region eine einzigartige Fynbos-Vegetation. Mit über 200 Pflanzenfamilien versammelt Südafrika die Hälfte der gesamten Weltflora auf seinem Gebiet und kann mit 22 000 blütentragenden Arten protzen. Die Königs-Protea ist als Nationalblume Südafrikas zu einer bildschönen Berühmtheit geworden. Die prächtigsten Blütengärten sind: Kirstenbosch National Botanical Gardens, Karoo Botanical Garden, Natal National Botanical Garden, Free State National Botanical Garden, National Botanical Garden/Pretoria, Witwatersrand Botanical Garden, Lowveld National Botanical Garden, Harold Porter National Botanical Garden (National Botanical Institute, www.sanbi.org).

WEITERE INFORMATIONEN

Tzaneen Tourist Information: Agatha St., Tzaneen, www.tzaneeninfo.com und www.golimpopo.com

Vom Olifants Rest Camp auf diese Flussszene (oben) zu schauen, macht deutlich, was die riesige Arche der Wildtiere, die sich weit bis nach Mosambik hineinzieht, tatsächlich bedeutet. Dieser junge Gepard (rechts) hat sein Jagdrevier unter Kontrolle, was er und all die anderen Kollegen dem Burenhäuptling Ohm Kruger zu verdanken haben.

32 Die Arche der Wildtiere – Kruger-Park

Neben Grzimeks Serengeti das bekannteste Tierparadies

Was wäre der Kontinent ohne seine wilden Tiere? Sie sind Afrikas Faustpfand und zugleich ein brillantes Erbstück der Evolutionsgeschichte. Für sie hält Südafrika über 20 Nationalparks sowie zahllose Naturparks, Wildreservate und andere Schutzgebiete bereit, auf einer Gesamtfläche so groß wie das Bundesland Bayern. Allerdings weht den staatlichen Nationalparks seit dem Fall der Apartheid ein frischer Wind entgegen. Auch Südafrikas Flaggschiff, dem »Kruger«.

Während früher die Tier-Enklaven als Hätschelkinder der weißen Afrikaaner-Elite galten, die sich durch Tierschutz international profilierte, bescherte die politische Wende den Nationalparkbehörden kapitale Probleme. Denn mit dem Volkshelden Mandela an der Spitze der ersten frei gewählten und schwarzen Regierung tauchten sofort zahlreiche Interessengruppen auf, die an den Parktoren rüttelten: die Urvölker der San und Khoikhoi mit ihren Ansprüchen auf Landrückgabe; schwarze Farmer und Kleinbauern, die abgetretenes Territorium zurückwollten; arme Dorfbewohner an den Parkrändern, die nicht mehr verstanden, warum sie weiterhin darben sollten, während marodierende Wildtiere ihre spärlichen Felder verwüsteten, sowie politische Gruppen, denen die Finanzierung der ehemaligen Spielwiesen weißer Großwildjäger und betuchter Fototouristen angesichts der sozialen Verwerfungen Südafrikas zu weit ging. Dazu muss man wissen, dass beispielsweise um die Siedlung Hazyview, direkt vor den Grenzen des Kruger-Parks, in einem 30-Kilometer-Radius über eine halbe Million Menschen leben und diese Gegend damit nach Johannesburg die am dichtesten besiedelte Region ist.

Das kostbare Nass des Olifants River zieht massenhaft Wildtiere an (unten), die es während der Trockenzeit hier zur Tränke treibt. Relativ unbekümmert dürfen Elefanten Wasser aufnehmen, Beutetiere von Leoparden (rechts) müssen dabei hellwach sein, sonst wird die Labsal blitzschnell zum letzten Schluck.

Der frische Wind eines neuen Verständnisses von Tierschutz hieß Wirtschaftlichkeit, was bedeutete, dass die bislang subventionierten staatlichen Parks umdenken und sich auf eigene finanzielle Beine stellen mussten. Aber wie? Im Kruger-Park sind Dutzende Camps zu unterhalten, Tausende Kilometer an stattlichen Zäunen (Kudu-Antilopen überspringen eine Höhe von 2,50 Metern), 2500 Kilometer Straßen und Pisten, Verwaltungsgebäude innerhalb und außerhalb des Parks sowie dafür notwendiges Personal, das monatlich auf Bezahlung wartet.

Die außerhalb der Parkgrenzen lebenden Großfamilien der Angestellten existieren auf der Grundlage der einzigartigen Tierwelt – und deren Schutz.

Ohne Grenzen: Transfrontier-Park

Mit einer Längsausdehnung von 320 Kilometern und der Fläche von Rheinland-Pfalz ist der Kruger-Park keine kleine Unternehmung. Die Einrichtung des Great-Limpopo-Transfrontier-Parks, der den südafrikanischen Kruger-Park, den Gaza-Park in Mosambik und den Gonarezhou-Nationalpark in Simbabwe vereint, wird mit 35 000 Quadratkilometern so groß wie Baden-Württemberg sein, wenn die Grenzzäune endgültig fallen. Die Tiermengen, die der Kruger-Park auf seinem Gebiet auflistet, sind gewaltig: 114 Reptilien- und 147 Säugetierarten bringen u. a. 3000 Flusspferde, 30 000 Zebras, 2500 Büffel, 150 000 Impala-Antilopen, 9000 Giraffen, 1000 Leoparden und 300 Geparden in die Statistik. Vögel zählt niemand. Sie kommen auf 500 Arten, darunter auch die skurrilen Ausputzer, die Geier: Gaukler-, Ohren- und Wollkopfgeier, Weißrücken- und Kappengeier sorgen dafür, dass vom Abgenagten der Raubtiere nichts ungenutzt bleibt. Zu den größeren Reptilien zählen rund 3000 Krokodile, die bis zu sechs Meter lang werden. Kleinere Arten sind kaum weniger erschreckend. Gemeint sind Südafrikas Schlangen. Wer glaubt, die »Arche Noah Kruger-Park« sei ein Garten Eden, der sich auf paradiesische Weise selbst erhält, irrt. Nicht nur 12 000 Elefanten, 1500 Löwen und die ganz besonders kostbaren Nashörner erfordern eine aufwendige Boden-Luft-Überwachung, damit das fragile ökologische Gleichgewicht keinen Schaden nimmt – und die Ökonomie stimmt. Denn was der staatliche Tierschutz zum Wohle der Tiere vor allem braucht, sind gefüllte Kassen.

Ökonomische und andere Regeln

Geld bringen maximal 5000 Tagesbesucher, die im Kruger-Park im eigenen Pkw auf die Pirsch gehen dürfen. Die staatlichen Rest-Camps bieten

Elektrizität, Krankenstation, Supermarkt, Waschsalon, Restaurant, Bistro, Telefon und Tankstelle sowie Unterkünfte vom Campingplatz bis zum klimatisierten Safari-Bungalow. Selbst die einfache Kategorie Safari Tents offeriert einen gewissen Luxus: Die Zeltcamps bieten bis zu vier Schlafplätze, Kühlschrank und Ventilator. Für Ausflüge auf eigene Faust gelten klare Regeln: Fahrten im offenen Wagen sind nicht erlaubt, unterwegs auszusteigen schon gar nicht (außer an offiziellen Rastplätzen), und das Verbot, Körperteile aus dem fahrenden Wagen zu halten, soll verhindern, dass sie en route verschwinden. Tempolimits zwischen 30 und 50 Stundenkilometern werden per Radar kontrolliert, und wer einen Reifen wechselt, tut dies auf eigene Gefahr. Über 200 Ranger überwachen die Vorgaben zum Schutz von Mensch und Tier, Regelüberschreitungen haben Bußgelder zur Folge.

Ohm Krugers Erbe im Web

Wie alle südafrikanischen Nationalparks ist der Kruger-Park professionell organisiert: Besucher können bei der Planung auf umfangreiches Material zurückgreifen, das auch im Internet steht. Als eines der schönsten Camps gilt das Olifants Rest Camp mit über 100 komfortablen Cottages oberhalb des Lepelle mit optimalen Tierbeobachtungsmöglichkeiten. Traum-Sonnenuntergänge sind zum obligatorischen Gin-Tonic-Sundowner garantiert. Noch näher ans Wildtierparadies schaffen es Krugers Wilderness Trails: In Kleingruppen wird die Wildnis abseits jeder Zivilisation im Schutz bewaffneter Führer durchwandert.

Wie alles begann

Dass es den Kruger-Park überhaupt gibt, ist seinem Namensspender Paul Kruger zu verdanken, der als Präsident der »Suid-Afrikaanse Republiek« schon 1884 vom »Volksraad« verlangte, für die immer stärker abnehmende Zahl an Wildtieren Schutzzonen zu schaffen. 14 Jahre später wurde zwischen dem Crocodile und dem Sabie River auf 4600 Quadratkilometern ein Anfang gemacht. Im Krieg zwischen Engländern und Krugers Buren ging dieser erste Versuch beinahe unter. Nachdem »Ohm« Kruger sich nach dem Sieg der Briten ins schweizerische Exil begeben musste, übernahm der Offizier Major James Stevenson-Hamilton das Kommando über den Tierpark. Gegen marodierende Soldaten, wildernde Schwarze wie Weiße, gierige Bergwerksgesellschaften und landhungrige Großfarmer setzte er sich erfolgreich durch und stellte die Weichen für das, was heute als eines der größten Tierparadiese der Welt gilt.

THE BIG FIVE

Elefant und Nashorn gelten als gutmütig und friedlich, was sich vom Büffel nicht sagen lässt. Einmal richtig gereizt, gehören die Kraftpakete zu den angriffslustigsten Tieren im Busch. Eine der spannendsten Big-Five-Geschichten erzählt, wie einmal ein Rudel Löwen von 200 Büffeln auf die Bäume gejagt wurde, auf denen der König der Tiere samt Anhang stundenlang herumsitzen musste, weil die unten nicht daran dachten zu weichen. The Big Five (Elefant, Nashorn, Löwe, Leopard und Büffel), bei der Großwildjagd als Trophäentiere die begehrtesten und deshalb so genannt, zählen auf jeden Fall auch heute noch zu den gefragtesten Wildtieren auf jeder Safari.

WEITERE INFORMATIONEN

South African National Parks:
Website der Parkverwaltung mit allen Infos www.sanparks.org und www.golimpopo.com

Kruger Lowveld Tourism:
Nelspruit, Tel. 013 755 19 88, www.krugerlowveld.com

Früher wurden Trophäentiere gejagt und getötet, heute nur beobachtet und fotografiert, was dem Tierschutz zugute kommt.

Safari: Ökonomie versus Ökologie?

Das kraftvolle »Out of Africa«-Feeling hat seine ökonomischen Triebe in die abgelegensten Dschungel- und Buschlandschaften gebracht. Dort findet man das Endprodukt: das Verweilen in einer Wildlife-Lodge als verlangsamte Bewegung zwischen Raum und Zeit, abseits einer immer hektischer rasenden Zivilisation.

Wer sich Zeit für eine Safari nimmt, verlässt seinen schnellen Lebenstakt vielleicht für Momente und macht sich auf die Suche nach der eigenen verlorenen Zeit. Um in der Wildnis auszusteigen und seine Ruhe zu finden. Und wer sich nach Tagen in unberührter Natur vor dem Einsteigen in den Helikopter, eine Zweimotorige, ein Boot oder den Landrover zwecks Rücktransfer zum nächstgelegenen internationalen Flughafen noch einmal wehmütig umschaut und dabei eine bislang unbekannte, eigenartige Stimmungstiefe verspürt, ist angekommen. Auch wenn er gerade abreist.

Natur- und Tierschutz

Aber keine Angst: Wildnis macht süchtig. Ist man einmal mit ihr auf Tuchfühlung gekommen, bleibt eine schwelende Sehnsucht. Kaum jemand hat den romantischen Traum von afrikanischen Savannen, exotischen Wildtieren und Safaricamps so entfacht wie der Frankfurter Zoodirektor und Tierforscher Professor Bernhard Grzimek. In sandfarbenen Landrovern und zebragestreiften Einmotorigen war der weltberühmte Zoologe vor einem halben Jahrhundert medienwirksam in der Wildnis unterwegs, um sie für uns zu retten. In zahlreichen Büchern, Fernsehsendungen und Filmen befeuerte der Gründer der Zoologischen Gesellschaft in einer zuvor nie da gewesenen Natur- und Wildschutzkampagne die Angst vor dem Untergang der afrikanischen Tierwelt. Alldem war es zu verdanken, dass die Tiere Afrikas jedem Schulkind bekannt waren, lange bevor Hochglanzmagazine wie *GEO* und *National Geographic* sowie TV-Serien um afrikanische Savannen wie *Daktari* ihr Publikum fanden. Was letztlich die halbe Welt auf die Suche nach den Big Five ins afrikanische Buschland und seine Savannen brachte. Und eine umsatzstarke Safari-Industrie wachsen ließ. Industrie? Aber ja doch! Reisemultis wie Spezialveranstalter, Linienflug- und Chartergesellschaften, gastronomische Großunternehmen, die in Sachen *wildlife* grenzübergreifend operieren, sowie Transport- und Logistikfirmen – unermesslich riesig stellt sich der Markt dar, der sich um afrikanische Wildtiere dreht. Glücklicherweise ist der Begriff »Safari« heutzutage nicht mehr mit dem Abschuss von Tieren, sondern vielmehr mit deren Erhalt verbunden. Wobei Safari-Lodges und -Camps im ökonomischen Kreislauf der Wildnis das letzte Glied stellen, untrennbar verbunden mit ihren wilden Statisten – und deren Schutz.

Ohne Input kein Tierschutz

Längst hat sich auch bei Tierschützern die Einsicht verfestigt, dass sich der Lebensraum afrikanischer Wildtiere angesichts wachsender Menschenzahlen und einer unvermeidlich immer größer werdenden Zersiedelung im Kampf ums Territorium nur unter marktwirtschaftlichen Gesichtspunkten absichern lässt. Dazu gehört der Aufkauf unrentablen Farmlands und dessen Renaturierung zu neuer (alter) Wildnis ebenso wie die Aufzucht und der An- und Verkauf von Büffeln, Nashörnern und Giraffen sowie das Errichten und Betreiben von Lodges. Und manchmal eben auch kontrovers diskutierte, aber gewinnbringende Abschusslizenzen. Trophäenjäger aus Übersee zahlen zuweilen Hunderttausende, was wiederum dem Tierschutz zugutekommt.

Denn Wildschutzgebiete – und nicht nur private, auch Südafrikas staatlicher Kruger-Park – sind kostenintensive Großbetriebe: Personal, vom Zimmermädchen bis zum diplomierten *game ranger,* will bezahlt sein, zudem stehen Dienste von Tierärzten, Hubschrauberpiloten und *culling teams* auf der Ausgabenliste, Tiertransporte, safaritaugliche Geländefahrzeuge sowie eine aufwendig zu schaffende und zu unterhaltende Infrastruktur aus Straßen, Landepisten, Strom, Wasser und Kommunikation. Ganz zu schweigen von Hunderten Kilometern stabiler Schutzzäune. Der kalt anmutende Handel mit Wildtieren auf den zahlreichen Tierauktionen zwischen Nairobi und Kapstadt macht es überhaupt erst möglich, bestimmte Arten in Regionen wieder ansiedeln zu können, wo sie bereits ausgerottet waren. Was gut für die Wildnis ist, die sich so aufs Neue erfindet.

Nahe an der Grenze zu Mosambik versammelt das Konzessionsgebiet von Singita Lebombo ein erstaunliches Wildtiersortiment, weshalb auf der Pirschfahrt das Gewehr immer schussbereit ist. Zwischen der Begegnung mit urwüchsigen Büffeln (oben) und dem Rückzug in die edle, klimatisierte Design-Absteige (rechts) liegen kaum mehr als zehn Minuten.

33 Konzessionsgebiete im Kruger-Park – Geldmaschine Singita Lebombo

Zweiklassenwildnis im Staatspark

Was anmutet wie eine Lizenz zum Gelddrucken, entpuppt sich als Gebot der Not: Der chronische Mangel an Finanzmitteln des »National Parks Board« (das die gesamten Einnahmen aller südafrikanischen Nationalparks verwaltet und umverteilt) ließ einen umstrittenen Einfall Wirklichkeit werden, gegen den Umweltaktivisten entrüstet Sturm liefen – die Verpachtung staatlicher Naturschutzterritorien an Privatunternehmer.

Die Idee war genial: Es ging darum, auf entlegenen, wenig genutzten Arealen des Kruger-Parks Konzessionsgebiete auszuweisen und als Pachtland auf 20 Jahre an Höchstbietende zu versteigern. Gezündet wurde diese Rakete zur Jahrtausendwende, geradezu symbolhaft für einen Neubeginn. Für eine der insgesamt sieben Wildnisenklaven, die Nwanetsi Concession, erhielt die Lodge & Safari-Company Singita den Zuschlag. Woraufhin im Jahr 2003 mit der Singita Lebombo Lodge ein Weltklasseprodukt unter dem bekannten Label »Kruger-Park« an den Start ging, dessen Gästebuch inzwischen zahlreiche VIPs verzeichnet, darunter bekannte Namen wie Thabo Mbeki, Nicolas Cage, Leonardo DiCaprio und Charlize Theron. Zu diesem Zweck wurde hier, mitten in den Lebombo Mountains, im Grenzgebiet zu Mosambik, ein wohltemperierter Weinkeller aus den Felsen gestampft, in dem bis zu 3000 Flaschen ihren Platz finden. Natürlich auch Moët & Chandon, Dom Perignon, Laurent-Perrier und Billecart-Salmon, um nur einige der französischen Champagnermarken zu nennen. Wine Tasting und Food & Wine-Matching heißen hier kulinarische Begleitprogramme, und natürlich lassen sich alle Produkte gegen geringen Aufpreis innerhalb von zwei Wochen weltweit an jede Haustür liefern.

Fangfrisch aus Maputo

Wer nicht mit perfekt geschulten Sommeliers über Rebsorten und Jahrgangsklassen diskutieren mag, findet wie selbstverständlich auch original Pilsener Urquell im Tulpenglas vor. Clinton Drake, der Küchenchef aus Kapstadt, versichert, dass es seine Crew mit jedem Stadtrestaurant aufnehmen kann, und das inmitten der Wildnis. Nur wenige Fahrstunden jenseits der Grenze zu Mosambik wartet die Hafenstadt Maputo mit fangfrischem Fisch sowie Meeresfrüchten aller Art auf. Nur 20 Minuten von der Lodge entfernt liegt die Satara-Landebahn, falls mal wichtige Zutaten fehlen sollten, und ansonsten fahren die Trucks der Spediteure über das ausgezeichnete Straßensystem bis vor den Liefereingang des Kruger-Parks, wo Frischware in Kühlhäusern verschwindet.

Wildnis-Refugium zum stilvollen Ausspannen mit Lounge/Bar (unten). Zahlreich versammeln sich Löwen auf dem Singita-Areal (rechts), was jeden Game Drive (ganz unten) zu einem aufregenden Erlebnis macht.

Wohnträume im Busch

Das Lebombo-Camp thront mit offenem Restaurant, opulentem Pool und einer gewaltigen Lounge-Halle auf einem Bergrücken und offeriert Design pur: Glas, Stahlrahmen und kostbare Naturhölzer sind die sichtbaren Trägermaterialien, die als skulpturelle Eingriffe gewagt im Buschland stehen, und als Skulptur begreifen sich auch formgebende Wandsätze, runde Ecken und beinahe alle darin versammelten Interieurs. Die gleiche Handschrift tragen die ultramodernen Glaskästen der 15 Chalets, die mit Blick auf den Nwanetsi River und den Sweni River aus der dichten Vegetation eines Berghanges ragen. Wer Kobras, Giftspinnen, Paviane und die Schwarze Mamba nicht fürchtet, kann sich des nachts der Klimaanlage entziehen, um auf der hölzernen Veranda zu schlafen, wo das Bett zur Nachtruhe mit dem besonderen Kick vorsorglich und aufs Feinste allabendlich bereitet ist, Taschenlampe und Druckluftnotsignal für alle Fälle in greifbarer Nähe. Auch das Telefon steht nicht weit (die Rezeption ist durchgehend besetzt), und wer vom ganz großen Abenteuer lieber die Finger lässt, wird doch wohl die romantische Außendusche nutzen. Wenngleich auch die wenig Platz lässt zwischen dem Brausekopf und der wilden Tierwelt da draußen, die sich ohne Abzäunung auf Lebombos 15 000 Hektar großem Pachtareal (doppelt so groß wie die Nordseeinsel Föhr) tummelt. Elefanten, Nashörner, Büffel, Nilpferde, Krokodile, Giraffen, Horden von Affen und vielköpfige Löwenfamilien gehören dazu. Das alles erscheint beinahe spielerisch und fußt doch auf einer beinharten Realität, in erster Linie auf strikten Schutzvorschriften des Kruger-Parks. Strenge Auflagen regeln Bautätigkeit, Wasserverbrauch, Personal- und Gästemengen, Zuliefererbewe-

gungen sowie den involvierten Naturschutz. Das gesamte Projekt ist auf Stelzen gesetzt nach der Leitlinie »touching the earth lightly«, was bedeutet, Lebombo könnte in kürzester Zeit demontiert werden, ohne dass Narben in der Wildnis zurückbleiben. Bis auf die 30 Bohrlöcher vielleicht, die für die Wassersuche nötig waren. Nur drei davon sind produktiv, liegen acht Kilometer entfernt, weshalb das Wasser aufwendig in Tanks gesammelt und aufbereitet werden muss. Natürlich ist auch der anfallende Abfall ein Thema, das die Parkverwaltung mit Argusaugen überwacht. Sukzessive werden die Dieselgeneratoren ökologisch korrekten Sonnenkollektoren weichen.

Community first

Strenge Auflagen gibt es für das Personal, das gewerkschaftlich organisiert ist und exakt acht Stunden arbeitet: sechs Wochen lang jeden Tag, dann zwei Wochen Auszeit. 95 Prozent der rund 180 Angestellten müssen aus den einheimischen *communities* stammen, die vor den Parkgrenzen siedeln. Eine Herausforderung nicht nur für jene, die von dort aus den Sprung in die Welt des Luxustourismus wagen, sondern auch für die Gastronomie selbst: Viele der Lebombo-Beschäftigten kamen erstmals mit einer modernen Arbeitswelt in Berührung. Damit das Zusammenleben mit dem Mahlamba-Ndlovu-Forum (in dem sich 33 Gemeinden mit insgesamt 100 000 Einwohnern organisieren) funktioniert, ist die Lodge mit Hilfsdiensten für die Siedlungen befasst. Dazu gehören Brunnenbau und Wasserpumpen, Unterstützung bei der Gründung von Kleinunternehmen (die von der Lodge später ihre Aufträge erhalten), Hilfe in den Bereichen Schule, Krankenversorgung und Ausbildung. In 20 Jahren müssen sich die gewaltigen Investitionen der Singita-Eigner amortisiert haben. Denn dann läuft der Pachtvertrag aus, und eine neuerliche Versteigerung steht an – wieder in Form von Angeboten im verschlossenen Umschlag, das heißt ohne Wissen, wie hoch die Konkurrenz bietet, und im Bewusstsein, dass Singita sein Camp Lebombo nicht demontieren darf, auch wenn dies ein Kinderspiel wäre. Denn auch die Besitzrechte an allen Gebäuden und Aufbauten laufen mit dem Konzessionsvertrag ab. Wer also mit dem einfallsreichen Deal die Lizenz zum Gelddrucken erworben hat, wird sich erst nach langer Zeit tatsächlich erweisen. Ob die Bleistifte der staatlichen Bürokraten spitzer waren als jene der privaten Investoren, kann den Lodge-Gästen der sieben Konzessionsgebiete egal sein: Ihre Safari-Landrover sind mit den Wildtieren des Parks unter sich, und das in den feinsten Arealen, die Ohm Kruger einst unter Schutz stellen ließ.

GEFÄHRLICHE KRATZBÜRSTEN: GROSSKATZEN

Wildtiere sind unberechenbar und können jederzeit angreifen. Wenn Löwen das tun, spurten sie 50 Stundenkilometer schnell und springen zwölf Meter weit. Bis auf drei Meter Körperlänge wachsen die Riesenkatzen sich aus. Während Löwen, obgleich Nachtjäger wie Leoparden, auch tagsüber in ihren vor sich hindösenden Rudeln leicht auszumachen sind, gilt die gefleckte Raubkatze als seltener Fund: Die Einzelgängerin ist bei Helligkeit wie vom Erdboden verschluckt, weil sie todsicher in einer Baumkrone oder einer Höhle ihren Schönheitsschlaf hält. Die schnellsten Jäger, die Geparden, sind vom Aussterben bedroht, weshalb Zuchtstationen versuchen, den Bestand der bis zu 100 Stundenkilometer schnellen, eleganten Raubkatze zu sichern (www.hesc.co.za, www.dewildt.co.za).

WEITERE INFORMATIONEN

www.sanparks.org/tourism/accommodation/concessions.php

Mpumalanga

Der Blick auf »God's Window«

Der Star unter den Highlights von Mpumalanga zeigt sich im großen Bild in voller Pracht: Blyde River Canyon mit seinen Three Rondavels (links). Neben diesen grandiosen Auswüchsen der Natur warten nicht nur Geparden (unten) gespannt auf Besucher, sondern auch pinselsichere Ndebele- Künstlerinnen (oben).

Packend und bildschön: Safari Game Drive bei sinkender Sonne

Route durch Mpumalanga

Luxussafari & Robber's Grave

Westlich des Kruger-Parks erheben sich die Nördlichen Drakensberge, die für Biker, Hiker sowie Touren- und Landschaftsenthusiasten ein Top-Ziel sind. In der Ebene gleich daneben erstrecken sich Busch- und Savannengebiete privater Game Reserves, die Safari vom Feinsten anbieten.

Exklusive Marken wie Sabi Sabi, Londolozi, Singita und Mala Mala residieren auf riesigen Arealen, die nicht zum Staatspark gehören, gleichwohl aber zum Kruger-Territorium mit gemeinsamer Außengrenze zählen. Die meisten davon liegen im weitläufigen 34 **Sabi Sands Game Reserve,** in dem sich eine ganze Reihe teurer VIP-Herbergen auf eigenen, aber zaunlosen Savannengebieten befinden. Als eines der beliebtesten Wildlife-Domizile im Sabi Sands gilt 34 **Kirkmans Camp** am Sand River, das es schon seit den frühen 1920er-Jahren gibt. Im atmosphärischen Zentrum steht die Kirkman's Homestead, ein historisches Farmhaus, das mit feinen Interieurs ein Ambiente aus längst vergangenen Zeiten generiert. Weitere etablierte Markennamen des Sabi Sands Reserve sind Chitwa Chitwa, Elephant Plains, Inyati und Ulusaba.

Jenseits des Kruger-Parks haben sich westlich des Grenzzauns einige Tierschutzgebiete etabliert, eines davon ist das charmante Wildlife-Refugium des Briten Bernie Smith, 34 **Garonga,** das mit seinem Programm »Safari für alle Sinne« als Geheimtipp für Wildnis-Romantiker gilt und mit nur sechs Zelten Platz für eine begrenzte Zahl Sinnsuchender hat. Speziellen Safari-Luxus bietet das 34 **Makalali Private Game Reserve,** in das der Ethno-Architekt Sylvio Reich eine der wohl ausgefallensten afrikanischen Lodge-Architekturträume gesetzt hat; außerdem das Kapana Game Reserve sowie das Royal Malewane Private Game Reserve.

Landschaft pur: Panoramaroute

Ziemlich beeindruckend ist es, von den Transvaaler Drakensbergen auf die 1000 Meter tiefer liegende subtropische **Ebene des Lowveld** zu blicken, die sich bis nach Mosambik zieht. Mit tiefen, von Flussläufen eingefrästen Gräben geht der Bruch der Randstufe einher, weshalb sich die einzige Straße, die die Landschaftsdramatik der 35 **Nördlichen Drakensberge** (die südlichen finden sich an der Grenze KwaZulu-Natals zu Lesotho) zwischen den Städtchen Sabie, Graskop und 36 **Pilgrim's Rest** durchzieht, Panorama-Route nennt. Weil das Paul Kruger Gate sowie Sabi Sands mit ihren Top-Lodges nur 50 Kilometer entfernt sind, kann das Forststädtchen **Sabie** eine gute Infrastruktur aufbieten. Jenseits des malerischen 1490 Meter hoch gelegenen Bergortes Graskop windet sich die R523 rasch dem berühmten 35 **Blyde River Canyon** zu, sowie 35 **God's Window.** Die Wasserfälle Sabie Falls, Forest Falls, Lone Creek Falls, Horseshoe Falls, Mac-Mac Falls, Lisbon Falls, Berlin Falls bilden gleich noch die 35 **Wasserfall-Route.**

Nach God's Window warten mehrere Naturschauspiele: The Pinnacle, eine Felssäule, die skurril als Singulär aus einer Schlucht ragt, Bourke's Luck Potholes, zerklüftete Steinkrater, die vor Jahrmillionen durch Erosion reißender Strömungen entstanden sind, sowie die Three Rondavels, imposante Felsformationen, die zu den meistfotografierten Motiven Südafrikas zählen. Wer von hier aus seine Route *nicht* via 38 **Swasiland** nach KwaZulu-Natal fortsetzt, wird bei Lydenburg über den Long-Tom-Pass auf die N4 stoßen, um auf dem Weg nach Pretoria bei Middleburg/Mhluzi den Weg zur 37 **Kunst der Ndbele** im Museumsdorf **Botshabelo Village** zu finden, das beeindruckende Exponate expres-

Toureninfo

Start: Kruger-Park
Ziel: Nördliche Drakensberge/Pretoria
Länge: 650 km
Dauer: 3–4 Tage
Beste Reisezeit: Ganzjährig
Sehenswertes: Das Goldgräberstädtchen und Nationaldenkmal Pilgrim's Rest
Unterkunft: Garonga, www.garonga.com; Londolozi, www.londolozi.com; Mala Mala, www.malamala.com; Sabi Sabi, www.sabisabi.com; Singita, www.singita.com; Kirkmans, www.andbeyondafrica.com; Blyde River Canyon Lodge, www.blyderiver-canyon.co.za.

Weitere Infos

Wanderttipp: Der 80 km lange Fanie Botha Hiking Trail gilt als einer der spektakulärsten in ganz Südafrika und führt mit grandiosen Ausblicken zu den Attraktionen des Blyde River Canyon, Footprint Hiking Club, www.footprint.co.za.

sionistisch bemalter Häuserwände ausstellt. Pretoria empfängt seine Besucher mit einer stattlichen Zahl an Museen, vielen historischen Prunkbauten, seinem prächtigen Parlamentssaal, den Union Buildings (Südafrikas Regierungssitz) sowie blühenden Jacaranda-Alleen.

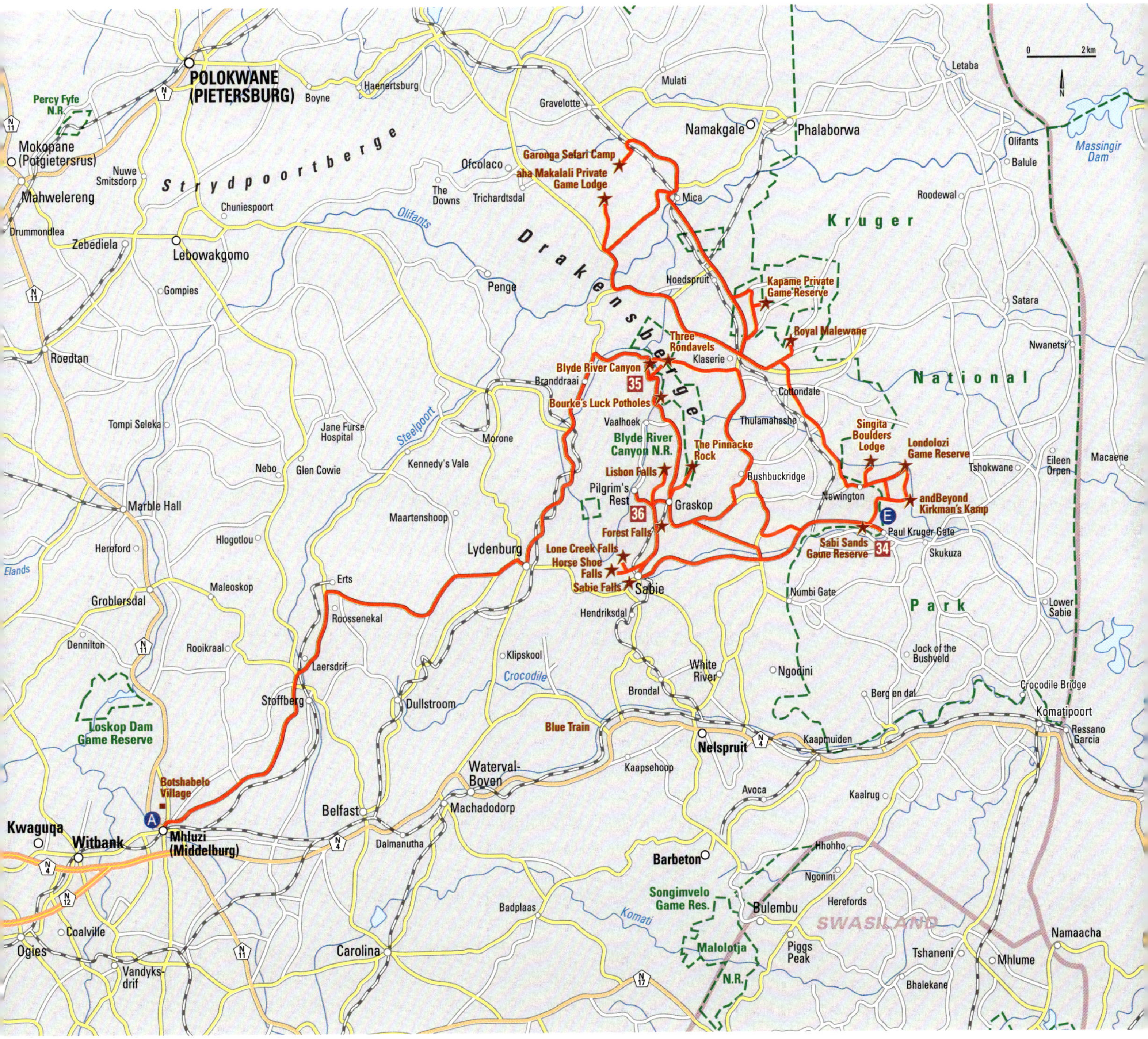

Ein wenig Luxus kann nach dem Game Drive nicht schaden: Kirkman's Kamp mit opulentem Pool, exzeptionellem Service und geschmackvollem Ambiente (oben und rechts).

34 Luxus pur in Krugers Vorgarten – Private Game Reserves

Urlaubsparadies im Sabi Sands Game Reserve

Seit jeher haben sich in ganz Südafrika neben den staatlichen Nationalparks zahlreiche private Wildparks mit etwa 200 Lodges und Wildlife-Camps etabliert. Die bekanntesten dieser Schutzgebiete liegen im Lowveld, westlich des Kruger-Parks. Zäune gibt es keine zwischen Kruger-Park und den privaten Gebieten, was garantiert, dass hier die gleichen Wildtiere zu sehen sind. Die Klientel ist jedoch eine andere. Nur wer sich Exklusivität leisten kann, ist in den Lodges der Private Game Reserves am richtigen Platz.

Zum Luxus der Privaten zählt nicht nur die spektakuläre Art der Unterbringung, die dem Jenseits-von-Afrika-Klischee aus Film und Roman entspricht. Aufgrund begrenzter Gästezahlen und individueller Gestaltung wird der Kontakt mit der Wildnis auf Exklusivbasis besonders eindrucksvoll. Hervorragend ausgebildete Wildlife-Ranger geben einen fundierten Einblick in die Welt der Wildtiere, meist ist ein Fährtenleser dabei, auf jeden Fall ein gekühltes Büfett zum Sonnenuntergang, und selbstverständlich sind alle Fahrzeuge über Funk vernetzt, sodass in kürzester Zeit sehr viele Tierarten zu sehen sind. Spezialität der Privaten sind Nachtsafaris, die in staatlichen Parks meist nicht erlaubt sind. Die Ausfahrten im Dunkel der Savanne treffen exakt den Geschmack ihrer Teilnehmer: Raubkatzen lassen sich dann bei der Jagd auf Gnus, Antilopen und Zebras besonders gut beobachten.

Nicht zum Spaß: die Jagd

Unter Einsatz von Scheinwerfern lässt sich mit ansehen, wie sich Löwinnen ihr potenzielles Opfer in einer Gnu-Herde ausgucken, den An-

Stunden vergehen auf einem Game Drive wie Minuten, so aufregend ist das Sichten der wilden Tiere (unten). Wie Tarzan können Gäste auf der Baumhaus-Plattform übernachten (rechts). Und wie in Omas Wohnzimmer genießen die Gäste des Farmhauses Kirkman's Homestead (ganz unten) den Abend.

griff taktisch anlegen und durchsetzen, bis eine der Großkatzen das Finale ausführt und das Huftier ruhig und gelassen an der Kehle gepackt hält, bis ihm der Sauerstoff ausgeht. Derweil wartet der mähnige König der Wildnis im Hintergrund entspannt auf seinen Einsatz. Wenn sich die Staubwolken des Angriffs gelegt haben, werden seine Katzen den aufgebrochenen Leib des Opfers in fressbare Stücke zerreißen, dem Patriarchen aber unterwürfig den Vortritt lassen. Wobei sich die Raubtiere nicht im Geringsten bei ihrer Fressparty stören lassen, selbst dann nicht, wenn eine Handvoll Fahrzeuge auf Wagenlänge um sie herumstehen. Die Privaten mit den berühmtesten Namen (Sabi Sabi, Londolozi, Singita, Kirkman's Kamp und Mala Mala) liegen im weitläufigen Sabi Sands Game Reserve, in dem sich eine ganze Reihe kleiner Schutzgebiete mit ihren Lodges befindet. Die treten im ausgefallensten Ambiente gegeneinander an und lassen kaum Wünsche offen. Londolozi etwa bietet neben seinem Haupthaus mehrere kleine Camps, wobei Wohnträume im klassischen Safaristil und romantische Abendessen im Kerzenschein unter funkelnden Sternen des glasklaren Savannenhimmels so selbstverständlich sind wie Aircondition und private Mini-Pools. Konkurrenz macht erfinderisch, weshalb sich Sabi Sabi eine unterirdische Earth Lodge zugelegt hat, was sie mit Mala Mala und Singita darum wetteifern lässt, welche der drei zu den besten Game Lodges Afrikas gehört. Natürlich beschäftigen derartige Unternehmen eine Menge Personal, und das wiederum kommt der einheimischen Bevölkerung vor den Parktoren zugute.

Hippo im Pool

Sogar ein Nightmanager ist präsent, falls nachts mal ein Nashorn durchs Zimmer läuft. Ganz abwegig ist das nicht. Die Belegschaft der noblen Inyati-Lodge mag sich erinnern, wie einmal ein drei Tonnen schweres Nilpferd dem Sabie River entstieg, gemütlich über die grüne Wiese zum Haus heraufschlenderte, grunzend das Luxusbüfett mit dem Hintern zum Einsturz brachte, um sich dann zum Entsetzen der herausgeputzten Dinnergäste im Swimmingpool zu versenken. Das Hippo saß nun mit wenig Wasser auf dem Grund des gekachelten Betonbeckens fest, und es dauerte eine Weile, bis ein Kranwagen in die Wildnis kam, um es aus seiner misslichen Lage zu befreien. Die Atmosphäre luxuriöser Wildlife-Lodges hat ihren Preis. Der beginnt in der gehobenen Güteklasse bei 800 Euro pro Tag, wobei sich dieser je nach Ausstattung und Saison auch noch wesentlich weiter oben einpendeln kann. Meist stellen die Inneneinrichtungen

handverlesene Schätze afrikanischer Wohnkultur aus, während die Lodges äußerlich so optimal an die Umgebung angepasst sind, dass sie kaum auffallen. Dem Einfallsreichtum privater Betreiber sind keine Grenzen gesetzt, wenn es darum geht, zahlungskräftigen Gästen ihr Afrika-Gefühl auf höchstem Niveau zu verschaffen, wie die ausgefallene Earth Lodge von Sabi Sabi beweist: Ihre *Earth-shelter*-Architektur lugt unauffällig aus einer Hügelgruppe hervor: Organische Baustoffe sowie bepflanzte Dächer halten sie perfekt *underground*. Durch getarnte Sichtfenster kann man auf gut frequentierte Wasserlöcher blicken, sodass verschiedene Wildtiere wie auf einer Filmleinwand ihr Dschungelbuch spielen. An die 200 Mitarbeiter sorgen dafür, dass es den Gästen im luxuriösen Untergrund an nichts fehlt.

Zu Fuß durch die Wildnis

Neben nächtlichen Wildbeobachtungen sind sogenannte *trekker trails* oder *bush trails* die besondere Spezialität der Privaten. Diese Safaris zu Fuß werden inzwischen so stark nachgefragt, dass sie als *wilderness trails* auch vom Kruger-Park erfolgreich angeboten werden. Zu Recht, denn dabei kommt die Wildnis, egal ob staatlich oder privat, auf sehr leisen Pfoten daher: Zu Fuß geht es hautnah bis an die Wildtiere heran, weshalb Ranger und Fährtenleser bewaffnet sind, denn aus dem Nichts können sie auftauchen, jederzeit, riesige Elefantenherden, gefährliche Büffel, Leoparden und Löwen. Es ist ein prickelndes Gefühl, weder Zaun noch den Schutz eines Autos zwischen sich und der Wildnis zu haben. Was verstärkt zu Safari-Abenteuern der besonderen Art führen kann, zum Beispiel diesem: Eine Gruppe bewegt sich vorsichtig im Gänsemarsch hinter dem Ranger. Nummer drei tritt auf einen Zweig, der laut knackend zerbricht. In gleicher Sekunde taucht aus der verbuschten Unterwelt der wahrhaftige Teufel in Form eines Rhinozerosses auf, dessen Kalb im Halbkreis davonstiebt. Die Mutter hastet wild schnaubend hinter ihm her. Reflexartig gehen Kameras auf Zielsuche, sinken aber gleich wieder, als sich im Sucher abbildet, wie das Kleine abrupt stoppt, sich blitzschnell entscheidet, mit einem Haken zu drehen und dann geradewegs auf den entsetzten Safaritrupp zuzurennen, seinen mütterlichen Aufpasser, nun vollends außer Rand und Band, dicht hinter sich. Obwohl der Ranger der Gruppe eingeschärft hatte, in jedem Fall immer dicht zusammenzubleiben, machen sich nun ihre Mitglieder panisch in alle Richtungen davon, während Mutter und Kind mitten durch die gerade frei gewordene Lücke hindurchgaloppieren und weiter, Gott sei's gelobt, geradeaus in die freie Savanne.

SAFARI FÜR ALLE SINNE

An der westlichen Grenze des Kruger-Parks hat der illustre Brite Bernie Smith das charmante Wildlife-Refugium Garonga erfunden. Seine Gäste schweben im Microlight-Flugzeug über den Busch, zelebrieren ein »Bush-Bath« unter funkelndem Sternenzelt oder eine Mut fordernde Nacht auf einer hölzernen Plattform hoch über dem Jagdgebiet von Löwen, Hyänen und Leoparden, um die *wilderness* des privaten Makalali-Schutzgebiets aufs Allersinnlichste zu verkosten. Wer Garongas Baumhaus-Plattform, die ca. 20 Fahrminuten vom Hauptcamp entfernt wie Tarzans Wohnzimmer aus der Wildnis ragt, am nächstfolgenden Morgen überstanden hat, ist reif für den Heimflug.
Websites: Kirkman's Kamp: www.andbeyond.com;
Sabi Sabi: www.sabisabi.com;
Garonga Safari Camp: www.garonga.com

WEITERE INFORMATIONEN

Parkverwaltung: www.sabisand.co.za

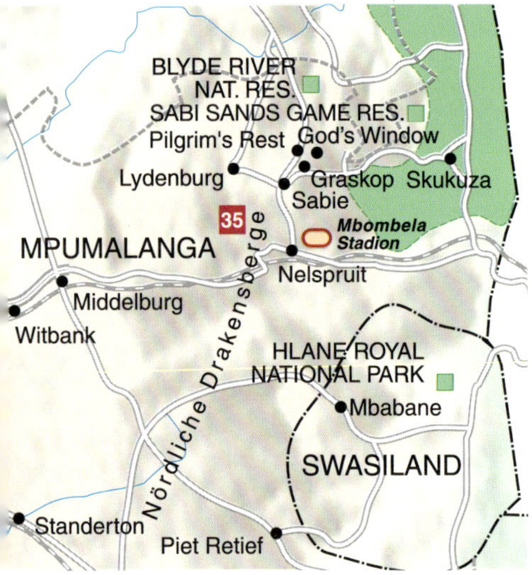

35 Landschaftsszenario allererster Güte – Nördliche Drakensberge und God's Window

Schwingung für die Seele

Abrupt bricht in der Nordprovinz Mpumalanga das Highveld-Plateau zum Lowveld ab. Ziemlich beeindruckend ist es, von den Transvaaler Drakensbergen auf die 1000 Meter tiefer liegende subtropische Ebene hinunterzublicken. Mit tiefen, von Flussläufen eingefrästen Gräben geht der Bruch dieser Randstufe einher, mit Naturschauspielen beinahe senkrechter Felswände und großartiger Wasserfälle – auf der Panorama-Route gerät die Seele in Schwingung!

Zweifelsfrei zählt Südafrikas Panorama-Route zu den beeindruckendsten Highlights, besonders dann, wenn der Blyde River spätes Sonnenlicht goldfarben spiegelt (unten). In luftiger Höhe über dem Canyon: die Blyde River Bridge (rechts).

Liebhaber großartiger Panorama-Ausblicke kommen auf einer einzigen Straße, die die Landschaftsdramatik zwischen den niedlichen Ortschaften Sabie, Graskop und Pilgrim's Rest durchschneidet, blitzschnell auf Hochtouren. Und diese Strecke heißt natürlich Panorama-Route. Pilgrim's Rest steht für den legendären Goldrausch in der Region, weil es die älteste Goldgräbersiedlung Südafrikas ist. Heute lockt seine pittoreske Kulisse mit Relikten aus der alten Zeit zahlreiche Touristen an. Beim anheimelnd hübschen Forststädtchen Sabie, das auf 1100 Meter am Fuß des 2286 Meter hohen Mount Anderson liegt, entspringt der Sabie River, der im benachbarten Kruger-Park Hunderttausenden Wildtieren als Tränke dient. Das Paul Kruger Gate, einer der Zugänge des Parks, sowie das Sabi Sands Private Game Reserve sind nur 50 Kilometer entfernt. Was auch ein Grund dafür ist, weshalb das 12000-Einwohner-Städtchen eine ausgezeichnete touristische Infrastruktur für Besucher bereithält.

Zeit sollte man mitbringen, um all die Attraktionen des Blyde-River-Canyon-Spektakels zu sehen, wie die Lisbon Falls (unten) oder die Lone Creek Falls (rechts). Und natürlich God's Window, von prächtigen Aloen gerahmt (ganz unten).

Paradies für Adrenalinsport

Selbstfahrern dient Sabie als Ausgangspunkt zu Tagessafaris im Kruger-Park und als Übernachtungsbasis zu den Attraktionen der näheren Umgebung: Forellenfischer wissen das kühle Klima und den fantastischen Fischbestand zu schätzen, Wanderer die ausgedehnten Pinien- und Eukalyptuswälder, Outdoor-Aktivisten Reiten, Bungee-Springen, Heißluftballonfahren, Mountainbiken und Wildwasser-Rafting. Jenseits des hübschen Bergorts Graskop (1490 m hoch) windet sich die R523 dem berühmten Blyde River Canyon zu und eröffnet mit God's Window gleich zu Beginn schon die unglaublichsten Landschaftsszenarien, deren Stationsnamen schon vorher Lust auf die kurvige Reise machen. Zahlreich schicken hier Wasserfälle ihre rauschenden Kaskaden bis zu 70 Meter in die Tiefe und bilden mit den Sabie Falls, Bridal Veil Falls, Forest Falls, Lone Creek Falls, Horseshoe Falls, Mac-Mac Falls, den Lisbon Falls, den Berlin Falls und den London Falls gewissermaßen gleich noch die Wasserfall-Route.

Schöne Aussichten

Nach God's Window und dem berauschenden Blick über das Lowveld tief unten wartet die nächste Sensation mit The Pinnacle, einer massiven Felssäule, die singulär aus den Schluchten heraufragt. Noch beeindruckender sind die nachfolgenden Gesteinsformationen von Bourke's Luck Potholes, deren kuriose Krater ausgewaschene zylindrische Strudellöcher im felsigen Untergrund sind, vor Jahrmillionen durch Erosion reißender Strömungen entstanden. Ein Rundweg führt über Brücken, die die Schluchten der Flüsse Treur River und Blyde River miteinander verbinden. Benannt wurde das Naturphänomen nach Tom Bourke, der hier im Jahre 1870 seinen Goldfund machte. Wie Bourke's Luck Potholes sind auch die gewaltigen Steinzylinder der Three Rondavels gut besucht, die spektakulär über der 700 Meter tiefen Schlucht des Blyde River thronen. Die Felsformationen, die als fotogenes Motiv auf keiner Blyde-River-Canyon-Broschüre fehlen, ähneln afrikanischen Rundhütten und tragen deshalb ihren merkwürdigen Namen. Vom Aussichtspunkt geht der Blick über ein Märchenland, dorthin, wo der Blyde River eine enge Schleife zieht und seine Wassermassen glitzernd zu Tal bringt. In den umliegenden Berghöhlen ist der Leopard zu Hause. Paviane, Antilopen und Perlhühner stehen auf seinem Speiseplan. In Vorsprüngen der Felswände nistet, hundertprozentig sicher, der Kaffernadler, der in seinen weiten thermischen Segeltouren den Canyon nach Kleintieren absucht.

Dicke Brocken

In der gesamten Region sind beachtliche Bergriesen beheimatet: Im Süden stehen Spitzkop (1984 m), Madunusa (2053 m), Mount Carmel (1271 m) und The Peak (2231 m), im Norden der Marepeskop (1944 m). Die Namen der Zufahrten, die in dieses Berg-Naturspektakel hineinführen, sprechen für sich: Caspersnek Pass, Robbers Pass, Abel Erasmus Pass und so fort. Mit ihren kunstvollen Serpentinen ringen sie für den südafrikanischen Straßenbau eine ordentliche Portion an Bewunderung ab. Eine der schönsten Verbindungen findet über den Long Tom Pass statt, der als Hauptverbindungsstraße von Lydenburg nach Sabie führt und eine Passhöhe von 2150 Metern erreicht. Seine kuriose Bezeichnung leitet sich von den schweren burischen Geschützen ab, die während der Burenkriege bei Devil's Knuckles auf die angreifenden Briten warteten.

In den rötlichen Gesteinsschluchten des 30 Kilometer langen Blyde River Canyon, in dem der strudelnde Blyde River rauscht und dabei viele Meter an Höhe verliert, mag zu Goldgräberzeiten mancher Desperado sein Glück in Form von blitzenden Nuggets gesucht haben. Aber nur wenig ist davon überliefert. Und so stehen Besucher manchmal ergriffen vor den Gräbern des historischen Friedhofs in Pilgrim's Rest und studieren die wenigen Inschriften, die noch zu entziffern sind. Bei all dem lässt sich erahnen, dass eine derartige Idylle nicht exklusiv zu haben ist. Die Panorama-Route ist voll erschlossen und an den Rundreisetourismus gekoppelt, was vor allem auf den Parkplätzen deutlich wird, die nahe der schönsten Aussichtspunkte liegen und auch mit Bussen gut zu erreichen sind.

Tierisch gut auf zwei Rädern

Der rege Besichtigungsverkehr bringt Scharen von Souvenirverkäufern auf die Beine, die *handicrafts* wie Trommeln und Masken, geschnitzte Giraffen, Nashörner und Elefanten sowie Masken, Stoffe und Schmuck aller Art anbieten. Wer Anspruch auf exklusiven Genuss erhebt, sollte seine Reisezeit mit Bedacht wählen und vor allem Ferienzeiten und Wochenenden meiden. Zuweilen werden dann die engen Kurven der Panorama-Route zu Rennstrecken von südafrikanischen Motorrad-Clubs.

Ruhesuchenden Naturliebhabern ist das Wandern abseits der Rundreiserouten zu empfehlen: Auf den abgelegenen Wegen entfaltet sich das zerklüftete Bergparadies statisch still und in voller Schönheit. Organisiert ist das Blyde River Canyon Nature Reserve in drei Tagen zu durchwandern, zum Beispiel auf dem bildschönen Blyderivierspoort Hiking Trail.

DIE SCHÖNSTEN DRAKENSBERG-NÄCHTE ...

... verbringt man in Pilgrim's Rest im Royal Hotel, im Forststädtchen Sabie im Sabie Townhouse oder in der Lone Creek River Lodge direkt am Sabie River. Graskop wartet mit seinem gemütlichen Graskop Hotel auf. In Hazyview, zwischen Drakensbergen und Kruger-Park gelegen, hält sich mit dem Rissington Inn eine geschmackvoll gestaltete Country Lodge versteckt.

Websites: www.blyderivercanyon.co.za
www.graskophotel.co.za
www.rissington.co.za
www.sabietownhouse.co.za

WEITERE INFORMATIONEN

Mpumalanga Tourism:
www.mpumalanga.com
Sabie Tourism: www.sabie.co.za
Graskop Tourism: www.graskop.co.za
Pilgrim's Rest: www.pilgrimsrest.org.za
Info in Deutschland: Spezialveranstalter www.abendsonneafrika.de, Anschlusstouren zum Kruger-Park und nach Swasiland

36 Historisches Minenstädtchen als Freilichtmuseum – Robber's Grave und Pilgrim's Rest

Am Pilgrim's Creek wird der Goldrausch wieder lebendig

Noch 13 Jahre sollte es dauern, bis Johannesburg seine Goldadern entdeckte, als 1873 ein Pionier von altem Schrot und Korn abseits aller Pfade in einem zerklüfteten, abgelegenen Gebirgsgebiet mit seiner Schubkarre umherirrte und am Pilgrim's Creek fündig wurde: Allec Patterson sah glitzernde Goldklumpen im glasklaren Wasser des Bächleins, an dem er freudig erregt geseufzt haben soll: »Now the pilgrim can rest!«

Eine Idylle stellt das alte Goldgräberstädtchen (unten) für Besucher dar, die zahlreich kommen, um sich betören zu lassen von den liebevollen Insignien vergangener Zeiten und von reichlich vertretenen Souvenirverkäufern, die auf ihre Chance warten. Genau wie der Barmann hinter dem Tresen im Royal Hotel (rechts).

Seit 1848 war in Kalifornien der größte Goldrausch aller Zeiten im Gange: Oregon, Nevada und South Dakota folgten wenige Jahre später, was die Hoffnung armer Teufel nährte, auch im Süden Afrikas könnte sich das ganz große Glück einstellen. Erst recht, nachdem Gerüchte über den ersten Diamantenfund bei Kimberley (1866) die Runde gemacht hatten. Es dauerte nicht lange, bevor die Kunde von Allec Pattersons Entdeckung durchs Land ging und Goldschürfer von überallher in Scharen anrückten. Rasant entwickelte sich die winzige Goldgräbersiedlung Pilgrim's Rest zum boomenden Eldorado. Schnell wurden große Minengesellschaften aufmerksam, zumal die Vorkommen als Oberflächengold kostengünstig abzubauen waren. Ab 1895 kaufte die Transvaal Gold Mining Estate Ltd. zahlreiche Claims von schuftenden Diggern auf, sodass ihr bald der ganze Ort samt Wellblechbaracken und Siedlerhäusern gehörte. Hilfskräfte mussten her zum Abbau der Vorkommen in großem Stil, und so entwickelte sich Pilgrim's Rest schnell zu einem quirligen Arbeiterstädtchen.

Lebendige Vergangenheit

Bis 1971 florierten die Geschäfte. Als kein Gold mehr zu finden war, veräußerte die Firma das historisch interessante Örtchen komplett an die südafrikanische Regierung, die es restaurieren und als Freilichtmuseum herrichten ließ. Was einen neuen Boom in Gang setzte. Heute leben in diesem putzigen Miniaturstädtchen ein paar Hundert Einwohner vom historischen Nimbus dieses Kleinods, das inzwischen zum Nationaldenkmal erklärt wurde und jährlich eine große Zahl von Touristen anzieht. Prachtstück ist Alanglade, das herrschaftliche Wohnhaus des Direktors der Transvaal Gold Mining Estate Ltd., wenige Kilometer vom Ortskern entfernt. Als zeitgeschichtliches Museum zeigt das Gebäude typisches Interieur aus der Goldgräberzeit zwischen 1900 und 1930 und wirkt so authentisch, als wären seine Bewohner hier noch zu Hause. Tatsächlich zu erleben ist das Ambiente von einst im viktorianischen Holzbau des Royal-Hotels.

Wem die Zeit für eine Übernachtung nicht bleibt, der sollte sich einen Drink an der Church Bar genehmigen, wo sich am Tresen die alten Pionier- und Goldgräberzeiten sehr angenehm herbeiträumen lassen. Ohne Bar funktioniert das auf einer historischen Besichtigungstour. Vielleicht im Miner's House, das ein typisches Beispiel der Wohnquartiere ausstellt, oder im Old Print House, dem Verlagshaus der Lokalzeitungen *Gold News*, *Pilgrim's Rest News* und *Sabie News*. Außer den Druckmaschinen sind hier noch einige interessante Titelseiten von einst zu bestaunen. Im Dredzen Shop, dem Einkaufsladen des Minenstädtchens, gingen früher dringend benötigte Kolonialwaren über die Ladentheke, vor allem Lebensmittel, Whisky, Werkzeuge und Haushaltswaren. Die Bestseller allerdings dürften Sieb und Schaufel gewesen sein für all jene, die herkamen, um ihr Glück zu machen.

Letzte Ruhe

Das können Besucher beim Goldwaschen am Pilgrim's Creek heute auch noch versuchen. Hilfreich wäre vorher eine Führung im Diggings Museum, um dort das sachgerechte Schwenken der Goldpfanne zu erlernen. Ein Traum für Oldtimerfans ist die alte Autowerkstatt eines gewissen Paul P. Ahlers, die liebevoll wieder hergerichtet wurde und heute wahre Schmuckstücke ausstellt. Wer es schafft, abseits der Besucherströme auf den alten Friedhof zu gelangen, wird eine seltsame Stimmung verspüren beim Anblick der Grabstätten von Goldgräbern, Minenangestellten und Händlern, die in längst vergangenen Zeiten aus aller Welt hierher, nach Pilgrim's Rest, kamen. Und die nun dem Namen ihres Goldgräberstädtchens im Sinne des Erfinders auf alle Zeit gerecht werden.

OUTDOOR-ACTION OHNE ENDE

Adrenalin-Junkies bietet sich in der Gebirgswelt des Blyde River Canyon das volle Programm mit Klettern, Bungee und Swings, Abseiling, Reiten, Wandern, Mountainbiken, Drachenfliegen, Ballonfahrten und Wildwasser-Rafting. Groß und ziemlich verrückt ist das Angebot zwischen den Nördlichen Drakensbergen und Hazyview an der Grenze zum Kruger-Park. Eine der adrenalinhaltigsten Einrichtungen ist das Flying-Fox-Abenteuer von Plattform zu Plattform über dem wuchernden Blätterdach des Tropenwaldes am Sabie River, der sich glitzernd tief unten durchs unwegsame Gelände schlängelt. Wer Höhenangst hat, ist hier fehl am Platz, und selbst ohne ist die rasante Fahrt auf dem Flying-Fox-Schlitten am Drahtseil nicht jedermanns Sache!

WEITERE INFORMATIONEN

Mpumalanga Tourism:
www.mpumalanga.com
Pilgrim's Rest Information Centre:
www.pilgrims-rest.co.za
Graskop & Sabie: www.sabie.co.za
und www.graskop.co.za
Adrenalin und Outdoor:
www.skywaytrails.com,
www.indunaadventures.com und
www.krugerlowveld.com

Das Volk der Ndebele umfasst über eine halbe Million Menschen, und nicht wenige von ihnen haben es zu Berühmtheiten in der Kunstszene gebracht; überall in Mpumalanga ist die farben- und musterfrohe Produktpalette der Ndbele-Frauen ausgestellt. Die vermarkten ihr traditionelles Outfit gleich mit, wie hier im Museumsdorf Botshabelo (oben und rechts).

37 Kunst am Bau – Ndebele

Die berühmten Künstlerinnen und ihre geometrischen Muster

Das Design der Ndebele ist unverkennbar. Als wandelnde Grazien der Vermarktung desselben stehen die weiblichen Vertreter der Volksgruppe sehr fotogen im Rampenlicht: Ihre frisch gestylten Ornamente sind Markenzeichen und werden sofort mit ihnen in Verbindung gebracht. Ursprünglich diente ihre Kunst auf Kleidung und in Form von Körperschmuck (wie beispielsweise Messingringe um Hals und Waden) dazu, spezifische Bildbotschaften zu vermitteln. Heute sind Ndebele-Bildmotive weltweit bekannt, und diese Kunst-Art erzielt internationale Preise.

Natürlich zeigt die Provinz Mpumalanga, die sich zwischen Johannesburg, dem Kruger-Park und Lesotho ausbreitet, nicht nur ihre grandiosen Naturschauspiele, sondern sehr gerne auch ihre Frauen. Speziell die des Stammes der Ndebele, die es mit ihrem Schmuckdesign zu Weltruhm gebracht haben. Wobei es mancher von ihnen befremdlich erscheinen mag, was der ganze Trubel um ihre Kunstfertigkeit eigentlich soll. Denn ganz normal sind doch eigentlich ihre stammestypischen Verzierungen, die die Farben des Lebens tragen und die althergebrachten Symbole ihrer Kultur. Diese geht vermutlich auf einen Zeitraum zwischen dem 15. und 17. Jahrhundert zurück, als die Vorfahren der Ndebele aus der Natal-Region in die Gegend östlich von Johannesburg einwanderten. Trotz der Dominanz durch Kolonialherrschaft und kriegerische Zulu konnten sich die Ndebele bis heute eine eigene Identität erhalten.

Feminin: die Kunst

Obwohl patriarchalische Stammesstrukturen vorherrschen, sind es ausschließlich die Frauen, die für Handwerk, Schmuck und Kunst zustän-

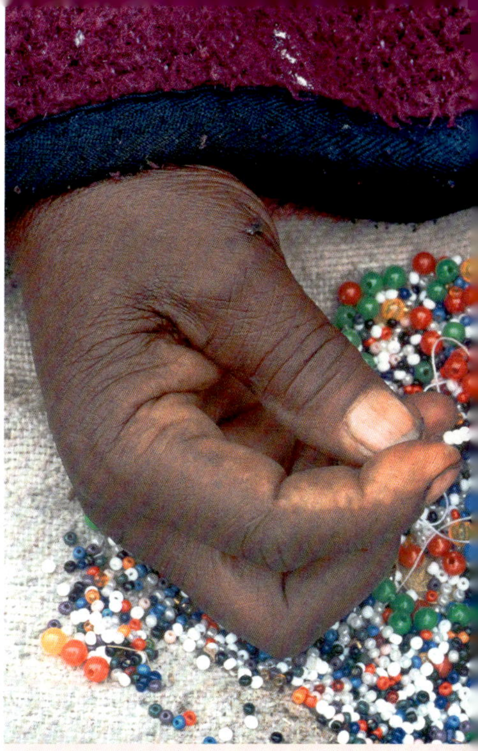

dig sind und damit auch für die Präsentation der Ndebele-Kultur in der Öffentlichkeit. Zu traditionellen Anlässen zeigen sie beeindruckenden Hals- und Wadenschmuck aus Messingringen und bunte Perlenarbeiten, wobei derlei Anblicke immer seltener »in freier Wildbahn« zu finden sind. Für interessierte Besucher empfiehlt sich deshalb, eines der Ndebele-Museumsdörfer zu besuchen. Vielleicht praktischerweise das in Botshabelo bei Middelburg, weil es auf der Strecke zwischen Johannesburg und dem Kruger-Park liegt. Die ehemalige Niederlassung der Berliner Missionsgesellschaft, die 1865 von den deutschen Missionaren Heinrich Grützner und Alexander Merensky gegründet wurde, beherbergt heute eine der schönsten Ndebele-Schausiedlungen mit herrlichen Exponaten kunstvoll bemalter Häuserwände. Unter anderem sind auch die Entwicklungsphasen der Ndebele-Baustile von der einfachen Rundhütte bis zu den heutigen rechteckigen Grundrissen dokumentiert. Früher trugen die Traditionskünstlerinnen ihre Geometrie der leuchtenden Farbmuster virtuos mit den Fingern oder mittels Hühnerfedern auf. Aber natürlich hat die Moderne längst Einzug gehalten: Da, wo einst ausschließlich natürliche, pulverisierte Erdsubstanzen zur Herstellung von Farben verarbeitet wurden, finden heute industriell gefertigte Kunstprodukte Verwendung, die von ganz gewöhnlichen Pinseln in Form gebracht werden. Nicht nur die Malkunst, sondern auch prächtige Perlenarbeiten sind ein Teil der Ndebele-Kultur und werden von Sammlern und Kunstliebhabern geschätzt. Überall sind die typischen Ndebele-Perlenpuppen, Halsketten und Armbänder auf Flohmärkten und an Straßenständen im Angebot, aber auch in letzter Minute sind sie in den Duty-free-Shops der Flughäfen zu bekommen.

Graffiti für Bayern

International hat sich das Markenzeichen der Ndebele durch große Erfolge in der Kunst- und Designbranche bekannt gemacht, ganz besonders, seitdem die Ndebele-Künstlerin Esther Mahlangu eine bayerische Limousine bemalte, die heute auf Ausstellungen in der ganzen Welt gezeigt wird. Als künstlerisch Innovativste ihrer Zunft hatte sie ihre großen Erfolge, indem sie sich frühzeitig von den streng traditionellen Mustern löste und neue Stile probierte, was ihr weltweit Aufmerksamkeit einbrachte. Heute pendelt die berühmte Ndebele-Artistin zwischen Ausstellungen in Paris, Tokio und Los Angeles hin und her.

»RAINBOW-NATION«

Die ethnische Vielfalt der »Regenbogen-Nation« mit ihren über 20 Volksgruppen ist selbst für Insider verwirrend. Noch übersichtlich stellen sich die Urvölker der San oder Khoikhoi dar sowie die Einwanderer aus Europa (mehrheitlich englischen und holländischen Ursprungs) und Indien. Bekannt sind die stolzen Xhosa von der Wild Coast, die kämpferischen Zulu aus KwaZulu-Natal und die expressionistischen Ndebele-Künstlerinnen aus Mpumalanga. Da gibt es aber auch noch die Tswana, die Sotho, die Venda, die Shangaan, die Swazi und viele mehr. Entsprechend kompliziert gestaltet sich das Spektrum der elf offiziellen Sprachen, ganz zu schweigen von zahlreichen Dialekten.

WEITERE INFORMATIONEN

Ndebele-Dörfer: Botshabelo (bei Middelburg), Mapoch Ndebele Village (bei Pretoria), das Lesedi-Kulturdorf (bei Johannesburg)
Mpumalanga Tourism: www.mpumalanga.com

Ein erstklassiges Straßennetz macht Swasiland zu einer angenehmen Reiseerfahrung. Eine ganze Reihe Wildschutzgebiete holt die Big Five nacheinander (rechts oben) mit Leichtigkeit vor die Fotolinsen und dazu nicht nur beeindruckende Landschaften (unten), wie das Porträt der insigniengeschmückten Swasifrau zeigt (rechts unten).

38 Ahnenkult, Hexerei und aufregendes Nachtleben – Swasiland

Das Reich von König Mswati III.

Nicht nur wegen seines illustren Auftretens ist das kleine Swasiland, nach Gambia das zweitkleinste Land Afrikas, gar nicht so ohne: Ein halbes Dutzend exzellenter Wild- und Naturparks wartet mit traumhaften Berglandschaften und selbstverständlich mit den Big Five auf sowie mit einer stattlichen Statistik an anderen großkalibrigen Wildtieren – und mit Nachtklubs, Spielkasinos und Diskotheken.

Die meisten Besucher werden die schillerndste Figur einer der letzten afrikanischen Monarchien kaum zu Gesicht bekommen, auch wenn eine Audienz bei Ihrer Hoheit König Mswati III. ganz sicher der krönende Abschluss einer Reise ins südliche Afrika wäre. Ranken sich doch um ihn die kuriosesten Anekdoten. Ohnehin kursieren in seinem 1,1-Millionen-Untertanen-Volk gerne die spannendsten Gerüchte. Besonders, wenn mal wieder ein Swasi spurlos verschwunden ist. Garantiert wird in den Gazetten dann auf einen rituellen Mord spekuliert und die Frage diskutiert, wann die Leichenteile zu Pulver zermahlen auftauchen werden – schließlich spielen im Königreich Kulte, schwarze Magie, Hexerei und Ahnenverehrung eine große Rolle. Immer noch werden mysteriöse Riten praktiziert, wie die heilige Incwala-Zeremonie (Fruchtbarkeitsfeier) sowie der Umhlanga-Tanz (Schilftanz), die neben vielen anderen kulturellen Eigenheiten aufzeigen, wie stark das Leben der Swasi in Traditionen verhaftet ist. Als Staatsführer und spirituelles Oberhaupt wird König Mswati III., absoluter

Monarch seit 1986, von seinem Volk sehr verehrt. Die Existenz der Nation ist allein der klugen Politik der Königsfamilie zu danken, die das Land seit Erlangen der Unabhängigkeit (1968) geschickt durch die Turbulenzen der südafrikanischen Apartheid lavierte.

Flotte Hoheit: Sexverbot

Auch wenn deren jüngster und derzeit regierender Spross bekannt ist für seinen ausschweifenden Lebensstil (an die 20 Ehefrauen soll er haben, was sich jedoch im Vergleich zu über 100 seines Vorgängers König Sobhuza II. eher bescheiden ausnimmt), gibt es an der Monarchie wenig Zweifel. Zu Apartheidzeiten war Swasiland bei den weißen Südafrikanern beliebt wegen zahlreicher Spielkasinos und Nachtclubs, wo es sich – weit genug entfernt von der strikten Rassentrennung zu Hause – herrlich feiern ließ, mit allen erdenklichen exotischen Zutaten. Heute leidet das Land nicht nur unter einer hohen Armuts- und Arbeitslosenrate. Die extreme HIV-Infektionsstatistik hätte König Mswati III. gerne durch ein fünfjähriges Sexverbot in den Griff gekriegt, was aber naturgemäß nicht funktionierte, vor allem auch, weil Seine Hoheit selbst in die Schlagzeilen geriet und an Glaubwürdigkeit einbüßte: Kurz nach dem Erlass wurde er mit einer 17-Jährigen ertappt.

The Big Five

Die Schönheiten der Natur Swasilands sind beeindruckend. Das größte Schutzgebiet, der Hlane-Royal-Nationalpark, liegt in der Nachbarschaft des ehemaligen königlichen Jagdreviers, wo es sich auf organisierten Buschwanderungen hautnah an Elefanten und Breitmaulnashörner heranpirschen lässt. Das private Mkhaya-Wildreservat wirbt damit, dass Besucher hier mehr Nashörner sichten können als irgendwo sonst in Afrika. Das Ezulwini Valley ist mit seiner reizvollen Landschaft und dem königlichen Sitz Lobamba Swasilands touristisches Herzstück. Neben dem Royal Embo State Palace, dem Royal Kraal und dem Lozitha State House finden sich im »Tal des Königs« elegante Hotels, Restaurants, Märkte und Kasinos. Nicht ohne Grund wohnt Seine Majestät lieber hier im Royal Valley und nicht im schnell wachsenden und quirligen Mbabane. Die 100 000 Einwohner starke Hauptstadt ist zwar pittoresk von 1800 Meter hohen Gebirgsketten umringt, hat aber gegen Ezulwini wenig Reiz aufzubieten. Als landschaftliche Perle kommt das kleine Goldgräberstädtchen Piggs Peak daher, im hügeligen, pinienbestandenen Norden des Landes, wo ein gewisser William Pigg 1884 sein Glück machte. Schon lange sind alle Minen geschlossen, heute lockt das Forststädtchen mit malerischen Landschaftsbildern sowie afrikanischem Kunsthandwerk.

SWASILAND IN STICHPUNKTEN

Ezulwini Valley: Höhepunkte: State Palace, Nationalmuseum, Parlament, King Sobhuza II. Memorial Park, Mantenga Nature Reserve & Swazi Cultural Village, Mantenga Falls sowie das Swazi Spa Health & Beauty Studio bei den heißen Thermalquellen.
Königlich wohnen: Sun-Hotels Lugogo, Edzulwini, Royal Swazi Sun, www.suninternational.com
Fürstlich speisen: Calabash Continental, Woodlands Restaurant, Quaterman's
Shoppen: Mantenga Craft Centre, Guava Gallery
Im malerischen Malkerns Valley: Übernachten in Malandela's B&B oder der Willows Lodge, Shoppen bei Gone Rural (www.goneruralswazi.com), Swazi Candles (www.swazicandles.com) und Baobab Batik (www.baobab-batik.com)

WEITERE INFORMATIONEN

Touristeninformation Mbabane: www.welcometoswaziland.com;
Swazi Trails: www.swazitrails.co.sz
Spezialveranstalter Abendsonne Afrika: www.abendsonneafrika.de

KwaZulu-Natal

Steile Felsen, stille Strände

Zululand bietet Strände ohne Ende, wie an der Rocktail Bay (unten) und freundliche Menschen (oben) sowie mit den Drakensbergen ein Gebirgsszenario erster Güte, wie die Szene im Cathedral Peak Nature Reserve (links) beweist. Der Dreitausender Cathedral Peak lässt sich mit ausreichender Fitness in sieben Stunden bezwingen.

Pistenfahrer kommen hier voll auf ihre Kosten: Lake Sibaya

Route durch KwaZulu-Natal

Drakensberge, Durban und Hibiscus Coast

Auf rund 300 Kilometern erstrecken sich zwischen Port Edward im Süden und Richards Bay nördlich von Durban beliebte Badeorte am immer warmen Indischen Ozean. Jenseits davon findet das KwaZulu-Natal-Wonderland bis zur Grenze Mosambiks an menschenleeren Naturküsten statt.

Toureninfo

Start: Port Edward
Ziel: Kosi Bay
Länge: 1800 km
Dauer: 2 Wochen
Beste Reisezeit: Ganzjährig
Sehenswertes: Dreitägige Rovos-Zug-Safari durchs Zululand ab Pretoria, www.rovos.co.za
Unterkunft: The Balmoral Durban, www.raya-hotels.com; Phinda Private Game Reserve, www.andbeyond.com; Ubizane Wildlife Reserve, www.ubizane.co.za; Makakatana Bay Lodge am St.-Lucia-See, www.makakatana.co.za; Sani Mountain Lodge, www.sanitopchalet.co.za.

Weitere Infos

In den deutschsprachigen Ortschaften Luneburg, Wittenberg und Augsburg zwischen Piet Retief und Paulpietersburg nördlich von Vryheid leben die Nachfahren deutscher Einwanderer, die vor 150 Jahren ins Land kamen und noch heute im lutherischen Glauben verbunden sind, www.lueneburg.co.za.

Die Badeorte der Hibiscus Coast südlich von 39 **Durban** reihen sich mit lebendigem Strandleben wie Perlen auf der Kette, während die der nördlichen Dolphin Coast mehrheitlich von hochwertigen Senioren- und Ferienanlagen leben. Als Zwischenstopp an Durbans South Coast sind das beschauliche Port Edward sowie die beiden Strand-Enklaven Margate und Ramsgate zu empfehlen, Letzteres kann mit einem der besten Strände Südafrikas punkten.
Die 48 **Oribi Gorge,** ein 1837 Hektar großes Naturschutzgebiet mit Sandsteinschlucht 20 Kilometer westlich von Port Shepstone, lockt Aktivsportler mit Bungee, Stromschnellen und Wander-Tracks. Nördlich von Durban finden Schwimmer, Schnorchler und Taucher zwischen den Strandorten Tongaat und Nkwazi Beach ihr Zielgebiet, Golfspieler sowieso auf zahlreichen erstklassigen 18-Loch-Plätzen entlang Durbans North Coast.
Nördlich von Richard's Bay schließen sich einige bekannte Tierschutzreservate an, allen voran die Greater St. Lucia Wetlands, heute der 44 **iSimangoliso Wetland Park,** in dessen aquatischen Welten sich unzählige Krokodile und Flußpferde tummeln. Die Schutzgebiete 42 **Hluhluwe-Imfolozi,** Ubizane Wildlife Reserve und 43 **Phinda Private Game Reserve** haben vor allem das Überleben der Nashörner im Blick. Wild und beinahe menschenleer zieht sich die Küste des Indischen Ozeans, die sich hier oben im nordöstlichen KwaZulu-Natal Elephant Coast nennt, bis zur Grenze Mosambiks, und wer eine umständliche Anreise nicht scheut, wird in 46 **Sodwana Bay,** 49 **Thonga Beach,** 50 **Rocktail Bay** und 45 **Kosi Bay** in einem geradezu außerirdischen Küsten- und Sandparadies landen.

Pietermaritzburg & Drakensberge

Wer zum Drachenberg will, kommt an den Midlands nicht vorbei: Sanft geschwungene Hügellandschaften mit saftigen Kuhwiesen erstrecken sich nordwestlich von Durban, wo sich 40 **Pietermaritzburg** als letzte britische Bastion versteht und als Tor zu einer der bizarrsten Landschaften KwaZulu-Natals, mit gebirgigen Highlights, deren Namen Cathedral Peak (3004 m) und Giant's Castle (3314 m) schon alles verraten. Die Midlands-Meander-Route startet in Hilton, nördlich von Pietermaritzburg, wo Eisenbahnfreunde sich über das Natal Railway Museum freuen und Wassersportler über den Midmar-Stausee im Albert Public Nature Reserve nahe Howick. Im 40 **Umgeni Valley Nature Reserve** stürzen die Howick Falls als beeindruckendes Wasserfallspektakel 100 Meter in die Tiefe.

Back to the Roots: Zululand

Der 40 **uKhahlamba-Drakensberg-Park** versammelt in seinem 243 000 Hektar großen Gebirgsareal alles, was das Land an dicken Brocken zu bieten hat – nur noch getoppt durch Lesothos Thaba Ntlenyana (3482 m), den höchsten Gipfel im gesamten südlichen Afrika. Teil des gewaltigen Gebirgsszenarios ist das berühmte Amphitheater im 40 **Royal-Natal-Nationalpark,** wo der Tugela River 800 Meter tief abstürzt. Über den 2895 Meter hohen Sani-Pass führt eine extreme Gebirgsstrecke ins Königreich Lesotho. In der Region um Eshowe und Empangeni, dem 41 **Stammesland der Zulu,** entdeckt man mit traditionellen Rundhüttendörfern und viel Folklore deren Welt, zwischen Vryheid und Dundee befindet sich die Gedenkstätte Blood River

Battlefield, die an den Sieg der burischen Voortrekker über die Zulu erinnert. Am 16. Dezember 1838 fand hier die Entscheidungsschlacht statt, bei der 464 Buren gegen 10 000 Zulu kämpften, über 3000 Zulu starben.

Die glitzernde Metropole am Indischen Ozean nennt sich zu Recht gern »City of Lights«, was natürlich auch tagsüber auf Durban zutrifft: mit palmenbesetzten Stränden und Sonnenschein ohne Ende.

39 Die Stadt der Lichter – Durban

Quirliger Lifestyle am Indischen Ozean

Die Millionenmetropole an Südafrikas Ostküste darf sich als Allererstes mit ihrem prominentesten Sohn, Mahatma Gandhi, schmücken. Der junge indische Anwalt lebte zwischen 1893 und 1914 in der Hafenstadt, bevor er (wie Nelson Mandela 100 Jahre später) als Symbolfigur für den gewaltlosen Widerstand und den Freiheitskampf mit friedlichen Mitteln in die Geschichtsbücher der Welt einging. Das moderne Durban fußt auf einer bewegten Geschichte.

Als der portugiesische Seefahrer Vasco da Gama am Weihnachtstag 1497 hier vor Anker ging, taufte er den Landstrich »Natal«, zu Ehren der Geburt Jesu Christi. Es war das Stammesgebiet der Zulu. 1823 ließen sich die ersten Händler an der Bucht nieder, und wenig später wurde aus da Gamas Ankerplatz ein betriebsamer Hafen, vor allem durch den Umschlag von Elfenbein. Bald gerieten die burischen »Voortrekker«, die mit ihren Ochsenwagengespannen vom britisch regierten Kap kamen, mit den kriegerischen Zulu aneinander. Wenig später schlugen sich die Buren mit den Briten, die auch Natal unter die Kontrolle des Empire bringen wollten. Diesmal unterlagen die Buren. 1843 wurde Natal britische Kolonie und die Stadt nach dem ehemaligen Kap-Gouverneur Sir Benjamin D'Urban benannt. Mitte des 19. Jahrhunderts legten die neuen Herren riesige Zuckerrohrplantagen an, wozu Arbeiter in großer Zahl aus Indien herangeschafft werden mussten, weil die stolzen Zulu-Krieger nicht auf die Felder wollten.

Dominiert vom Business

Viktorianische Prachtbauten entstanden, die noch heute im alten D'Urban Ville zeigen, was einst war: 1863 das Gerichtsgebäude (heute

LETO
WINDY LOU
GENESIS II

Durban ist mehr als eine Fundgrube für Kuriositäten aller Art, vor allem pulsiert hier indisch-afrikanische Lebensart (unten). Die uShaka-Marina ist der interaktive Hit unter den Fresstempeln der Metropole. Am Hafeneingang residiert in erstklassiger Lage einer der besten mit dem Moyo-Restaurant.

The Local History Museum), 1885 das Rathaus (jetzt Hauptpost), 1894 der Hauptbahnhof (heute The Durban Exhibition Centre) und 1910 die City Hall als monumentaler Nachbau des Rathauses von Belfast. Das Alte Fort (1842) beherbergt ein sehenswertes Kriegsmuseum und das Kirchlein St. Peter in Chains, das ehedem als Pulvermagazin diente. Durban ist die zweitälteste unter den vier großen Städten Südafrikas und mit mindestens vier Millionen Einwohnern die drittgrößte. Sie ist die Hauptstadt der Provinz KwaZulu-Natal, hat den zweitgrößten Hafen Afrikas sowie das umschlagstärkste Zuckerterminal. Dazu ist Durban Sitz finanzkräftiger Industrie- und Handelsunternehmen, das International Convention Centre bietet bis zu 10 000 Kongressteilnehmern aus aller Welt Platz. Hotelneubauten schießen wie Pilze aus dem Sand, die Skyline zeigt: Hier werden Geschäfte gemacht. Business vor Schönheit ist heute die Devise, und so findet in Durban eine lebhafte Mischung aus Bombay, Afrika und Florida statt.

Strandhauptstadt: Südafrikas Playground

Die größte Attraktion ist Durbans »Golden Mile«, ein sechs Kilometer langer Küstenstrich, der sich zwischen der Landzunge The Point im Süden und dem Umgeni River im Norden erstreckt. Die Prachtmeile am Meer ist der Kulminationspunkt des urbanen Lebensgefühls mit zahllosen Restaurants, Bars, Pools und Vergnügungslokalen. Dort, zwischen Neonreklamen, Wolkenkratzern und feinen Strandhotels, spielt die Metropole Miami Beach – oder, je nachdem, auch Miami Vice. North Beach lockt mit seinem hyperbreiten Strand Städter aller Couleur ans Wasser – und auf seine Marine Parade, wo sich Durbans glitzerndes Beach-Nachtleben konzentriert. Die erste Baureihe hinter dem Goldstrand besetzen Fünfsternehotelklötze, dazwischen warten feine Gourmettempel wie Daruma Seafood & Sushi oder das Piatto Mediterranien Kitchen auf strandmüde Kundschaft. South Beach kann mit seinem Themenpark uShaka Marine World brillieren, wo sich im Shark Tank alles versammelt, was an Haifischen in der südlichen Hemisphäre unterwegs ist. Vermutlich ist er gerade hier installiert, um Schwimmer für die Signale der Rettungswacht zu sensibilisieren, weil ab und zu Haie trotz Elektroschocks und Schutznetzen urplötzlich Durbans Strände ansteuern.

Kunst und Kultur in der Stadt

Auf der To-do-Liste für Sightseeing in der Innenstadt stehen: Durban Art Gallery und Natural Science Museum im Gebäude der City Hall,

Museum of Africana in Muckleneuk, das Exhibition Centre, eine unorthodoxe Ausstellungshalle mit Kunst, Kitsch, Theater, Tanz und Musik, die Jumah-Moschee, Zutritt nur für Männer. Unterschiedliche Tierwelten zeigen der Umgeni-Bird-Park und der Fitzsimons-Snake-Park. Zur Unterhaltung wären da noch die Fun-Parks Amphitheatre Gardens und Water Wonderland, die Casino and Entertainment World, die Botanic Gardens, der Royal Durban Golf Course, die Formel-1-Rennstrecke, der Greyville Race Course (Pferderennen), der Durban Country Club sowie die Florida Road, die in schöner Kolonialatmosphäre Boutiquen, Cafés, Restaurants und trendige Kneipen wie auf der Perlenschnur vorzeigen kann.

Klein-Indien

Die Zeiten, als indischstämmige Mitbürger wie Mahatma Gandhi aus einem für Weiße vorbehaltenen Zugabteil entfernt wurden, sind zum Glück vorbei. Fast alle der etwa eine Million südafrikanischen Inder leben in Durban, das sind 15 Prozent der Bevölkerung der Provinz KwaZulu-Natal. 75 Prozent der Menschen sind Zulu, der Rest europäischstämmig. Durbans Kultur ist stark indisch geprägt. Wer das trotz der Kuppeln der Jumah-Moschee im Indischen Viertel, wild herumkurvender Rikscha-Taxis (deren Fahrer aber häufig Zulu sind) oder diverser Hindutempel nicht sofort erkennt, riecht es spätestens auf dem wuseligen Victoria Market mit seinen Düften nach Curry und Weihrauch.

Auf keinen Fall verpassen: The Tourist Junction im alten viktorianischen Bahnhof und The Workshop, Durbans beliebtestes Shopping-Paradies gleich nebenan. Eine Stadt mit der wirtschaftlichen Power Durbans hat kulturell einiges zu bieten, etwa die Sonntagskonzerte des Natal Philharmonic Orchestra, peppige Shows der Red Eye @rt mit Musik, Mode und Kunst in der Durban Art Gallery, Shakespeare oder Komödie als experimentierfreudige Inszenierungen auf den fünf Bühnen des Natal Playhouse. Und dann sind da noch die religiösen Festivitäten der Inder: Kavadi, das wichtigste Hindufest Ende Januar, Diwali, das Lichterfest im November, Ratra Yathra zu Ehren der Gottheit Vishnu und so fort. Hinzu kommen Kongresse aller Art, darunter die größte afrikanische Touristikmesse Indaba, Formel-1-Rennen, Surfwettbewerbe und die Durban-Beach-Afrika-Festwochen. Ein besonderer Schatz sind Durbans Art-déco-Juwelen aus den 1930er-Jahren.

Vom Meer aus präsentiert sich Durbans Skyline beeindruckend, aber richtig gut wird die »City of Lights« vor allem bei Nacht.

NICHT NUR FRUTTI DI MARE

Eine Reihe feiner Restaurants hat sich auf Fisch und Meeresfrüchte spezialisiert, wobei Frutti di Mare in Durban sowieso überall frisch auf den Tisch kommen. Langusten sind ein Traum, aber falsch machen kann man auch beim Standardgericht »Line-fish« nichts, das je nach Fang variiert. Eine Institution mit Seeblick ist Durbans »Famous Fish Company«, Point Waterfront, direkt am Hafen und mit berauschenden Aussichten auf vorbeifahrende Frachtschiffe aus aller Welt. Kulinarisch an zweiter Stelle sind indische Currys. Folgerichtig finden sich reichlich Restaurants der Kategorie Jaipur Palace und Jewel of India, wo Tandoori (würziges Huhn oder Hammelfleisch auf Reis oder Naan-Brot) ebenso zu den indischen Gourmetgenüssen zählt wie ein Bombay Fish Curry.

WEITERE INFORMATIONEN

Durban Tourism:
www.durban-tourism.com,
www.visitdurban.travel
Zulu Kingdom: www.zulu.org.za

40 Überirdisch – Die Südlichen Drakensberge

Der Kamm des Drachens

Wer auf den Kamm des Drachen will, kommt an der Region der Midlands nicht vorbei: Sanft geschwungene Hügellandschaften mit saftigen Wiesen und glücklichen Kühen erstrecken sich nordwestlich von Durban, wo sich Pietermaritzburg als letzte britische Bastion versteht und als Tor zu einer der bizarrsten Landschaften KwaZulu-Natals. Mit Highlights, deren Namen beinahe schon alles verraten: Tugela Falls, Cathedral Peak, Giant's Castle, Sani Pass, Bushman's Nek.

Liebhaber bizarrer Hochgebirgslandschaften kommen in den Südlichen Drakensbergen voll auf ihre Kosten, wie die prächtigen Bergpanoramen rund um das »Amphitheater« (unten) zeigen. Zwischendrin gibt es auch sehr liebliche Ansichten, wie die beiden Zulu-Geschwister in der Blumenwiese beweisen (rechts).

Das 1838 gegründete Städtchen, das seine halbe Million Einwohner auch »Piemburg« oder »PMB« nennen, wartet mit noch intakten Insignien des britischen Empire auf.

Very British: Pietermaritzburg

Adrett ziehen sich hölzerne Gartenzäune um akkurat geschnittene Rasenflächen und Bougainvillea-Sträucher, sauber gepflasterte Wege zieren nicht nur die Parklandschaften der schmucken Hauptstadt KwaZulu-Natals. Pietermaritzburgs City Hall, die als viktorianischer Architekturschatz zum Nationaldenkmal erklärt wurde, ist angeblich das größte Backsteingebäude südlich des Äquators. In gleicher Weise beeindruckend präsentiert sich vis-à-vis das Gebäude der Tatham Art Gallery, die eine beachtliche Sammlung Gemälde und Skulpturen südafrikanischer und europäischer Künstler aus dem 19. und 20. Jahrhundert ausstellt; sogar Picasso-Werke haben den Weg in die Hallen des ehemaligen Obersten Gerichtshofs gefunden. Architektur aus längst vergangenen Zeiten ist das aussagestärkste Thema dieser Stadt.

Fotogene Stopps sind das Macrorie House (1862), das Old Government House (1860), das Old Colonial Building (1899) und das Voortrekker House (1847), bevor es zu den Attraktionen geht, die unmittelbar vor Piembürgs Haustür liegen. In der Church Street erinnert die Statue of Hope an Mohandas (später Mahatma) Gandhi. 1893 wurde er im Bahnhof von Pietermaritzburg aus dem Zugabteil der 1. Klasse verwiesen, weil dieses nur den Weißen vorbehalten war. Dieser Eklat politisierte den jungen Anwalt und machte ihn zum gewaltlosen Kämpfer gegen Rassismus.

uMgungundlovu – die Midlands

Die Midlands-Route führt durch das Gebiet der Midlands Meander bis zum Albert Falls Public Nature Reserve. Bei Fort Nottingham bieten die Howick Falls im Umgeni Valley Nature Reserve das nächste Paradies. Hier, wie auch in dem benachbarten Midmar Public Resort and Nature Reserve, lassen sich Giraffen, Zebras, Antilopen, Nashörner und eine reiche Vogelwelt beobachten. Weiter auf der N3 (die bis nach Johannesburg hinaufführt) geht es in die Region des Golden-Gate-Highlands-Nationalparks, des Royal-Natal-Nationalparks sowie des Rugged Glen Nature Reserve und zahlreicher kleinerer Schutzgebiete, wo die ganz großen Brocken Südafrikas in dramatischen Berglandschaften thronen. Über sie regiert Mafadi Peak, mit 3446 Metern der höchste Berg Südafrikas.

uKhahlamba – der Drachenpark

Das 243 000 Hektar große Gebirgsareal, das jenseits der Grenze zu Lesotho mit dem höchsten Gipfel des südlichen Afrika (Thabana Ntlenyana, 3482 m) seine Fortsetzung findet, bildet mit seinen phänomenalen Basaltgipfeln als uKhahlamba-Drakensberg-Park die Kulisse in zahlreichen Filmen und wurde im Jahr 2000 zum Weltnaturerbe erklärt. Nicht nur bei Bergsteigern und Wanderern ist der »Kamm des Drachen«, der Drakensberg, begehrt.

Dazu gehört das berühmte Amphitheater im Royal-Natal-Nationalpark, wo der Tugela River an einer fünf Kilometer langen und 500 Meter hohen Felswand in mehreren Stufen über 800 Meter tief abstürzt. Allradfreunde machen sich auf den Weg zum 2895 Meter hohen Sani-Pass, der auf einer extremen Gebirgsstrecke ins Königreich Lesotho hineinführt. Bequemer, wenn auch nicht weniger spektakulär, ist das Giant's Castle Game Reserve zu erreichen. Zwischen Champagne Castle (3374 m), Giant's Castle (3314 m), Cathkin Peak (3148 m) und Cathedral Peak (3004 m) ragen gewaltige Basaltbrocken auf, deren Höhenlinien auch nur minimal unter 3000 Metern liegen.

BUSHMAN'S ROCK ART

An die 25 000 Felsmalereien steinzeitlicher San finden sich in über 500 Höhlen und Felsüberhängen im gesamten Drakensberg-Gebiet. Konzentriert lässt sich der UNESCO-Weltkulturerbe-Schatz im Royal-Natal-Nationalpark besichtigen, wo zahllose »Bushman Paintings« aus dem Leben der Jäger und Sammler erzählen, die schon vor rund 8000 Jahren mit Blick auf den Dreitausender Giant's Castle lebten. Die schönsten und am leichtesten zugänglichen San-Kunstwerke befinden sich in den Giant's Castle Main Caves unweit der luxuriösen Giant's Castle Rock Lodge, die Kwa-Zulu-Natal Wildlife untersteht. Empfehlenswert: das Cave Museum sowie im Drakensberg-Park das Kamberg Rock Art Centre sowie das San Rock Art Centre in Didima.

WEITERE INFORMATIONEN

Pietermaritzburg Tourism:
Publicity House, 177 Chief Albert Luthuli St, Pietermaritzburg, Tel. 033 345 13 48, www.pmbtourism.co.za

Drakensberg Tourism:
www.drakensberg.org, www.drakensberg-experience.com, www.cdic.co.za

Kaum verwunderlich, dass sie so stolz sind auf Zululand, die Nachfahren der kampferprobten Zulu-Krieger: Landschaftliche Schönheit (Huka Falls, rechts unten) paart sich mit einer beeindruckenden Zulu-Kultur (unten: Zulu-König im Häuptlingsputz) und der mehrheitlich traurigen Zulu-Historie (Blood River Monument bei Dundee, rechts oben).

41 Im Stammesland der Krieger – Zululand

Traumhafte Landschaften, faszinierende Einblicke

Inmitten grüner Hügellandschaften liegt nördlich von Durban das Siedlungsgebiet jener stolzen Stammeskrieger, die sich seit Anbeginn der Kolonialisierung gegen die weißen Eindringlinge aus Europa stellten. Hier herrschte einst der legendäre Zulu-König Shaka, der Anfang des 19. Jahrhunderts versprengte Zulu-Stämme einte und eine straff organisierte Militärmacht aufstellte.

Shaka Zulu, heute heiß verehrt, war ein blutrünstiger Diktator, der das Land in Angst und Schrecken versetzte und 1828 von seinen Halbbrüdern Dingaan und Umhlanga ermordet wurde. Seinen Kultstatus verdankt er dem Untergang seines machtstrotzenden Zulu-Reiches und der schmählichen Niederlage gegen die Buren in der legendären Schlacht am Blood River im Dezember 1838.

Heute leben viele Zulu in bitterer Armut, was die Glorifizierung des Übervaters Shaka Zulu verständlich macht und weshalb zahlreiche Denkmäler und Ortsbezeichnungen dem großen König gewidmet sind: Nur wenig nördlich von Durban liegt Shaka's Rock, von dem es heißt, Shaka habe dort Ungehorsame ins Meer werfen lassen. Über Shakaskraal gelangt man ins Städtchen Stanger, wo das Shaka Memorial die Stelle markiert, an welcher der Zulu-König schließlich erschlagen wurde. Wenige Kilometer weiter, an der Mündung des Tugela River, erinnert der Ultimatum Tree an den Ausbruch der Schlachten zwischen Briten und Zulu.

Es lebe der König!

Vor allem in der Region zwischen Eshowe und Empangeni breitet sich die einst mächtige Zulu-Kultur in Form bunter Folklore mit idyllisch

wirkenden Rundhüttendörfern aus, die pittoresk inmitten weitflächiger Zuckerrohrplantagen liegen. Zahlreiche Museumsdörfer lassen die Geschichte der Zulu und ihres legendären Königs wieder lebendig werden. Eines davon ist Shakaland, nördlich von Eshowe, das als orginalgetreue Rekonstruktion für die Kulissen der amerikanischen Fernsehserie »Shaka Zulu« gebaut wurde. Heute funktioniert Shakaland als Show-Park, in dem zahlreiche Veranstaltungen, Tänze und Vorführungen stattfinden und Besuchern die Tradition der Zulu sowie deren Geschichte näherbringen. Lebendigere Zeugnisse der Vergangenheit sind die übers Jahr verteilt stattfindenden Zulu-Festivitäten. Zehntausende Teilnehmer bietet das Shembe Festival auf und noch mehr die Veranstaltungen am King Shaka Day Ende September. Zum Schilftanz versammeln sich dann in großen Mengen junge Zulu-Frauen, tanzend und singend, um ihrem König im Royal Kraal in Nongoma zu huldigen. Ehemals eine Zeremonie zu Ehren des Zulu-Königs, der sich bei dieser Gelegenheit mit frischen Bräuten versorgte, ist es heute das Fest voyeuristischer Kameralinsen.

Zululands Schlachtfelder

Das kleine Städtchen Ulundi, einst im Verein mit Pietermaritzburg die Hauptstadt von KwaZulu-Natal, war früher das Zentrum des Zulu-Reiches. In der Schlacht von Ulundi fanden die grausamen kriegerischen Auseinandersetzungen zwischen Zulu und Briten ihr endgültiges Ende. Für historisch Interessierte lässt sich das einstige *battlefield* besichtigen, das KwaZulu Cultural Museum liefert audiovisuelle Hintergrunddetails. Eine der wichtigsten historischen Pilgerstätten der Zulu befindet sich im Emakhosini-Ophathe-Heritage-Park bei Ulundi, dem südafrikanischen »Tal der Könige«. Sieben große Zulu-Könige sind hier begraben, darunter auch der Brudermörder Dingaan. Nordwestlich von Ulundi, im Dreieck von Newcastle, Vryheid und Ladysmith, liegen weitere Schlachtfelder sowie das legendäre Blood River Monument zwischen Dundee und Vryheid. Hier, am Ncome River, dem späteren Blood River, hatten 464 Buren mit ihren Ochsenwagengespannen eine Wagenburg errichtet und wurden am 16.12.1838 von 20 000 Zulu angegriffen. 3000 Zulu starben, und der Fluss färbte sich rot.

Wie nicht anders zu erwarten im Land der Wal-, Wein-, Brandy-, Freedom- und Adrenalin-Routen, können KwaZulu-Natal-Besucher auf eine Battlefields-Route zählen. Die tatsächlich existiert, ebenso wie Südafrikas erste Bier-Route, auf der sich neben dem Großproduzenten South African Breweries in Durban eine Handvoll Kleinbrauereien vorstellen.

STILVOLL ÜBERNACHTEN

Zwischen Blood River Monument und Richards Bay an der Küste im Babanango Valley liegt das 4000 Hektar große private Schutzgebiet der Babanango Valley Lodge am Nsubeni River. Auf dem renaturierten Farmgebiet grasen jetzt Zebras, Impalas, Warzenschweine und Gnus. Das Hauptgebäude ist das ehemalige Farmhaus der Turners, die sich mit hervorragendem Service ihren Gästen widmen (www.babanangovalley.co.za).

WEITERE INFORMATIONEN

Fort Nongqayi Musuem Village: www.battlefieldsroute.co.za, Shakaland (www.shakaland.com)
Zululand Tourism: www.zulu.org.za
Festivals: www.eshowe.com
Battlefields-Route: www.battlefieldsroute.co.za
German Pioneer Route: Paulpietersburg Tourism, High Street, www.zululandtourism.org.za

Die Flüsse White Imfolozi, Black Imfolozi und Hluhluwe River speisen das riesige Wildschutzgebiet des Hluhluwe-iMfolozi-Nationalparks (rechts unten) und machen es zu einem der interessantesten Tierbeobachtungsparadiese Südafrikas. Neben zahlreichen Nashörnern sind auch Elefanten (oben), Löwen, Leoparden, Hyänen, Zebras (rechts oben) und Giraffen hier vertreten.

42 Gourmetparadies für Vegetarier – Hluhluwe

Rhino-Country: Hluhluwe-iMfolozi-Nationalpark

Zwei Fahrstunden nordwestlich von Durban öffnen sich die Tore des Hluhluwe-iMfolozi Game Reserve. Das riesige Areal des Schutzgebiets, das mit 1000 Quadratkilometern die doppelte Fläche des Bodensees ausweist, kam 1998 durch einen Verbindungskorridor zwischen den bis dahin separaten Reservaten Hluhluwe und iMfolozi zustande. Der Wildpark zählt seit der Gründung im Jahr 1895 zu den ältesten in Afrika und ist der viertgrößte in Südafrika.

Als im März 1959 die beiden Wildhüter Ian Player und Magqubu Ntombela mit einer Handvoll Safarigästen auf dem ersten offiziellen Wilderness Trail im iMfolozi Game Reserve unterwegs waren, konnten die Wanderer ihre Verwunderung nicht verbergen: In der strotzend grünen Hügellandschaft, deren Täler von zahlreichen Wasserarmen durchzogen sind, entfalteten sich Bilder von seltener Schönheit: Wälder und Dornveld-Ebenen, Hügel und Felskuppen sowie Flussauen mit aufsteigenden Nebelschwaden wechselten sich ab und formten eine Vision vom Garten Eden. Der Erfolg der Gruppe, die ohne Fahrzeuge in vollkommener Stille ein Teil dieser entrückten Naturwelt werden konnte, setzte das iMfolozi-Gebiet auf die Landkarte der Begehrlichkeiten.

Walk on the wild side

Schnell entwickelten sich *bushwalks* zu einer immer beliebteren Art, Safari in reinster Form zu erleben. Heute zählt der Hluhluwe-iMfolozi zu den am meisten besuchten Schutzzonen Südafrikas. Über die N2 und das Städtchen Hluhluwe gelangt das größte Kontingent des organisierten Rundreisetourismus zum Memorial Gate und in den Ostteil des Parks. Gleich dahinter breiten sich schier endlos bewaldete

Hügellandschaften aus, durch die sich der Hluhluwe River sowie der Black und der White Umfolozi River schlängeln, die fruchtbare Täler mit üppiger Vegetation und satte, weite Grassavannen hervorbringen: Hier ist Rhino-Country, ein ideales Fressparadies für Rhinozerosse.

Rettet die Rhinos

Nicht umsonst wurde Hluhluwe-iMfolozi in den 1950er- und 60er-Jahren weltberühmt für sein Schutzprogramm »Operation Rhino«, das die Breitmaulvertreter (White Rhino) vor dem Aussterben bewahrte und die Spitzmaulkollegen (Black Rhino) zur größten Population in ganz Afrika versammelte. Im einst opulenten Jagdgebiet von Zulu-König Shaka (sowie schießwütigen Wilderern, die auf wertvolles Elfenbein aus waren) brauchen sich Rhinozerosse heute innerhalb des Schutzgebiets kaum noch Sorgen um Horn und Leben zu machen. Die über 2000 Breitmaul- und um die 500 der besonders seltenen Spitzmaulnashörner stehen im weltgrößten Schutzgebiet für Rhinos unter strenger Aufsicht der Parkranger. Auf Tuchfühlung lässt es sich an die sensiblen Vegetarier am besten auf den *wilderness trails* herankommen, die zu den Höhepunkten von Hluhluwe-iMfolozi zählen: Zu Fuß wird unter sachkundiger Führung die Savanne erkundet. Groß sind dabei die Chancen, einen Revierkampf zweier Nashornbullen aus nächster Nähe mitzuerleben und zu beobachten, wie die beiden Kolosse aufeinander zustampfen, die Hörner kreuzen, schieben und drücken, die Köpfe schwenken, um erneut Anlauf zu nehmen – bis der Schwächere nachgibt und sich davontrollt, während der Sieger durch kräftige Urinstrahlen sogleich sein Revier markiert, oder, je nachdem was gerade geht, durch eine ordentliche Portion »Rhino Droppings«. Natürlich sind auch die Vertreter der Raubtier- und Aaskategorie zahlreich in den weiten unberührten Landschaften vertreten, weshalb ein Viertel des Gebietes von den Fleischfressern abgetrennt ist, um Safaris zu Fuß möglich zu machen.

Romantisch: Zululand Tree Lodge

Die magnetische Wirkung des Hluhluwe-iMfolozi haben in der näheren Umgebung Lodges und kleinere private Schutzgebiete entstehen lassen. Eines davon ist das Ubizane Wildlife Reserve mit der Zululand Tree Lodge, nur wenige Kilometer vom Memorial Gate entfernt. Abseits der touristischen Brennpunkte im Park lässt es sich hier in einem traumhaften Jenseits-von-Afrika-Ambiente wohnen, gleichwohl kann man mit Rangern auf Jeep-Safari im Hluhluwe-iMfolozi gehen.

RUND UM HLUHLUWE-IMFOLOZI

Das kleine Örtchen Hluhluwe bringt nicht nur eine Tankstelle auf die Beine, sondern auch ein Shopping-Paradies mit ausgezeichneten Zulu-Kunsthandwerksprodukten. Wer hier kauft, stärkt die Stellung der einheimischen Frauen, was sich Ilala Weavers als Konzept auf die Fahnen geschrieben hat. Im benachbarten Dumazulu Cultural Village gibt es in einer Art Lifeshow-Museum Zulu-Vorstellungen mit Tanz, Gesang, Korbflechten und Speerwerfen. Mehrtägige Wander-Safaris im Nationalpark von Tekweni Eco Tours. Websites: Ilala Weavers: www.ilala.co.za; Dumazulu Cultural Village: www.gooder sonleisure.co.za; Wander-Safaris: www.ixigo.com

WEITERE INFORMATIONEN

www.zulu.org.za
Übernachtungstipps:
Zululand Tree Lodge: www.ubizane.co.za
Hill Top Restcamp: www.kznwildlife.com
Hluhluwe River Lodge: www.hluhluwe.co.za

Erbe der Angst: Südafrikas Townships

Townships sind ein Produkt der Siedlungspolitik der burischen Afrikaaner-Elite, die ihr Rassenproblem auf radikale Weise löste: Zunächst wurden, nach Stämmen sortiert, künstliche »Homelands« geschaffen und dann alle schwarzen Bewohner Südafrikas in diese neuen »Heimatländer« zwangsumgesiedelt.

Millionen schwarze Südafrikaner mussten sich nach dieser Apartheidphilosophie solche Reservate zuweisen lassen. Danach lebten – je nach Stammeszugehörigkeit – die Zulu in KwaZulu, die Xhosa in Transkei und Ciskei und die Tswana in Bophutatswana. Die Kunst-Staaten hatten zwar eigene Regierungsstrukturen, waren aber vollkommen von der weißen Zentralregierung abhängig. Auf dieser Grundlage verschaffte sich die Apartheidgesellschaft eine »weiße Weste«, weil das Land offiziell nun nicht mehr gemischtrassig war. Die Schwarzen in den Homelands galten sozusagen als Ausländer und brauchten gültige Papiere, um in »weiße Gebiete« einreisen zu können.

Arbeitsfutter für Fabriken

Aufgrund des Arbeitskräftebedarfs in den Großstädten erwies sich jedoch die Situation als unhaltbar. Um die Schwarzen in der Nähe, aber dennoch getrennt von der weißen Bevölkerung anzusiedeln, wurden etwa um Johannesburg, Kapstadt und Durban Massenquartiere geschaffen, in die die meisten Bewohner der Homelands umgesiedelt wurden – womit der Anfang für die Townships gemacht war, die sich heute wie Metastasen um die Metropolen ausbreiten. Die schlimmen Folgen waren bei einem derartigen Gesellschaftsentwurf programmiert: Traditionelle Bindungen zerfielen, gleichzeitig wurde der schwarzen Bevölkerung angemessene soziale Versorgung verweigert.

Die South West Township Soweto ist Johannesburgs bekanntestes Siedlungserbe aus der Apartheid. Hier konzentrierte sich der Widerstand gegen die Rassendiskriminierung der weißen Regierung (unten). Die Orlando Towers in Soweto (rechts oben).

Unter zunehmendem Elend begannen die Bewohner sich zu organisieren, um sich gegen den politischen Druck von außen und die um sich greifende Kriminalität im Inneren zu schützen. Gewalttaten waren an der Tagesordnung. Die weiße Polizei traute sich in manche Gegenden nicht mehr vor. Höhepunkte der Entwicklung waren sogenannte Halsbandmorde, bei denen die Opfer mit brennenden Autoreifen um Hals und Arme bei lebendigem Leib verbrannten.
In den heutigen Townships leben unvorstellbar große Menschenmassen beengt und unter sehr schlechten Bedingungen. Allein in Johannesburgs South West Township ((k))(So-We-To)((k)) sind es vier Millionen. Die Cape Flats bei Kapstadt geben ein ähnliches Bild ab. Regierungsprogramme haben versucht, den Zustrom in die Großstädte, der massiv durch die Zuwanderung von Kriegs- und Armutsflüchtigen aus anderen afrikanischen Staaten verstärkt wird, wenigstens in geordnetere Bahnen zu lenken. Aber Erschließungen neuer Townshipgebiete inklusive Parzellenvergabe mit Eigentumsrechten, Finanzierungshilfen, Sozial- und Krankenstationen und verbesserter Wasserversorgung hinken der rasanten Entwicklung in ein noch größeres Elend hoffnungslos hinterher.

Wie zur Zeit der Apartheid

Auch für die schwarze Regierung heute sind die Probleme äußerst schwer in den Griff zu bekommen. Zum armseligen Standard des Lebens kommt der Mangel an Arbeitsplätzen in den Townships, sodass sich täglich unfassbare Menschenmassen in öffentliche Nahverkehrsmittel und private Bustaxis drängen müssen, um sich wie zu Apartheidzeiten zu Fabriken und in die Stadtzentren transportieren zu lassen. Dennoch hat sich manches verändert. In den endlosen wellblechgedeckten Häusermeilen Sowetos existieren längst auch bürgerliche und luxuriöse Wohngegenden wie in Orlando-West, wo Touristen auf Soweto-Tour gern das Haus Winnie Mandelas besichtigen, was auch die Eröffnung von Sowetos Super-Mall Maponya beweist, die für 50 Millionen Euro entstand und auf 65 000 Quadratmetern Verkaufsfläche die vorhandene Kaufkraft absorbiert. Täglich lassen sich rund 1000 Besucher die Townships vorführen, wobei inzwischen mehr als drei Dutzend solcher Agenturen existieren, die auch Kneipenbesuche sowie Übernachtungen in Soweto und in anderen Townships organisieren. Auf eigene Faust ist von Exkursionen dringend abzuraten. Townships sind trotz aller positiven Entwicklungen hochgefährlich, für Touristen No-go-Gebiete, und sie bleiben ein Erbe der Angst.

Riesige Township-Gebiete, die sogenannten *Cape Flats*, umzingeln die beliebte Atlantik-Kapitale Kapstadt. Zu den bekanntesten zählen Langa (übersetzt: Sonne), Nyanga (Mond), Gugulethu (unser Stolz) sowie Khayelitsha. Im Bild unten: Szene in Blikkiesdorp im Stadtviertel Delft nahe dem Flughafen.

Es ist der pure Luxus für alle Beteiligten: An Phindas renaturierter Wildnis profitieren seit ihrer »Eröffnung« im Jahr 1990 nicht nur die Vertreter der südafrikanischen Tierwelt, sondern vor allem die Einheimischen, die um das riesige Reservatsgebiet herum leben (unten und rechts oben) – und die zahlungskräftigen Gäste, die sich auf hohem Niveau verwöhnen lassen (rechts unten).

43 Schutz für Mensch und Tier – Phinda

Das ökologische »Raw Model«

Westlich des iSimangaliso-Wetland-Nationalparks liegt das Schutzgebiet Phinda Private Game Reserve, dessen Eigentümer sich hinter der Bezeichnung »Conservation Corporation Africa« verbergen. Dem Natur- und Tierschutz verpflichtet, hat sich CCA in großen Lettern die Ökologie auf die Fahne geschrieben und betreibt auf seinen Arealen einen feinen, aber bevölkerungsnah ausgerichteten Tourismus, der seinen Preis hat.

Wie viele andere private Reservate breitet sich auch das Phinda-Tierparadies auf renaturiertem Farmland aus, das durch Abbau von Zäunen, Wasserspeichern, Gebäuden und so weiter wieder zu dem wurde, was es ursprünglich einmal war: Wildnis. Phinda, was in der Sprache der Zulu so viel wie »Rückkehr« bedeutet, versammelt auf seinem Territorium heute wieder ganz selbstverständlich die Big Five sowie Geparde, Giraffen, Rhinozerosse und zahlreiche andere Wildtierarten. Dazu bevölkert eine reichhaltige Vogelwelt mit 400 Arten die 17 000 Hektar große Naturschutzzone aus Feuchtgebieten, Steppen, Buschland und Wäldern. Diesen Naturschatz versucht das ökologisch orientierte Wirtschaftsunternehmen mit der Ökonomie auf einen Nenner zu bringen – das Ganze wohlwollend beobachtet von über 20 000 menschlichen Anwohnern, die um Phinda herum leben.

Rettet die Menschen

Hier setzt die eigentliche Aufgabe der Conservation Corporation an, die in verschiedenen Pilotprojekten bewiesen hat, dass Tierschutz und Wirtschaftlichkeit auch erfolgreich einheimische Bewohner integrieren kann – und muss. Das betrifft vor allem jene, die einst ohne Ent-

schädigungen aus ihren angestammten Gebieten vertrieben wurden, zugunsten von Farmen oder Tierreservaten, und die nun ohne Zukunftsperspektiven, oft verarmt vor den Parktoren leben müssen. Ähnlich wie in Madikwes Buffalo Ridge Project sind auch hier Hunderte direkte und indirekte Arbeitsplätze entstanden, die eine große Zahl an Familienverbänden existenziell absichern und am Tierschutz partizipieren lassen. Gewinnbeteiligung an den wirtschaftlichen Prozessen des Reisemarkts fördert ein positives Verhältnis zwischen Mensch und Natur und auch spürbar den Kontakt gegenüber Besuchern, die auf sanfte Weise ermuntert werden, ihren Teil beizutragen. Durch Gewinnrückflüsse sowie Spenden entstehen Schulräume, Kliniken und Bildungseinrichtungen mit Kursangeboten, zum Beispiel, um sich selbstständig zu machen. Bei Kleinfirmen, die mit Unterstützung Phindas entstanden sind, werden anschließend Dienstleistungen bestellt. Zahlreich sind die Programme, die Selbstbewusstsein, Zusammenhalt in der Belegschaft und Identifikation mit der »Company« fördern durch Projekte wie »Positively CC African« (Gesundheit und Aufklärung zum Thema Aids), »The Goal is Life« (Fußball) oder »Sing For Life« (afrikanische Musik). Zu Letzterem gehört die Organisation von Musikgruppen und Chören innerhalb der Belegschaften von zahlreichen &Beyond-Lodges in ganz Afrika, die mit den anderen Lodge-Kollegen im Wettbewerb stehen. So wird Mitgliedern das Reisen ermöglicht, sogar in andere Länder.

Fordern und fördern

Eines der größten Ereignisse fand im Johannesburger Theatre on the Track statt, wo Präsentationen aus sechs unterschiedlichen afrikanischen Kulturkreisen (Xhosa, Zulu, Swazi, Shangaan, Tset-Swana sowie ein Mix tansanischer Stämme aus der Ngorongoro Crater Lodge) gegeneinander antraten. Landesweit bekannt ist Phindas Ranger Training School, an der künftige Ranger eine Ausbildung erhalten, bevor sie bei &Beyond oder in einem der anderen südafrikanischen Wildreservate tätig werden. Mit vier Lodges ist &Beyond im Schutzgebiet vertreten: Phinda's Rock Lodge in den Lebombo Mountains sowie die außergewöhnlich konzipierte Vlei Lodge gelten als die exklusivsten. Die Vlei-Chalets bieten großzügige Glasfronten, durch die sich zu jeder Zeit die tierreichen *wetlands* ringsum beobachten lassen, sodass ihren Gästen das Gefühl zuteil wird, sich mitten im Busch zu befinden und ein Teil der Natur zu sein. Außergewöhnliches garantieren auf ganz traditionelle Weise &Beyond Walking Safaris, deren Unterkünfte fernab der Hauptlodges im Sandveld liegen.

DIE GROSSE LEIDENSCHAFT: GOLFEN

Mit ca. 600 Golfplätzen und Koryphäen wie David Frost, Bobby Lock und Leon Els bringt Südafrika in Sachen Abschlagen und Einputten Top-Class-Golfen auf die Beine. Zu den historischen Greens der ersten Stunde zählen nördlich von Kapstadt The Royal Cape, gegründet 1882, sowie Johannesburgs Royal Golf Club, gegründet 1890. Seither haben Spielwiesen auf Meisterschaftsniveau ganz Südafrika überzogen. Weltbekannt ist der Gary Player Country Club in Sun City durch sein alljährlich stattfindendes Turnier Million Dollar Challenge. Genügend Greens finden sich auch mitten im Busch von KwaZulu-Natal, wo Antilopen, Paviane und Krokodile zur echten Herausforderung werden! Informationen:
www.suedafrika-guide.de,
www.suedafrika-golf.de,
www.golfmotion.com

WEITERE INFORMATIONEN

&Beyond: www.andbeyond.com

Was KwaZulu-Natal Wildlife mit den St. Lucia Wetlands zu verwalten hat, grenzt an ein Wunder; allein schon flächenmäßig, aber vor allem durch iSimangalisos Zutaten: Ozean und weite, naturbelassene Strände (rechts), Süßwasserseen sowie subtropische Palmenkulissen (oben), grasbewachsene Küstenebenen, menschenleer, und eine vielfältige Vogelwelt.

44 Der »Wunderpark« – iSimangaliso Wetland

St. Lucia's Feuchtgebiete, Krokodile und Nilpferde

Es ist noch nicht lange her, dass die gottbegnadete Küstenlandschaft der sattgrünen Küstenebenen, unberührten Sandberge und des stahlblauen Indischen Ozeans nur Militärs und Meeresbiologen vorbehalten war: Der Greater-St.-Lucia-Nationalpark, gerade in iSimangaliso-Wetland-Nationalpark (Wunderpark) umbenannt, schaffte es aufgrund seiner besonderen Tierpopulation und seiner ökologischen Einzigartigkeit als erstes Schutzgebiet Südafrikas, auf die Weltnaturerbeliste der UNESCO zu kommen.

Was für ein Glück für die Menschheit: Auf 280 Kilometern erstreckt sich der iSimangaliso-Wetland-Nationalpark als Teil der Elephant Coast zwischen Cape St. Lucia im Süden und Kosi Bay im Norden. Einschließlich seiner Wasserflächen umfasst das 3320 Quadratkilometer große Areal (die sechsfache Fläche des Bodensees) drei Binnenseen, acht ineinandergreifende Ökosysteme, riesige Sumpf- und Mündungsgebiete, 25 000 Jahre alte Sanddünenlandschaften, die bis zu 180 Meter hoch sind sowie weite Wald- und sattgrüne Grasflächen. Das Schönste aber: Auf seiner gesamten Längenausdehnung brandet mit durchschnittlich 30 Grad Celsius Wassertemperatur leuchtend blau der Indische Ozean an und präsentiert mit weiß schäumenden Brechern, verschwiegenen Buchten, endlosen Strandlandschaften, unberührten Sanddünenwelten sowie skurrilen Baumstammskulpturen, die als Treibholz auf die weiten Sandflächen geschwemmt wurden, ein menschenleeres tropisches Paradies, das im urzeitlichen Zustand verharrt. Über 200 Schmetterlingsarten und 400 Baumarten sprechen für sich.

Bunte Unterwasserwelt

Unter der Wasseroberfläche ist der Teufel los: Der Northern Reef Complex vor Kosi Bay zieht

Hier fühlen sich alle wohl: Angler und Hochseefischer (ganz unten), Tourveranstalter mit ihren Ausflugsbooten (unten), Teleobjektiven, Ferngläsern sowie Gäste in herrlich bequemen Betten der Lodges (rechts).

Taucher aus aller Welt an, White Sands Canyon, Seven Mile Reef, Diepgat Canyon, Red Sands Reef heißen einige der farbschillernden Korallenriffe, die sich bis nach Cape St. Lucia hinunterziehen. Wer hier abtaucht, findet keine anderen Taucher in den Riffen, nur Unterwasserwelten vom Allerfeinsten. Nemo und Freunde, seine bunten Riffkollegen, gleiten wie im Film durch wunderschöne Korallengärten, Schildkröten paddeln in Zeitlupe vorüber, Muränen lugen aus Felslöchern hervor; nicht umsonst heißt der bezauberndste Tauchplatz vor Kosi Mouth »Aquarium«. Ein Riesenspektakel findet jeden Juli statt beim berühmten *sardine run,* wenn Millionen Sardinen in dichten Schwärmen vor den Küsten KwaZulu-Natals auftauchen, verfolgt von Kamerateams und Raubfischen, die mit offenem Maul durch das reich gedeckte Fressbüfett hindurchpflügen und schlucken, was immer geht.

Vor den feinen Sandstränden kreuzen Weiße Haie, Buckelwale und Südliche Glattwale, Delfine und Quastenflosser, die »Dinosaurier der Meere«, im warmen Sand der Strände legen Meeresschildkröten (darunter die seltene, große Lederschildkröte) ihre Eier ab.

Zeit für Schildkröten

Fünf Schildkrötenarten leben an den südafrikanischen Küsten. Allerdings verscharren nur zwei davon ihre Brut zwischen Oktober und März vor KwaZulu-Natal – die riesige Lederschildkröte, die bis zu 750 Kilogramm schwer wird, sowie die Karettschildkröte. Deren Legegebiete reichen von St. Lucia bis weit nach Mosambik hinein. Etwa 70 Tage nach Eiablage schlüpfen nachts die jungen Schildkrötchen aus, die es ziemlich eilig haben, ins Wasser zu kommen, um ihren Feinden zu entgehen. Aber auch dort wartet das Übel: Nur eine von Hunderten überlebt ihre Jugendzeit. Faszinierend ist die Tatsache, dass die Weibchen 15 Jahre später an den gleichen Strand zur Eiablage zurückkehren, nachdem sie riesige Entfernungen in den Ozeanen zurückgelegt haben. Wesentlich bodenständiger geht es im 85 Quadratkilometer großen Lake St. Lucia zu, der mit Tausenden Krokodilen und Flusspferden die größte Dichte der beiden Spezies in ganz Südafrika versammelt. Dazu bevölkern 526 gezählte Vogelarten die riesigen Feuchtgebiete, was Vogelfreunde und Ornithologen aus aller Welt anreisen lässt.

Lebendes Fossil: der Quastenflosser

Ökologen und Wissenschaftler arbeiten hier an unzähligen Forschungsprojekten. Mit einem Tauchboot kurvten natürlich auch schon Mit-

arbeiter des Max-Planck-Instituts durch die Tiefen, um dem lange Zeit als ausgestorben geltenden Quastenflosser-Urfisch auf die Spur zu kommen. Das Alter dieser besonderen Spezies wird auf 410 Millionen Jahre geschätzt. Inzwischen ließen sich an die 200 dieser lebenden Fossilien an verschiedenen Orten der Welt einfangen. Nicht ohne Stolz zählt die iSimangaliso Wetland Park Authority seine ökologisch und landschaftlich kostbaren Juwelen auf: Kosi Bay, an Südafrikas Nordgrenze zu Mosambik gelegen, mit vier Seen und einem Netz an Kanälen Ziel von Schnorchlern und Fischern; Lake Sibaya, Südafrikas größter Südwassersee, mit KwaZulu-Natals zweitgrößter Population an Krokodilen und Flusspferden; Sodwana Bay, als eine der besten Tauchgründe weltweit; uMkhuze, eine westliche Ausstülpung der Wetlands, gehört Leoparden, Breitmaul- und Spitzmaulnashörnern, Wildhunden, Geparden, Elefanten und Giraffen; Lake St. Lucia füttert seine Reptilien mit Flamingos, Pelikanen und Wildenten. Nach Einbruch der Dunkelheit steigen hier 1300 Fleischkolosse aus den flachen Gewässern, um auf den umliegenden Grasflächen zu weiden, wo sie allnächtlich Tonnen an Grünzeug vertilgen. Tagsüber aalen sich die Hippos dann im kühlenden Wasser, das ihre Exkremente dankbar aufnimmt und an Zehntausende Fische in Form von Nährstoffen weitergibt, was rund 2000 Krokodile freut. The Narrows, ein enger Kanal, verbindet den riesigen Binnensee mit dem Indischen Ozean, gespeist wird er durch fünf Flusssysteme, die sich von den westlichen Savannen ihren Weg ins Mündungsgebiet suchen. Der St. Lucia Wetland Park, sagte Nelson Mandela über die südafrikanische UNESCO-Perle, sei der einzige Ort auf dem Globus, »wo sich das älteste Landsäugetier (Nashorn) und das größte (Elefant) ein Ökosystem teilen mit dem ältesten Fisch (dem Quastenflosser) und dem größten Säugetier der Meere (Wal)«. Nicht zu vergessen das gefräßigste Reptil, das Krokodil.

Die Hauptstadt der Wetlands

St. Lucia fungiert als zivilisatorischer Kulminationspunkt in der Mitte der Wildnis: Bed-and-Breakfast-Pensionen, Hotels und Lodges bringen es auf 4500 Gästebetten, alle Campingplätze zusammen auf noch einmal 2500. Tourveranstalter haben Walbeobachtung, Hochseeangeln, Nilpferd- und Krokodilkreuzfahrten, Öko- und Schildkrötentouren im Programm, Safariausrüster teilen sich die Kundschaft mit Käufern von Zulu-Kunsthandwerk, wenn die nicht gerade auf einem der beiden bildschönen Golfplätze in der Nähe St. Lucias den Abschlag üben.

OFF THE BEATEN TRACK

Die sechs Suiten der zauberhaften Makakatana Bay Lodge liegen am Rand des Uferwaldes mit Blick auf die Ausläufer des St.-Lucia-Sees. Warzenschweine, Buschböcke, Affen, Flusspferde und Büffel machen sich zum gelegentlichen Platschen grauenerregender Krokodile zu jeder Zeit bemerkbar sowie eine mehr als 500 Arten umfassende Vogelwelt, darunter der seltene Seeadler mit seinem markanten Schrei. Inmitten dieses Naturparadieses betreiben Leigh-Ann und Hugh Morrison, deren schottische Vorfahren 1918 hierherkamen, die einzige Privatunterkunft innerhalb des iSimangaliso-Wetland-Nationalparks und das einzige Unternehmen, das auf dem St.-Lucia-See Bootssafaris durchführt.

WEITERE INFORMATIONEN

iSimangaliso Wetland Park Authority: www.isimangaliso.com
Übernachtungstipp: Makakatana Bay **Lodge:** www.makakatana.co.za

Drei Zulu-Jungs posieren stolz vor ihrem Fischkraal in Kosi Bay: Die Strömung treibt ihnen den Fang in die Reuse.

45 Unterwasserparadies – Kosi Bay

Märchenseen am Indischen Ozean

Das Kosi-Bay-Wassersystem ist bei Schnorchlern als natürliches Aquarium bekannt und ein aquatischer Garten Eden. Zur Unterwasserexotik dieses Naturparadieses zählen hier neben den üblichen Meerestieren und -pflanzen allerdings auch gefährlichere Bewohner wie Krokodile, Flusspferde und Haie.

Versteckt an der Grenze zu Mosambik liegt das Kosi-Bay-Naturreservat mit den vier Seen Sifungwe, Mpungwini, Nhlange und Amanzimnyama. Die unaussprechlichen Wasserparadiese liegen dicht beieinander und sind nur durch einen schmalen Dünengürtel vom Indischen Ozean getrennt. Aufgrund seiner Abseitslage bietet das Mündungsgebiet des Kosi-Bay-Wassersystems traumhafte und sehr ruhige Strände, deren fotogene und sattgrüne Kulissen sich aus Mangroven, Raffiapalmen und Feigenbäumen bilden. Von hier bis hinunter zur Sodwana Bay erstrecken sich die südlichsten Korallenriffe der Welt, die bei Tauchern heiß begehrt sind. Da kann es frühmorgens schon mal etwas umtriebig werden, wenn Bootstrailer von schweren Vierradwagen durch den Sand gepflügt werden und Schnorchel- wie Tauchteams sich zum Abtauchen bereit machen. Den maritimen Garten Eden suchen Meeresschildkröten zur Eiablage auf, aber es tummeln sich auch riesige Krokodile, Schildzahnhaie und Flusspferde in den wasserreichen Arealen. Kosi Bay, der Hauptort, heißt eigentlich Manguzi und liegt 25 Kilometer von der Küste entfernt. Dorthin schaffen es nur geländegängige Fahrzeuge. Für Freunde individueller Enklaven bietet die 44 Kilometer lange Wanderroute des Kosi Bay Trail, der durch pittoreske Feigenwälder und Palmenhaine an den Ufern entlangführt, das richtige Ambiente. Info: www.kznwildlife.com, www.kozi-bay-info.co.za

46 Meer, Sand und Stille – Sodwana Bay

Den Lake Sibaya bevölkern neben Krokodilen und Flusspferden auch Flamingos.

Abgelegenes Paradies für mutige Wassersportler

Two Mile Reef und Quarter Mile Reef heißen die Unterwasserparadiese für Schnorchler, die glasklares Wasser mit Sichtweiten bis zu 30 Meter aufbieten, wodurch ihr ungewöhnlicher Fischreichtum besonders gut zu bewundern ist. Wer vorhat, in Südafrika abzutauchen, ist hier also genau am richtigen Ort!

Sodwana Bay besteht aus einem schmalen urwüchsigen Sandstreifen an der Küste KwaZulu-Natals, der Teil des iSimangaliso-Wetland-Nationalparks ist und aufgrund seiner Einzigartigkeit und seines Fischreichtums in den abgeschiedenen Gewässern schon im Jahr 1950 zum Nationalpark erklärt wurde. Die bis zu 700 Meter tiefen Unterwassercanyons ziehen bei erstklassiger Unterwassersicht unzählige Taucher hierher. Südafrikanische Taucher und Sportfischer lassen sich weder von der Abgelegenheit noch von der schwierigen Zufahrt zu diesem Gebiet abhalten, sondern rücken gut ausgerüstet in schweren Geländewagen mit Bootsanhängern an, um am wenig frequentierten Sodwana-Zipfel, dem weltweit besten Platz für Fische wie Barrakuda, Marlin und Königsmakrele, beinahe unter sich zu sein. Während der Ferienzeiten kann es allerdings selbst im entlegensten Naturparadies schon mal etwas enger werden, wenn zunehmend Städter aus Durban heraufkommen, um sich von der anstrengenden Millionenmetropole zu erholen.

Nördlich von Sodwana Bay, an der Grenze zu Mosambik, liegt mit Lake Sibaya der größte natürliche Süßwassersee des Landes, an dessen Ufern Schakale, Riedböcke und Hunderte von Vogelarten ihre Vorstellung geben, sowie grauenerregende Krokodile und unberechenbare Hippos, was eine Bootssafari zu einem prickelnden Erlebnis macht. Info: www.kznwildlife.com, www.coraldivers.co.za

Das kaum bekannte Reservat bietet preiswerte staatliche Rest-Camp-Übernachtungen, aber auch die luxuriöse Mkuze Falls Game Lodge.

47 Für Tierfreunde – Mkuze Falls

Zwischen viel Federvieh und hungrigen Raubkatzen

Schirmakazien bestimmen die sanften Landschaften des Mkuze-Wildreservats, das abseits der Besucherströme auch Vogelbeobachter anlockt, die sich hier auf die Beobachtung von über 420 gefiederten Arten freuen können. Die Mkuze Falls Game Lodge zaubert das passende Ambiente.

Einen überraschenden Zwischenstopp an der Strecke N2 zwischen Kruger-Park und Durban ermöglicht das 36 000 Hektar große Mkuze Game Reserve, das zwischen glitzernden Wetlands, trockenem Buschveld, vegetationsstrotzenden Flusslandschaften und grasbewachsenem Hügelland ein ideales Territorium für Wildtiere bildet. Über 400 Vogelarten bevölkern dieses wenig bekannte Naturparadies, darunter Spechte, Webervögel, Geier, Störche, Sekretäre, Eulen, Moorhühner, Eisvögel, Nashornvögel, Falken sowie zahlreiche Adlerarten. Zu den Big Five kommen Krokodile, Flusspferde, Zebras, Gnus und Giraffen sowie Antilopen als Raubkatzenfutter dazu, weshalb das bereits 1912 gegründete Reservat zu den Höhepunkten einer KwaZulu-Natal-Rundreise gehört. Die Luxus-Lodge bietet ein Ambiente aus Reetdächern und Safarizelten, zauberhafte Interieurs wie beispielsweise stilechte Badewannen von anno dazumal sowie Außenduschen, zwei opulente Pools und ein umfangreiches Wellnessprogramm – das alles im Herzen des historischen Zululand mit seinen zahlreichen besuchenswerten Attraktionen. Zum obligatorischen Gin-Tonic-Sundowner auf dem Holzplankendeck treten die exotischen Wildtiere am Ufer des Mkuze River in Sichtweite wie im Kino an – ein Safari-Game-Drive im Geländefahrzeug ist gar nicht nötig. Wer hier landet, ist vom Tierreichtum des privaten Wildreservats absorbiert.

Info: www.mkuzefalls.com, www.kznwildlife.com

48 Der Sprung vom Wasserfall – Oribi Gorge

Atemberaubend schön ist die Schlucht am Umzilkulwana River.

Naturreservat für Wagemutige

Liebhaber bombastischer Felsformationen – und natürlich Fotografen – werden die imposante Schlucht des Umzilkulwana River mit seiner üppigen Ufervegetation inmitten des felsigen Trockenlands genießen. Für eine Extraportion Adrenalin ist mit dem spektakulären Sprung in die Tiefe ebenfalls gesorgt.

Zwischen East London und Durban umfährt die N2 in einem weitläufigen Inlandsbogen die zerklüftete Küste der Wild Coast. Wer nicht widerstehen kann, nimmt kurz vor Umtata die Stichstraße hinunter zum legendären Traveller-Treff Coffee Bay, um in der winzigen Küsten-Enklave das berühmte „Hole in the Wall" auf sich wirken zu lassen – und vielleicht mit den Haien zu tauchen, bevor der Trip fortgesetzt wird. Bei Marburg, einer 1882 von norwegischen und deutschen Immigranten gegründeten Stadt, trifft die N2 auf die Traumstrände des Indischen Ozeans, die sich südlich von Durban bis nach Palm Beach und Port Edwards erstrecken. Kurz vorher allerdings veranstaltet noch der Umzilkulwana River im Oribi Gorge Nature Reserve sein atemberaubendes Spektakel: 400 Meter tief hat sich der Fluss in eine 20 Kilometer lange und fünf Kilometer breite Sandsteinschlucht eingegraben, was mindestens einen Zwischenstopp lohnenswert macht. Mit seinen dichten Wäldern entlang der Flussufer bietet das 1837 Hektar große Naturschutzgebiet Wanderern mit weitläufigen Pfaden sowie Vogelfreunden mit über 250 Arten ein Refugium und sorgt für jede Menge Abwechslung. Übernachtet wird in den Parkunterkünften oder im Oribi Gorge Hotel. Die Abenteuer-Agentur Wild 5 Extreme bietet hier mit dem Gorge Swing, einem 100-Meter-Sprung vom Lehr-Wasserfall in die Schlucht, ein Erlebnis der besonderen Art.

Info: www.oribigorge.co.za

Fünf Sterne: reetgedeckte Bar (unten), luxuriöse Schlafzimmer (rechts oben) und üppiges Lunch-Büfett (rechts unten). Der wahre Luxus aber ist der Indische Ozean gleich vor der Haustür der Edel-Lodge, mit Traum-Beach und donnernder Brandung.

49 Traum an der Küste – Thonga Beach

St. Lucias privates Paradies

Ein schönes Privileg: mitten im iSimangaliso Wetland Wonderland den Zuschlag für eine private Konzession zu ergattern, um eine Luxus-Strandlodge in Traumlage zu bauen. Lake Sibaya hat man im Rücken, die tosende Brandung des Indischen Ozeans mit menschenleeren Stränden vor Augen, endlose Sanddünen und farbschillernde Riffe in Reichweite. Damit das innerhalb des (UNESCO-)Nationalparks überhaupt möglich ist, braucht es Profil.

Hundert Meter oberhalb der Brandung erstreckt sich die liebliche Hügellandschaft der Mabibi Community jenseits grün überwucherter Dünengürtel, so weit das Auge reicht. Tausende Küstenbewohner vom Stamm der Tsonga leben hier an der Grenze zum Nationalpark weit verstreut in ihren traditionellen Rundhütten. Manche auch in schmucken Bungalows, wenn ein Familienmitglied im fernen Johannesburg einen Job hat, der Geld ins heimische Paradies bringt. Der *chief* (oder *headman*) der bei Thonga Beach ansässigen Mabibi-Gemeinde heißt Isiah Mdletshe. Ohne seine Zustimmung hätte das Lodge-Experiment das Bargeld in die abgelegene Enklave bringt, nicht realisiert werden können.

Global Player: Ein Dorf spielt mit

Der Deal, mit dem beide Seiten zurechtkommen müssen: 68 Prozent Gemeindeanteil am Lodge-Betrieb, 80 Prozent an der Belegschaft, 100 Prozent an Grund und Boden. »Unser Dorf verdient mit«, lautete das Credo des Mabibi-Trusts, der die Rechte und Einnahmen der Mabibi-Gemeinde verwaltet.
Ein derartiges *community development project* braucht Zeit. Im Fall Thonga Beach dauerte es neun Jahre, bis alle Details zwischen Behörden,

MAPUTALAND, ELEPHANT COAST

Seit ewigen Zeiten sind die weiten Gebiete westlich der Küste Maputaland, benannt nach dem einstigen König der Thonga, Mabhudu. Da St. Lucia im Süden nicht dazu zählt, wurde der gesamten Region die neue Markenbezeichnung »Elefantenküste« verordnet. Damit sind die Hauptattraktionen des nordöstlichen Teils KwaZulu-Natals erfasst: Die Traumküste mit Thonga Beach, Rocktail Bay, Sodwana und Kosi Bay, Tembe-Elephant-Park, St. Lucia und der iSimangaliso-Wetland-Nationalpark, Hluhluwe-iMfolozi und Phinda, das Zululand Rhino Reserve sowie zahlreiche kleinere Schutzgebiete.

WEITERE INFORMATIONEN

Isibindi Exclusive African Lodges betreibt außer Thonga Beach noch drei weitere Herbergen in der Region sowie eine im Kruger-Park: www.isibindi.co.za

Parkverwaltung und der Mabibi-Führung geklärt waren. Eine Herausforderung: Personal auszusuchen, das bei geringem Bildungsstand, dürftigen oder gar keinen Englischkenntnissen und null Ausbildung für den Sprung in die Welt der Fünfsternegastronomie willens und geeignet ist. Siphiwe Mthembu arbeitet als Barmann hinter dem Tresen. Nach sieben Jahren Highschool ohne Aussicht auf Zukunft kam seine Chance. In seiner sechsköpfigen Familie ist er der Einzige, der Bargeld nach Hause bringt. Irgendwann, sagt er, wird er seinen Traum verwirklichen und sich zum *forestry ranger* ausbilden lassen. Zandike Zikhali ist seit vielen Jahren im Service beschäftigt. Der Job macht sie glücklich, weil sie abends bei ihrer Familie und den Kindern sein kann und weil sie noch nie so viel gelernt hat wie im Kontakt mit den internationalen Gästen.

Kleingeld für das Gemeinwesen

Rose Rapotlo hat es nach vier Jahren ins Management geschafft. Sie zählt auf, was das Projekt für ihre Gemeinde sonst noch so alles möglich macht: zum Beispiel die tägliche Schulspeisung. Einmal im Monat werden zu diesem Zweck Lebensmittel eingekauft, die Köchinnen stehen auf der Gehaltsliste der Lodge. Brunnenbau, Solarenergie, Spenden für die Schule sowie bezahlte Dienstleistungen aller Art gehören zum Repertoire der Fürsorglichkeiten. Als Nächstes soll ein Museumsdorf mit sechs Rundhütten entstehen, wo sich die Tsonga-Kultur den Gästen aus den fernen Ländern in Form von traditionellen Tänzen, alten Geschichten und Stammesgesängen vorstellt. Von der komplizierten sozialen Infrastruktur im Hintergrund bekommen die Gäste Thongas nur wenig mit, außer der Tatsache, dass sie sich von den Mabibi-Mitarbeitern rund um die Uhr kompetent betreut fühlen.

Nervenkitzel Hippo und Croc

Zum Beispiel beim Kajakfahren auf dem Lake Sibaya, in dem es vor Krokodilen und Flusspferden nur so wimmelt, oder bei den interessanten Besuchen ihrer *community,* wo sich nicht nur das Alltagsleben der Tsonga besichtigen lässt, sondern auch äußerst herzliche Begegnungen mit den freundlichen, offenen Menschen entstehen. Kaum einer in der Mabibi-Gemeinde, der nicht direkt oder indirekt von der Lodge profitiert. Schnorcheln, Rifftauchen, Hochseeangeln, Walbeobachtungen sowie nächtliche Schildkröten-Strandwanderungen stehen auf der Liste der Aktivitäten, die so manchem Gast völlig überflüssig erscheint: Die Lodge-Bar heißt »Robinson Crusoe«, die Wellnessabteilung »Sea Spa«, und der Blick von den zwölf reetgedeckten Pfahlbauten ist meditativ und stahlblau. Das akustische Mantra zur totalen Entspannung liefert die weiß schäumende Brandung des Indischen Ozeans.

Einsame Ausritte auf menschenleeren Stränden und eine wohltuende Zweisamkeit an der urwüchsigen Rocktail Bay (rechts); auch für Taucher ist Rocktail Bay mit vorgelagerten Riffen das Paradies (oben).

50 On The Rocks – Rocktail Bay

Von Schildkröten, Haifischen und Sardinen

Rocktail Bay zählt zu den besten Plätzen der Welt, um Meeresschildkröten bei der Eiablage zu beobachten und das spektakuläre Ereignis des Schlüpfens. Dazu braucht es Strände ohne Ende, viel Sonne und einen lauwarmen Ozean. Diese Kombination bietet Rocktail Bay im Überfluss. Hinzu kommt Einsamkeit zwischen urtümlichen Dünen bis zum Horizont – und keine Spuren im Sand.

Zwischen Black Rock, Lala Nek und Island Rock erstrecken sich paradiesische Buchten, in die der Indische Ozean mit gewaltigen Brechern einläuft. In den 1960er-Jahren wurde der wilde Zustand der See einem Fischtrawler aus Durban zum Verhängnis, dessen Wrack bei Ebbe seine Aufbauten als Mahnmal heute noch freigibt. Sein Name: »The Rocktail«. Was es heißt, gegen die Urgewalt des Ozeans zu kämpfen, wissen die Spezialisten vom Rocktail Bay Diving Centre zu berichten. Zwei fette 85-PS-Yamaha-Außenborder sind nötig, um das sieben Meter lange Tauchboot durch die Brandung zu bekommen. Dafür wartet draußen mit 14 renommierten Tauchgebieten eines der exklusivsten Unterwasserparadiese, das ebenso menschenleer ist wie die urtümlichen Küstenlandschaften des Indischen Ozeans. Im südafrikanischen Sommer, wenn die Wassertemperaturen bis auf 28 Grad Celsius ansteigen, herrscht unter der Oberfläche eine Sichtweite zwischen zwölf und 35 Metern. Es ist die Zeit der Walhaie und Schildkröten. Im Winter sinken die Wassertemperaturen auf 20 Grad und die Sichtweite auf bis zu zehn Meter.

Mega-Fisch: Südafrikas Sardinenrennen

Dann kommen die Sardinen. Zigmillionen tauchen urplötzlich in riesigen Schwärmen vor der Küste auf und helfen der Nahrungskette auf die

Für Angler, die den Ozean für sich alleine haben wollen, ist Rocktail Bay ein idealer Spot (unten). Ausfahrten führen durchs bildschöne grasgrüne Hinterland von Rocktail Bay (rechts). Hier wird Feuerholz teilweise noch traditionell auf dem Kopf transportiert (ganz unten).

Beine. Riesige Buckelwale ziehen jetzt an der Küste vorbei. Inmitten dieser naturbelassenen Idylle hat sich seit anderthalb Jahrzehnten das südafrikanische Lodge-Unternehmen Wilderness-Safaris etabliert und in enger Zusammenarbeit mit Parkbehörden, Naturschützern und der Mqobela-Gemeinschaft ein Joint-Venture-Experiment auf die Beine gestellt. Auf ihre Fahne hatten sich die ökologisch orientierten Pioniere die Rettung der Schildkröten geschrieben und die Förderung und Einbindung der ortsansässigen Gemeinschaften. Das Pilotprojekt »Rocktail Lodge«, eines der ersten auf der Grundlage des *community based tourism* und Vorreiter für zahlreiche andere Beteiligungsprojekte, wurde über die Jahre so erfolgreich, dass 30 Fahrminuten entfernt ein weiteres Joint Venture das neue »Rocktail Beach Camp« in die dichte Vegetation der Küstenwälder setzte – mit Blick auf das Stahlblau der See, die ihr gleichmäßiges Donnern als sanften Meeressound bis an die Pfahlbauten des Camps schickt.

SMS von der Schildkröte

Noch immer sind Schildkröten das Hauptthema in Rocktail Bay. Natürlich weil es um Artenschutz geht, aber auch, weil es ein ganz besonderes Naturspektakel ist, wenn bis zu 750 Kilogramm schwere Meeresschildkröten aus dem Indischen Ozean auftauchen, um am Strand ihre Löcher in den warmen Sand zu buddeln. Zwecks Eiablage, was gewöhnlich zwischen November und April stattfindet. Erst recht bewegend dann der Moment, wenn die Kleinen nach zwei Monaten aus ihren Schalen schlüpfen, um sofort in das wackelige Rennen zum vermeintlich rettenden Wasser zu starten. Die Feinde warten schon, überall, weshalb ein nur geringer Prozentsatz der jungen Panzerträger überlebt. Vor allem die Lederschildkröte verdankt ihr Dasein ausschließlich engagierten Naturschützern.
Eine große Rolle spielte das Rocktail Bay's Turtle Monitoring Project, mit dem Wissenschaftler seit 1963 zum Erhalt der vom Aussterben bedrohten Tiere beitragen. Gäste des Rocktail Beach Camp können mithelfen, indem sie eine Schildkröte »adoptieren«. Von den Spenden werden *turtle scouts* bezahlt, die während der Brutzeit Strand und Gelege bewachen, sowie Satellitensender, die den Weg der Schildkröten verfolgen, auch wenn die riesigen Tiere unterwegs bis zu 900 Meter tief abtauchen! Wann immer eine der Adoptierten gesichtet wird, erhalten die »Adoptiveltern« Nachricht über den Standort per E-Mail. Näher kommen kann man seiner künftigen Adoptiv-Schildkröte durch abendliche *turtle drives,* die auf einer Strecke von 60 Kilometern stattfinden. Für die Scouts

eine allnächtliche Routine, die zum Schutz der Tiere alle bekannten Schildkrötengelege aufsuchen und neue aufspüren. Zahlende Gäste, die mitfahren, finanzieren das Projekt.

Deutsche und Zulu

Ein Joint Venture ist auch Gugulesizwe, was auf Zulu so viel bedeutet wie »Stolz der Nation«. Wilderness-Experten in Zusammenarbeit mit der Gesellschaft für Technische Zusammenarbeit (GTZ) in Eschborn bei Frankfurt stellten dieses Unternehmen auf die Beine. Es schafft der hier ansässigen Mpukane-Gemeinschaft dringend benötigte direkte und indirekte Arbeitsplätze und ein bescheidenes Einkommen. Stolz ist der Vorsteher des Zentrums, Eugene Tembe, auf das mithilfe von Deutschen entstandene *cultural village*. »Sie haben nichts, was sie sonst tun können«, sagt er, »in der weit abgelegenen Region. Die Böden sind karg. Nur der Tourismus bietet eine Chance.« Jetzt kommen neugierige Gäste der Lodges, um rituelle Tänze zu erleben und Kunsthandwerk aus der dortigen Produktion zu kaufen und um zu übernachten. In traditionellen Zulu-Rundhütten, den typischen Rondos. Gekocht wird in der Buschküche, der Boma, am lodernden Lagerfeuer, was für Eugene und seine Leute ganz normal ist und den Fremden viel Spaß bringt. Darüber funkelt so brillant wie nirgendwo sonst der Sternenhimmel. Wie Kinderlaternen beleuchten der Stern des Südens und die Milchstraße den bezaubernden Kral. Rings um Gugulesizwe ist nichts als reine Natur. Weit geht der Blick von hier über sattgrüne Küstenebenen – in Stille.

Leben wie im Paradies

Nur das Rauschen des Windes ist zu vernehmen, vor allem wenn die acht Quadbike-Maschinen der chinesischen Bauart Mars 300 CC (die auch zum Betrieb des Kulturzentrums gehören) in der Garage bleiben. Um die pittoreske Kulturanlage auf der Kuppe einer Hügelgruppe attraktiv zu machen, gehören außer geführten Quadbike-Touren auch Ausritte zu Pferde zum Programm. Zurück am urzeitlichen Strand ziehen die Sprühnebelschwaden der Brandung wie in Zeitlupe vor gewaltigen Sandpaketen dahin. Riesenhaft türmt sich der Dünengürtel zu einem dicht bewachsenen Küstengebirge. Dahinter, jenseits der Parkgrenzen, breitet sich der grasbewachsene Traum des paradiesisch anmutenden Landstrichs der Mqobela- und Mpukane-Gemeinschaften aus. In romantischen Gärten der Anwesen sitzen Kinder auf Schaukeln, es sind Bilder wie aus einer anderen Welt.

MINDESTENS EIN DUTZEND

Die Bezeichnung The Big Five suggeriert, dass nur Elefant, Löwe, Leopard, Büffel und das Nashorn zu den Gefährlichen und »Großen« zählen. Wer aber den tobenden Fleischkoloss eines wild gewordenen Flusspferdes erlebt, das mit seiner aggressiven Muskelmasse und den rasiermesserscharfen Zähnen zu den wütendsten Wildtieren Afrikas gehört, wird das irreführende Zahlwort sofort verfluchen. Auch Nilkrokodile sind ebenso riesig wie tückisch, sie werden bis zu sechs Meter lang, und erst recht Haie, die es besonders an den fischreichen Küsten des Indischen Ozeans umtreibt. Und dann die Wale: Wer bei den ganz Großen die bis zu 60 Tonnen schweren und 18 Meter langen Meeressäuger nicht erwähnt, hat die absolute Nummer eins unter ihnen vergessen.

WEITERE INFORMATIONEN

Maputaland Travel:
www.maputalandtravel.co.za

Register

Die Autoren / Impressum

Roland F. Karl (Text) produziert seit 35 Jahren als freier Autor und Fotograf Reisereportagen für Printmedien, u. a. auch für Die Zeit, Stern, Handelsblatt sowie verschiedene Reise-Magazine. Darüber hinaus ist er mit seinen Texten und Bildern an zahlreichen Buchpublikationen beteiligt. Im Bruckmannverlag ist er der Experte für Südafrika.
Clemens Emmler (Foto) arbeitet als selbstständiger Fotograf und Reisejournalist in Simonswald bei Freiburg im Schwarzwald. Seit 1990 zahlreiche Veröffentlichungen in Bildbänden, Kalendern, Reiseführern sowie Reise- und Fachmagazinen. Zu seinen Spezialgebieten gehört Südafrika.

Verantwortlich: Susanne Kaufmann
Layout und Producing: Roman Bold & Black, Köln
Redaktion Routenübersichtsseiten: Dr. Juliane Braun
Korrektorat: Cornelia Greiner
Umschlaggestaltung: Nina Andritzky
Repro: LUDWIG:media
Kartografie: Huber-Kartographie, Heike Block
Herstellung: Bettina Schippel
Printed in Italy by Printer Trento

★★★★★

Sind Sie mit diesem Titel zufrieden? Dann würden wir uns über Ihre Weiterempfehlung freuen.
Erzählen Sie es im Freundeskreis, berichten Sie Ihrem Buchhändler, oder bewerten Sie bei Onlinekauf. Und wenn Sie Kritik, Korrekturen, Aktualisierungen haben, freuen wir uns über Ihre Nachricht an Bruckmann Verlag, Postfach 40 02 09, D-80702 München oder per E-Mail an lektorat@verlagshaus.de

Unser komplettes Programm finden Sie unter www.bruckmann.de

In diesem Buch wird aus Gründen der besseren Lesbarkeit das generische Maskulinum verwendet. Weibliche und anderweitige Geschlechteridentitäten werden dabei ausdrücklich mitgemeint, soweit es für die Aussage erforderlich ist.

Bildnachweis: Alle Bilder im Innenteil stammen von Clemens Emmler, außer: Roland F. Karl: S. 18, 33, 66, 67, 74, 114–117, 125o., 134–136, 145, 158, 182/183, 184–186; Picture Alliance, Frankfurt a. M.: S. 104u; Rovos Rail: S. 119o.; Shutterstock: S. 2–3 (Lukas Bischoff Photograph), 5 (Monkey Business Images), 27 (Sean Nel), 30 (Sunshine Seeds), 31 (Marisa Estivill), 32o. (PhotoSky), 32u. (A. Mertens), 38 (Burhan Ay Photography), 39o. (Quality Master), 39u. (HiltonT), 41u. (Margaret Anna Westrop), 45 (Ken C Moore), 49o. (Miles Astray), 53 (Quality Master), 54o. (AJ Laing), 55 (Artnaud), 58 (Bildagentur Zoonar GmbH), 62 (Dewald Kirsten), 63o. (2020 Photography), 63u. (JMx Images), 68 (WOLF AVNI), 80o. (MikeChappazo), 80u. (Gil.K), 81 (InnaFelker), 85u. (Grobler du Preez) 92 (corlaffra), 100 (Vanessa Bentley), 103u. (Felix Lipov), 104o. (Vladan Radulovicjhb), 106 (Raphael Rivest), 107o. (Gaston Piccinetti), 107u. (Udo Kieslich), 111 (Sunshine Seeds), 118 (Leonard Zhukovsky), 119u. (Gimas), 122 (Alun Marchant), 125u. (JMX Images), 132 (Alexander Mirschel), 133o. (Matej Kastelic), 133u. (Villiers Steyn), 140 (Andy Riley), 163 (Timothy Hodgkinson), 170 (Atosan), 171o. (PrakichTreetasayuth), 171u. (Nielen de Klerk); David Rogers: S. 177.

Umschlagvorderseite: Oben: Eine Herde Elefanten im Kruger Nationalpark (shutterstock/Eleanor Esterhuizen); Unten: Signal Hill, Kapstadt (shutterstock/Delpixel); **Umschlagrückseite:** Oben: Die Kalahari (shutterstock/Dewald Kirsten); Unten v.l.n.re.: Schulkinder (shutterstock/Monkey Business Images), Surfer vor der Küste von Llandudno (shutterstock/Sean Nel), Jazz an der Cape Town Waterfront (shutterstock/InnaFelker); **S. 2/3:** Drakensberg Amphitheater (shutterstock/Lukas Bischoff Photograph); **S. 5:** Schulkinder (shutterstock/Monkey Business Images); **S. 6/7:** Der klassische Safari-Sundowner heißt Gin-Tonic. **S. 190/191:** Traumkulisse zwischen Nordhoek und Kommetjie

Die Deutsche Nationalbibliothek verzeichnet diese Publikation in der Deutschen Nationalbibliografie; detaillierte bibliografische Daten sind im Internet über http://dnb.d-nb.de abrufbar.

ISBN 978-3-7343-1981-5
Originalausgabe mit dem Titel »Highlights Südafrika«
ISBN 978-3-7654-6496-6 © 2018

EBENFALLS ERSCHIENEN

ISBN 978-3-7343-1608-1

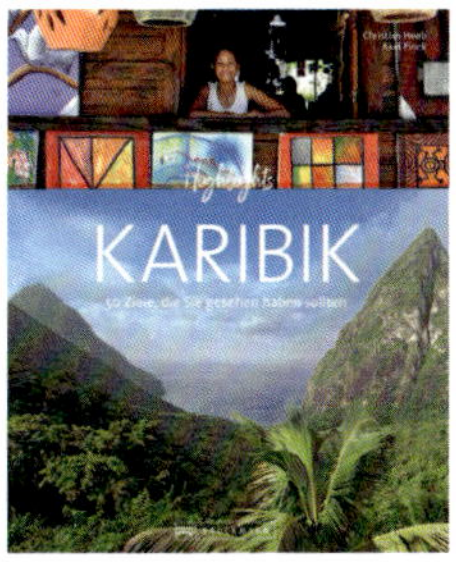

ISBN 978-3-7654-4869-0

ISBN 978-3-7343-0871-0

ISBN 978-3-7343-0332-6

ISBN 978-3-7343-1031-7

ISBN 978-3-7343-1656-2

ISBN 978-3-7343-1028-7

ISBN 978-3-7343-1318-9

100 Highlights Afrikas Süden
978-3-7343-1033-1

100 Highlights Australien
978-3-7343-2391-1

100 Highlights Deutschland
978-3-73433-0147-6

100 Highlights Englands Süden
978-3-7343-0650-1

100 Highlights Europa
978-3-73433-0146-9

100 Highlights Kanada
978-3-7654-8780-4

100 Highlights Neuseeland
978-3-7343-2394-2

100 Highlights New York
978-3-7343-0797-3

100 Highlights Skandinavien
978-3-7343-0652-5

100 Highlights Südamerika
978-3-7343-0651-8

100 Highlights Südostasien
978-3-7343-0659-4

100 Highlights USA
978-3-7654-8227-4

Deutschlands Welterbe
978-3-7343-1175-8

Highlights Andalusien
978-3-7654-5599-5

Highlights Antarktis
978-3-7343-0857-4

Highlights Bali
978-3-7343-2393-5

Highlights Bretagne u. Atlantikküste
978-3-7343-1032-4

Highlights Chile · Argentinien
978-3-7654-6031-9

Highlights Costa Rica
978-3-7343-0858-1

Highlights Gardasee
978-3-7654-6772-1

Highlights Hurtigruten
978-3-7343-0616-7

Highlights Iran
978-3-7343-0663-1

Highlights Island
978-3-7654-6497-3

Highlights Japan
978-3-7654-6495-9

Highlights Kambodscha Laos
978-3-7343-0664-8

Highlights Kreta
978-3-7654-8374-5

Highlights Kuba
978-3-7654-5596-4

Highlights Madeira
978-3-7343-0927-4

Highlights Marokko
978-3-7654-8783-5

Highlights Namibia
978-3-7654-5143-0

Highlights Nordsee
978-3-7343-0649-5

Highlights Norwegen
978-3-7654-4827-0

Highlights Oman m. Dubai u. Abu Dhabi
978-3-7343-1672-2

Highlights Peru
978-3-7654-5436-3

Highlights Portugal
978-3-7654-5533-9

Highlights Provence
978-3-7343-1030-0

Highlights Sizilien
978-3-7654-5880-4

Highlights Sri Lanka
978-3-7343-0859-8

Highlights Südafrika
978-3-7654-6496-6

Highlights Tibet
978-3-7343-2392-8

Highlights USA Der Westen
978-3-7654-5758-6

Highlights Vietnam
978-3-7654-5144-7

ISBN 978-3-7343-1089-8

BRUCKMANN

www.bruckmann.de